둘이 아닌 세상

둘이 아닌 세상
ⓒ 이찬훈, 2002

지은이   이찬훈
펴낸이   이일규
펴낸곳   도서출판 이후
편 집   김정한 이재원
디자인   현희경
마케팅   김현종

첫번째 찍은 날   2002년 8월 22일

등록   1998. 2. 18(제13-828호)
주소   121-818 서울시 마포구 동교동 176-1(2층)
       http://www.e-who.co.kr
       e-mail : ewho@e-who.co.kr
전화   02-3143-0915(편집) 02-3143-0905(영업)
팩스   02-3143-0906

ISBN   89-88105-56-7 03100
값 12,000원 / 잘못된 책은 바꿔 드립니다.

둘이 아닌 세상

니체에서 맑스로, 맑스에서 불이로, 사유의 여정을 고백하는 철학 에세이

이찬훈

E
2002

차례

책머리에 **6**

1부 | 실존과 인생

* 철학과의 만남 **14**
1 니체, 기독교, 도덕 **18**
2 실존과 주체 **29**
3 실존을 넘어 **41**

2부 | 인간과 사회

* 맑스와의 만남 **48**
1 소외된 현실 **51**
 (1) 소외론의 전개 / (2) 자본주의와 소외
2 자본주의와 인간 **70**
 (1) 사회철학의 세계로 / (2) 자본주의 생산양식 / (3) 자본주의와 근대사회
3 맑스, 과학, 역사 **91**
 (1) 과학인가, 이데올로기인가 / (2) 역사법칙과 역사적 설명
4 사회주의에 대한 반성 **106**
 (1) 자본주의의 승리? / (2) 사회주의의 좌절 / (3) 근대의 지평을 넘어

3부 | 불이 사상과 미래 문명

* 불이의 세계로 **128**
1 현대 문명과 갈라진 세상 **133**
   (1) 인간과 자연의 분리
   (2) 인간과 인간의 분리
2 새로운 패러다임 : 불이사상 **159**
   (1) '하나'와 '여럿'은 둘이 아니다
   (2) '있음'과 '없음'은 둘이 아니다
3 불이사상의 문명사적 의미 **198**
   (1) 우주와 나는 둘이 아니다
   (2) 삶과 죽음은 둘이 아니다
4 둘이 아닌 대동세계를 위하여 **232**

주 **245**
참고문헌 **249**
후기 **252**

책머리에

명색이 연구와 강의를 업으로 하는 교수라는 사람이, 아니 그보다는 적어도 20년 넘게 철학을 전공으로 삼아온 학인이라는 사람이, 부끄럽게도 불혹을 넘긴 이제야 처음으로 이 보잘것없는 책 한 권을 내게 되었습니다.

어렸을 적 한때는 시다 수필이다 글을 쓴답시고 문학청년 행세도 해보았으나, 애당초 문재(文才)와는 거리가 먼 위인임을 일찍이 깨닫고 그마저도 그만두었던 저로서는 뛰어난 글로 독자들을 사로잡는 모든 저자들을 언제나 존경과 부러움의 눈으로 바라볼 수밖에 없었습니다.

때로는, "온갖 꾀와 생각이 붉은 화로 위에 떨어지는 한 송이 눈꽃" 같은 것인데 무에 그리 대단한 사상이 있다고 쓸데없이 그렇게 수많은 책들을 쓴단 말인가 하고 자위를 하기도 했습니다. 물론 이렇게 생각한 것이 못난 위인의 자위만은 아니었습니다. 그 속에 얼마쯤은 저의 진심이 담겨 있기도 합니다. 언젠가 봄에는 진달래로, 가을에는 갈대로 유명한 화왕산에 등산을 갔었는데, 자그마한 절을 굽어보고 있는 산등성이에 신라 때 새겨진 아름다운 석가여래 좌불상이 하나 있었습니다. 그 상이 너무 좋아서 가까이 다가가 쓰다듬고 보듬어 보면서 진한 감동을 느꼈습니다. 천 년 세월이 흐른 뒤에도 전해

오는 그 진한 감동을 느끼면서, 과연 내가 저 불상을 조각한 석공과 같이 천 년 뒤에도 어떤 사람에게 감동을 줄 수 있는 글 한 편이나마 쓸 수 있겠는가 하고 생각했습니다. 그리고 여태껏 쓴 제 글도 포함해서, 세상의 수많은 책과 글들 중에 과연 그럴 수 있는 것들이 얼마나 될까 하는 생각을 했습니다. 이렇게 보면 그저 책을 많이 쓴다고 해서 좋은 것만은 아니라는 생각도 듭니다. '학자는 좋은 논문 한 편만 있으면 된다'는 말도 있듯이, 화려한 수사를 일삼으며 수많은 글을 쓰느니보다는 진실로 자신의 혼이 담긴 글 한 편을 남길 수 있다면, 그 편이 더 낫지 않겠는가 하고 생각합니다.

책 한 권 쓰지 못한 변명을 이렇게 늘어놓았지만, 여러 소리 할 것 없이 사실은 속에 든 것이 없어서 여태껏 책 한 권 쓰지 못했다는 게 가장 솔직한 고백일 것입니다. 많은 물을 지닌 깊은 샘으로부터는 맑은 물이 끝없이 솟아나듯이, 머리와 가슴 속에 표현하고픈 생각을 가득 담고 있다면, 그것이 저절로 흘러넘치게 마련입니다. 사실 지금껏 책 한 권 쓰지 못한 것은 20년 넘게 철학을 공부하면서도 그저 남의 말이나 옮겨 적고 떠들었지, 이거야말로 내 철학이라고 할 만한 것, 정말로 절실하게 사람들에게 들려주고 싶었던 내 목소리가 없었기 때문입니다. 그러다 마흔을 넘긴 이제야 겨우 마음속에 나름대로 조금이나마 얻은 바가 있어 이렇게 처음으로 책이란 걸 쓰게 되었습니다.

* * *

철학이 무엇이냐를 정의 내리기란 그리 쉬운 일이 아닙니다. 그렇지만 소박하게 표현하자면 철학을 하는 궁극 목적은 세계와 인생에 대한 올바른 관점을 정립하기 위함입니다. 우리가 몸담아 살고 있는 이 우주는 도대체 어떤 세계인가? 우리는 지금 어디에 있는가? 우리는 어디서 와서 어디로 가고 있는가? 우리는 무엇을 위해 어떻게 살아야 하는가? 철학을 하는 것은 세계와 인생에 관한 이런 근원적인 물음에 대한 답을 구하려는 것입니다. 물론 이런 물음에 대한 답은 철학을 하는 사람마다 다를 수 있습니다. 우리 모두가 각자의 인생을 살아가는 주체인 이상 이 문제에 대한 답은 우리 스스로 찾아야 합니다. 어느 누구도 우리를 대신해 이 문제에 대한 정답을 가져다 줄 수는 없습니다. 설령 어떤 사람이 아무리 훌륭한 답을 내놓는다 해도 내 스스로가 그것을 주체적으로 받아들여 나의 세계관과 인생관으로 삼지 않는다면 아무런 소용이 없습니다. 이런 의미에서 철학은 주체적이며 실천적인 것입니다. 그러나 그렇다고 해서 철학이 아무렇게나 제멋대로 하면 되는 것이라는 뜻은 아닙니다. 철학은 주체적이되 또한 보편성을 잃지 않는 것이어야 합니다. 그것은 세계와 인생에 관한 자기 나름의 생각이되 그에 대한 올바른 통찰에 기초한 것이어야만 합니다.

　이 책에서 말하려고 하는 것은 우둔한 머리로 드넓은 철학의 바다에서 헤매던 제가 오랜 표류 끝에 겨우 건져 올린 세계와 인생에 대한 제 나름의 생각입니다. 그리고 이것을 크게 통틀어 한마디로 말하자면 '불이(不二)사상,' 즉 '둘이 아님'이라는 생각이라 할 수 있습니다. 그것은 이것과 저것, 하나와 여럿, 있음과 없음, 우주와 나, 자연과 나, 사회와 나, 너와 나, 삶과 죽음 등 이 세상 모든 것이 둘이 아니라는 생각입니다. 저는 '둘이 아님'이라는 이 생각이 이 세계와 우리를 포함한 이 세상 만물의 근원적인 존재 방식과 관계 방식에 관한 올바른 존재론적 설명을 가져다 줄 수 있다고 믿고 있습니다. 아울러 저는 이 생각이 오늘날 우리가 직면한 수많은 현대 문명의 위기를 극복하고 더 인간다운 세상, 더 나은 미래문명을 건설하는 데 필요한 가치와 논리, 실천의 지침도 가져다 줄 수 있으리라고 믿고 있습니다. 이 글은 '둘이 아님'이라는 사상이 함축하고 있는 생각·의미·가치를 풀어내어 이를 여러 사람들과 소통하고자 하는 것입니다.

아무리 하찮은 인식과 깨달음이라도 별다른 노력 없이 어느 날 하늘에서 뚝 떨어져 얻을 수 있는 것은 아닙니다. 오랫동안에 걸쳐 나름대로 닦아나가는 과정이 없이는 어떠한 인식과 깨달음도 있을 수 없습니다. 지금 제가 세상과 인생을 보는 틀인 '둘이 아님'이라는 생각도 제 나름대로 오랜 암중모색과 탐구 끝에 얻은 결과라 할 수 있습니다. 그것은 물론 다른 수많은 사람들의 삶이나 사상과의 만남과 교류 가운데서 얻을 수 있었던 것이지 오로지 나만의 생각이라고 말할 수 없습니다. 그렇기는 하지만 또 다른 한편으로 그 속에는 다른 사람들의 생각과 똑같지만은 않은 제 나름으로 체득한 생각들도 들어 있습니다. 이런 의미에서 결국 '둘이 아님'이라는 저의 생각도 다른 사람들의 생각과 둘이 아니라고 말할 수 있을 것입니다.

저는 이 책에서 오늘에 이르기까지 저의 철학적 사색의 여정을 더듬어 가는 형식으로 제가 얻은 생각을 펼쳐 보이고자 했습니다. 이런 자전적 형식은 자칫 주관적 생각이나 개인적 체험에 관한 독백으로 흐르면서 진리와 타당성을 둘러싼 치열한 논의를 회피하는 것이 될 수 있다는 염려가 있음을 알고 있습니다. 어떤 분들은 별것도 아닌 주제에 시건방지게 무슨 자전적 글이냐고 나무라실 수도 있을 것입니다. 그렇지만 이 글이 이런 형식을 취한 까닭은 진지하고 치열한 논의를 회피하고자 함도 아니요, 보잘것없는 한 인간의 역정을 잘났다고 드러내기 위한 것도 아닙니다. 그저 어떻게 해서 오늘날 제가 갖고 있는 생각에 이르게 되었는지, 그 생각이 무엇을 의미하는지를 숨김없이 가장 솔직하게 드러내고 전달하고자 함일 뿐입니다. 그리고 이처럼 가감 없이 자신의 생각을 솔직하게 드러내고 나서라야 비로소 그에 대한 철저한 비판적 논의도 가능할 것이라 생각합니다.

* * *

이 책의 1부인 「실존과 인생」, 그리고 2부인 「인간과 사회」는 제가 철학의 문에 들어서서 오랫동안 인생과 사회의 문제로 고민하면서 얻었던 생각들을 간추려 본 것입니다. 여기서는 우선 어떻게 살아야 할 것인가 하는 실존적 문제를 다루면서, 단독적 실존을 기초로 삼아 인생의 문제를 풀어보려는 철학이 부딪치게 되는 한계를 드러내 보였습니다. 그리고 이어지는 글에서는 우리의 삶을 규정하는 현대 자본주의 사회가 안고 있는 문제점과 그 속에서 이루어지는 우리 삶의 소외된 모습을 살펴보았습니다. 아울러서 이처럼 소외된 삶과 모순에 가득 찬 사회를 변혁하고자 한 변혁사상이자 운동으로서 사회주의가 갖는 의미와 더불어 그것이 실패로 돌아간 이유에 대한 근본적 반성도 행했습니다.

3부인 「불이사상과 미래 문명」은 짧지 않은 철학의 여정 끝에 오늘날 제 나름대로 세상과 인생을 보는 틀로 삼게 된 '둘이 아님'이라는 생각과 그 의미를 풀어 얘기해 본 것입니다. 여기서는 현대 사회와 문명 속에서 올바른 삶을 살아가려면 단순한 사회 제도의 변혁을 훨씬 넘어서서 현대 문명 전체의 방향을 돌리는 거대한 전환이 필요하다는 것, 그리고 이를 위한 논리와 가치를 '둘이 아님'이라는 불이사상이 가져다 줄 수 있다는 것을 밝혔습니다.

언뜻 보면 1, 2부와 3부의 내용과 스타일이 상당히 이질적인 것처럼 보일지도 모릅니다. 그러나 사실 그것들은 모두 다 현대 사회와 문명 속에서 우리가 어떻게 해야 보다 올바르고 인간적으로 살아갈 수 있는가 하는 문제를 추구하고 있다는 점에서 일관된 주제의 글이라고 할 수 있습니다. 물론 '둘이 아님'이라는 불이사상의 틀로 세상을 바라보고 있는 저로서는 이야기의 중심을 3부에 둘 수밖에 없었습니다. 그렇지만 1, 2부의 글은 그 자체로 실존과 사회에 관한 철학적 주제들과 연관해서 의미를 가질 수 있을 뿐 아니라, 그러한 주제에 대한 철학적 성찰을 통해 어떻게 해서 불이사상에 이르지 않을 수 없었으며, 그것이 어떤 의미를 갖고 있는가를 충분히 드러내기 위해서도 필요한 부분이라고 생각합니다.

이 책에는 새로 쓴 글도 있고 그동안 다른 지면에 발표했던 글도 포함되어 있습니다. 그러나 이미 발표했던 글도 그대로 실은 것은 아니고 지면 관계상 충분히 얘기하지 못했던 내용들을 보충하고 경우에 따라서 필요 없는 부분은 생략하기도 하면서 맥락에 맞게 고친 것이 대부분입니다. 지금까지 철학을 해오면서 인생과 사회와 세계에 대해 얻은 생각의 큰 얼거리만을 대충 제시하려다 보니 그렇지 않아도 솜씨 없는 글이 더욱 건조해졌습니다. 복잡하고 지리한 전문적인 논의는 물론, 되도록 화려한 현학적 수사도 피하고 누구나 이해할 수 있는 쉬운 말로 생각을 전하려 제 나름대로는 노력했지만,

워낙에 재주가 없는 글인지라 제대로 전달이 되었을지는 자신이 없습니다. 혹 이해가 되지 않는 부분이 있다면 모두 철저히 소화하고 체화하지 못한 생각을 섣불리 조잡한 글로 표현한 제 잘못이리라 생각합니다. 서로 소통하여 나누지 못하고 제 생각으로만 머물러 있는 생각은 고여서 썩은 물과 같습니다. 부족한 생각을 공연히 글로 옮겨 여러 사람의 심기를 어지럽히지나 않았는지 걱정이 앞섭니다만, 혹 읽으신 분들이 있어 비판해 주신다면 즐겁고 감사한 마음으로 기꺼이 받아들여 이후 발전의 발판으로 삼도록 하겠습니다.

이 글을 쓰는 데는 나와 둘이 아닌 이 세상 만물 중 도움을 주지 않은 것이 아무 것도 없습니다. 모두에게 감사를 드립니다. 그러나 특히 지금까지 많은 삶의 지혜를 일깨워주고 함께 철학하는 즐거움을 느낄 수 있게 해준 수많은 스승, 선배, 동료, 후배, 제자들에게 깊은 감사를 드립니다. 평생 못난 아들을 뒷바라지 해오신 어머님, 아이들을 돌봐주시면서 아무 걱정 없이 연구에 몰두할 수 있게 해주신 이모님, 학자와 선생으로서의 길을 가는 데 언제나 격려를 아끼지 않는 아내, 그리고 아무 탈 없이 건강하게 자라면서 항상 누구보다도 큰 기쁨을 주는 도경이와 영규에게도 고마움을 표합니다. 그러나 이 글이 책으로 나올 수 있었던 것은 출판사의 여러 식구들 덕택입니다. 여러 가지 어려움에도 불구하고 부족한 원고를 하나의 책으로 만들어 주신 '이후' 가족에게 감사를 드립니다.

2002년 여름
인제대학교 김해 캠퍼스에서
이찬훈

1부 실존과 인생

그대는 무엇을 믿는가?
모든 사물의 무게가 새롭게 결정되어야 한다는 사실을.
그대의 양심은 무엇이라 말하는가?
본래의 너 자신이 되어라.
──────────── 니체

철학과의 만남

아주 어렸을 적에는 다른 아이들과 마찬가지로 저에게도 장군이 되고 싶다든지, 아니면 법관이 되고 싶다든지 하는 많은 꿈이 있었습니다. 그런데 나이를 조금 먹어 가면서 언제부터인가는 무엇 무엇이 되고 싶다는 꿈은 슬그머니 뒤로 나앉은 대신에, 그저 알고 싶은 것들이 많아졌습니다. '나는 누구인가' '나는 어디에서 와서 어디로 가고 있는가' '나는 무얼 위해 어떻게 살아야 하는가' '과연 신은 존재하는가' '신이 존재한다면 그것을 어떻게 알 수 있을까' '신이 있다면 신이 우리에게 바라는 것은 무얼까.' 자아에 눈뜨기 시작하는 사춘기 적부터 철학적이고 종교적인 물음들이 머리 속을 맴돌았습니다.

젊어 홀로 되신 어머니가 온갖 궂은 일을 하다 당시에는 공장 노동자 생활을 하셨는데, 야근을 밥먹듯이 하고 종종 밤샘 작업까지 하면서도 지지리도 가난했던 가정 형편 때문에, 사회적인 문제에 대한 의문들도 마음 한 구석에서는 커져만 갔습니다. '어머니는 누구보다도 저토록 열심히 일하건만, 우리 집은 왜 이다지 가난한 걸까' '나는 무얼 할 수 있고 무얼 해야 할까.' 그러나 당시에는 사회과학적인 지식이 전무한 상태였고, 사회적인 문제들을 파고 들어갈 상태가 되지 못했습니다. 그 대신에 무엇보다도 제 마음을 사로잡았던 것은 '나는 누구이며 어떻게 살아야 하는가' 하는 것과 같은 실존적인 물음들이었습니다.

다니던 고등학교가 불교 학교였던 점도 철학적 사고를 자극하는 한 요인으로 작용했습니다. 일주일에 한 시간 있었던 불교 시간은 바로 철학 시간이었습니다. 생로병사의 고통을 비롯한 인간 실존의 가장 근원적인 문제를 해결하려 했던 석가모니의 일생과 철학은 그 후 계속해서 인생과 우주의 영원한 문제들을 탐구해 나가도록 끊임없이 제게 자극을 준 마르지 않는 철학의 샘이었습니다.

문학 동아리 두 군데를 다니면서 친구나 선후배들과 어울려 글도 쓰고 토론을 벌이기도 했지만, 저의 주된 관심은 문학적이라기보다는 철학적인 것들이었습니다. 그리고 이때 누구보다 마음을 끈 것은 니체, 까뮈, 키에르케고르, 사르트르 등의 실존철학자들이었습니다. 가난한 가정형편, 꽉 짜여진 고등학교 생활 등, 갑갑한 현실에 대한 반항심에서 무작정 그로부터 벗어나고 싶으면서도, 아직 갈 바를 몰라 헤매던 저에게 실존철학자들의 얘기는 천둥처럼 울렸습니다. 기성의 도덕과 관념을 산산조각 내버리고 주체적 삶을 강조하는 실존철학 사상은 통쾌하기 그지없이 느껴졌습니다.

당시 즐겨 읽었던 책 중에 니체의 글을 모아놓은 『고독을 운명처럼』이란 책이 있었습니다. 세상의 온갖 고민은 혼자 하는 양 소위 철학적 똥폼을 잡고 있던 나이에 그 책은 제목부터 그렇게 멋있을 수가 없었습니다. 그리고 경구 식으로 되어 있는 니체의 글은 마음을 격동케 하는 선동적인 힘이 있었습니다. 철학적 배경 지식이 턱없이 부족했던 당시에 그 어려운 내용들을 제대로 소화해 낼 수 있었던 것은 아니지만, 그럼에도 니체를 비롯한 실존철학자들이 말하는 취지는 가슴에 절실하게 와 닿았습니다.

어려운 형편 탓에 진로 문제로 갈등을 겪기도 했지만, '내 인생은 아무도 대신해 줄 수 없다. 내가 진정으로 원하는 건 철학 공부다. 내가 진정으로 원하는 철학 공부를 포기할 수는 없다'는 '주체적 결단'으로 대학에서 철학을 전공하게 된 뒤에도 한동안 저의 주 관심은 실존철학이었습니다. 물론 불교 철학에도 많은 관심이 끌렸고 언젠가 결국은 불교철학을 비롯한 동양 사상을 본격적으로 공부해 봐야겠다는 생각도 있었습니다. 그러나 당장은 실존철학적 주제가 더 절실히 느껴졌고, 서양철학 쪽의 방법론을 먼저 익히고 나서 동양 사상을 공부하겠다는, 약간은 시건방진 생각도 있었기 때문에 공부의 주된 방향을 이쪽으로 잡았습니다.

예나 지금이나 철학은 돈 안 되는 학문의 대표로 인식되고 있는 듯합니다. 특히 신자유주의 물결이 전 지구를 휩쓸면서 즉각 돈 되는 실용적 분야가 아니면 모조리 쓸모없는 것으로 치부하는 현재의 풍토 속에서, '한가롭기 짝이 없게' 인생과 우주의 진리에 대해 논하는 철학은 '쓰잘데기라고는 눈 씻고 찾아봐도 없는' '얼빠진 또라이들이나 하는 짓거리'라는 의식조차 널리 퍼져 있는 듯합니다. 이런 점에서는 차라리 제가 대학에 진학하고 대학을 다니던 1970~80년대가 훨씬 낫지 않았는가 싶습니다. 그래도 그때에는 아직 대학이나 사회 전체에서 '이념'과 순수 학문의 중요성이 인정되고 있었던 시절이었으니 말입니다. 이 때문에 그 당시에는 '돈 안 되는' 학문이기는 하지만 철학을 하는 사람들이 오히려 자부심을 느끼면서 공부를 할 수도 있었습니다. 어쩌면 그 때문에 저도 당시 어려운 가정형편에도 불구하고 '돈 안 되는' 철학을 전공하기로 결심할 수 있었지 않았을까 합니다.

『장자』에 보면 잎과 가지가 무성한 엄청난 거목은 쓸모가 없어 목수가 그 나무를 베려 하지 않으므로 천수를 다할 수 있었다는 유명한 얘기가 나옵니다. 그야말로 '쓸모없는 것의 큰 쓸모'라고 할 수 있겠습니다만, 어쩌면 이것은 철학이라는 학문에도 딱 들어맞는 얘기가 아닌가 합니다.

그렇습니다. 남들은 모두 당장 돈 되는 일을 따라 열심히 달리고 있는데 철학자는 '한가롭게' '인생이 뭐냐', '우리는 어디서 와서 어디로 가는가' '우리는 과연 어디로 가야 하는가' '우리는 어떻게 살아야 하는가' 하는 '쓸데없는' 온갖 고민을 합니다. 그러나 과연 정말로 그렇겠습니까? 이런 게 정말 할 일 없는 철학자의 '한가로운' 고민이겠습니까? 당장 눈앞의 이득을 좇아 물불 안 가리고 내달리는 길이 나락으로 떨어지는 비탈길이라면 어쩌겠습니까? 열심히 추구한 일이 결국은 아무런 가치도 의미도 없는 하잘 것 없는 일이라면 어쩌겠습니까? 어느 순간 문득 지금까지의 인생 전체가 잘못된 방향으로 달려왔다는 것을 알게 된다면 어쩌겠습니까?

사실 오늘날 인류와 인류 문명이 부딪치고 있는 수많은 문제와 위기는 그동안 우리 인류가 근본적 성찰을 결여한 채 잘못된 방향으로 급히 내달려 왔음을 보여주는 것은 아닌지 모르겠습니다. 진정한 의미나 가치도 없는 일을 열심히 하면서 잘못된 방향으로 죽어라 달린다면, 그 인생은 말짱 헛일을 한 셈이요, 헛산 셈입니다. 철학은 한마디로 말하자면 뭐가 헛일이고 뭐가 헛사는 것인지를 알고 올바로 사는 방향을 탐구하고자 하는 것입니다. 학문 중에 이만큼 큰 쓸모가 있는 것이 과연 또 있겠습니까?

어쨌거나 남들이 뭐라 하건 대학 시절 초창기에 저는 어떤 학문보다도 철학을 한다는 것을 자부하면서 제멋에 겨워 철학을 공부했습니다. 그때 제가 씨름한 주제는 여전히 주로 실존철학적인 것들이었습니다.

1 니체, 기독교, 도덕

실존철학의 선구자 니체는 당시 유럽 사회가 그동안 가치와 도덕 질서를 지탱해 왔던 기독교적 믿음을 상실하면서 허무주의에 빠져 있다고 보았습니다. 서구에서는 일찍이 르네상스와 종교개혁, 그리고 16, 7세기의 과학혁명과 18세기의 계몽주의를 거치면서 기독교적 믿음이 점차 상실되어 왔습니다. 오랫동안 서구인들의 생각과 생활을 지배하고 있던 기독교의 가르침은 신뢰를 상실하고 그 자리를 과학과 합리적 사고 그리고 세속적인 이해와 관심이 차지했습니다. 기독교 문명 위에 세워진 서구에서 신에 대한 믿음을 상실하게 되었다는 것은 그동안 올바른 것으로 여기고 추구해 왔던 모든 가치가 흔들리게 되었음을 의미합니다. 기독교적 신에 대한 신앙이 믿지 못할 것이 되었다는 사실은 유럽 사회 전체를 그 가장 깊은 곳에서부터 흔들어 놓는 일대 사건이었습니다. 니체는 이것을 '신은 죽었다'는 유명한 말로 표현하고 있습니다.

『즐거운 지식』에서 니체는 밝은 대낮에 등불을 켜들고 광장에 나와 신을 찾고 있는 광인의 이야기를 통해 신의 죽음을 얘기합니다.

> 그는 소리쳤다. 내가 그것을 너희에게 말해주마! 우리가 신을 죽였다. 너희들과 내가 말이다. 우리 모두가 그의 살해자다. … 신들 역시 사멸한다. 신은 죽었다. 신은 죽은 채로 있다. 그런데 우리가 그를 죽인 것이다.[1]

그러나 니체는 신이 죽었다는, 기독교적 믿음을 상실했다는 이 엄청난 사건을 그렇게 소극적으로, 허무주의적으로 받아들이지 않습니다. 오히려 니체는 이 사건을 매우 즐거운 마음으로 기꺼이 받아들입니다. 니체는 그동안 서구 전체를 지배하고 있었던 기독교적 가치관이 무너지면서 새로운 가치와 삶의 지평이 활짝 열리게 된다고 하면서, 기존의 가치체계가 무너지고 아직 새로운 질서가 수립되지 못한 그 과도기를 열광적으로 맞이하고 있습니다.

이 과도기는, 우리들 자신에 대해서, 어쩌면 사람들이 기대할 수 있었던 것과는 반대로, 결코 슬픈 것도 음울한 것도 아니고, 오히려 하나의 새로운 형용키 어려운 일종의 광명이요, 행복이요, 위안이요, 쾌활이요, 고무요, 서광인지 모른다. 사실에 있어서 우리들 철학자 및 '자유로운 정신'은 '묵은 신은 죽었노라'는 소식을 듣고, 하나의 새로운 서광이 비쳐 오는 것 같이 느낀다. 우리의 마음은 그럴 적에 감사의 염과 경이와 예감과 기대에 넘쳐흐른다. 드디어 지평선은 다시금 우리에게 트여 있는 것같이 보인다. 물론 그것이 청명하지는 않다. 그러나 이제 우리의 배는 다시 출발하여도 좋으리라. 모든 위험을 향하여, 출발하여도 좋으리라. 인식하는 자의 모든 위험은 다시 허락되었으며, 대양은, 우리의 대양은, 다시 우리의 앞길에 열려져 있다. 생각건대 그렇게 '트여진 대양'이란 이때까지 결코 있은 적이 없으리라.[2]

니체가 신의 죽음을 얼마나 기쁘게 맞이했는가는, '신은 죽었다'고 선언하고 있는 책인 『즐거운 지식』의 다음과 같은 글귀 속에도 뚜렷이 드러나고 있습니다.

이 책 전부가 오랜 궁핍과 무기력 후의 하나의 환락, 흔희작약(欣喜雀躍)에 불과하다. 그 기쁨은 다시 돌아온 힘의 기쁨이요, 내일과 그 이튿날에 대한 새로이 각성된 신념의 기쁨이며, 장래에 대한 가까운 모험에 대한 다시 열려진 대양에 대한, 다시 허용되고 다시 믿어진 제 목표에 대한, 홀연한 감정과 예감의 기쁨 이외의 아무 것도 아니다.3)

니체는 이 세상을 지배하는 모든 가치와 도덕 같은 것들은 본래 그 자체로 가치 있는 것이 아니라고 봅니다. 그것은 인간들이 임의적으로 가치를 부여한 데 지나지 않았던 것인데, 오랜 세월 그에 대한 신념이 세대에서 세대로 전승되면서 서서히 그 자체가 본질적으로 가치 있는 것으로 둔갑한 것이라고 보고 있습니다.

가치나 도덕만이 아닙니다. 니체는 인간의 모든 지식도 사실은 객관적 진리의 인식이라기보다는 일종의 해석이자 전망이며 허구에 불과한 것이라고 봅니다. 니체를 흔히 생을 중시하는 생철학자라 하는데, 생이라는 것은 항상 멈추지 않고 약동하는 것입니다. 정지되어 있는 것은 죽은 것입니다. 이 세계의 본질은 끊임없이 유동하고 약동하는 생입니다. 그렇기 때문에 그것은 결코 고정될 수 없습니다.

그런데 지식이라는 것은 고정할 수 없는 것을 '이것은 무엇이다'라고 고정하는 데서만 성립할 수 있습니다. 그렇기 때문에 지식은 끊임없이 흐르고 있는 이 세계의 현실과 들어맞는 참된 것이라 할 수 없습니다. 우리의 지식이 '이것은 무엇이다'라고 어떤 것을 규정하고 있는 그 순간에도 그것은 이미 다른 것으로 변하고 있습니다. 따라서 지식은 현실을 있는 그대로 정확히 나타내는 것일 수 없습니다. 그것은 인간들이 편의상 만들어 낸 허구에 지나지 않습니다. 인간은 끊임없이 유동하고 있는 현실을 임의적으로 고정시켜 규정하고, 그러한 규정을 받아들이도록 타인을 강요하면서 자신이 원하는 바를 획득해 나갑니다. 그러므로 절대적 진리, 절대적으로 확실한 지식과 같은 것은 없습니다. 있는 것이라고는 각자가 자신의 목적을 달성하기 위해 만들어 내어 서로 경쟁하는 수많은 허구적 해석들뿐입니다.

그런데 니체가 보기에는 이 세계의 근원적 모습인 생이라는 것을 다른 말로 표현한다면 '권력의지'라고도 할 수 있습니다. 어떤 것이 산다는 것은 그것이 살기 위해서 다른 것들을 자신의 생의 수단으로 삼는다는 것, 자신의 생을 위해 다른 것들을 지배하고 마음대로 처리한다는 것을 의미합니다. 예컨대 우리가 살기 위해 우리는 벼와 같은 식물이나 여러 짐승들을 우리 의지대로 죽이고 처분할 수 있어야 합니다. 산다는 것은 자신이 목표로 하는 바를 달성하면서 자신의 삶을 영위해 나가기 위해 타자에게 권력을 행사하는 것입니다.

우주의 본질은 생이며 권력의지라는 에너지이기 때문에 이 세상의 모든 것들은 각자 자신의 권력을 행사하고 확대하려고 합니다. 그리고 지식은 인간이 자신의 권력을 행사하고 확대하는 일종의 수단입니다. 인간은 지식이라는 걸 발명하고 이용해 타자에게 자신의 권력을 행사하려고 합니다. 그렇기 때문에 지식은 권력의지의 행사와 확대에 도움이 되느냐 마느냐 하는 유용성에 따라 그 가치가 정해지는 상대적인 것입니다.

이러한 니체의 '범권력주의'와 '상대주의'적인 관점은 오늘날 푸코를 비롯한 소위 '포스트구조주의' 학자들이나 '포스트모더니즘' 계열의 문화예술가들에게 많은 영향을 주고 있습니다만, 어쨌거나 니체는 이처럼 인간의 지식과 가치와 도덕 같은 것들은 모두 다 절대불변의 것이 아니라 인간들 자신이 만들어 내고 부여한 것에 지나지 않는다고 간주했습니다.

그런데 오랫동안 서구 사회를 지배해 온 진리와 가치라는 것은 기독교적인 것이었습니다. 기독교의 가르침이 진리와 가치로 통용되면서 서구인들의 삶을 오랫동안 지배해 왔습니다. 그러나 니체는 그러한 기독교와 기독교적인 가치와 도덕을 향해 격렬하기 짝이 없는 어조로 비난을 퍼붓습니다.

> 나는 기독교에 대해서 유죄를 선고한다. 나는 지금까지 기독교 교회에 대해 있었던 어떤 고발보다도 더 무거운 죄를 고발한다. 내가 보기에 기독교 교회는 생각할 수 있는 모든 부패 중 가장 심한 부패이다. … 기독교 교회는 어느 것 하나 타락의 손길을 대지 않고 그냥 둔 것이 없다. 그리고 그것은 모든 가치를 비가치로, 모든 진리를 거짓말로, 모든 성실을 비열한 영혼으로 만들어 왔다. … 나는 기독교를 인류에 대한 하나의 불멸의 치욕이라고 부른다.[4]

니체가 이토록 격렬한 어조로 기독교를 비난하는 이유는 무엇일까요? 니체는 무슨 억하심정이 있어 기독교에 대해 이토록 저주에 가까운 비난을 퍼붓는 것일까요?

인간들이 권력의지의 행사를 위해 나름대로 만들어 내는 가치와 도덕은 수없이 많겠지만, 니체는 지금까지 인류의 역사에는 근본적으로 차이가 나는 두 가지 유형의 도덕이 있었다고 주장합니다. 그것을 그는 군주도덕과 노예도덕이라고 부릅니다.[5]

군주의 도덕은 고귀하고 강하고 용감한 귀족적 인간들의 도덕을 말합니다. 그것은 자기 자신에 대한 자부심을 바탕으로 하여 언제나 당당하고 용기 있는 삶을 추구하는 것입니다. 여기서 가장 중요한 도덕적 구분은 '고귀와 경멸'입니다. 비겁하고, 비굴하고, 소심하고, 나약한 모든 태도들은 경멸받아 마땅한 것으로서 무엇보다도 수치스러운 것으로 간주됩니다. 당당하고 자부심에 차 있으며, 대범하고 강한 태도들은 고귀한 것으로 간주됩니다. 니체는 이런 군주도덕의 대표적인 예를 고대 희랍인들의 도덕에서 발견할 수 있다고 합니다.

고대 희랍인들은 자기를 고귀한 존재로 긍정하면서 자신감에 가득 찬 태도로 험난한 이 세상과 맞서 당당히 살아가려는 자세를 갖고 있었습니다. 그들은 쓸데없이 겸손을 떨지 않고 당당히 자기주장을 하고 거침없이 자신의 길을 걸었으며, 모욕을 당하면 목숨을 걸고 용감히 싸우고, 잘못을 저질렀을 경우라면 비겁하게 용서와 동정을 바라느니 정당한 처벌을 요구했습니다. 이들은 스스로를 강자요, 고귀한 자로 생각했기 때문에 남의 호의와 친절 같은 것을 바라지 않고 자신의 힘에 의해 자신의 운명을 개척해 나가는 것을 자랑으로 여겼으며, 가혹한 운명에 마주치게 될 때는 오히려 그런 운명을 기꺼이 받아들였습니다. 니체가 보기에는 이런 고대 희랍인들이야말로 위대한 영웅적 인간의 전형이며 그들이 이룩한 고대 희랍 문명이야말로 서구 문명의 황금기였습니다.

본래 그리스 문헌학을 전공했던 니체는 고대 희랍 문명에 깊은 애정을 느끼고 그것을 무척 높이 평가했습니다. 니체에 따르면 고대 희랍인들은 가혹하고 위험한 삶의 운명 앞에서 좌절하지 않고 용감하게 싸워나간 강인한 영웅들이었습니다. 니체는 고대 희랍인들이 가혹한 운명에 맞서 싸우면서 빛나는 문명을 이룩할 수 있었던 것은 그들의 아폴론적 태도와 디오니소스적 태도라는 두 가지 방식을 통해서였다고 설명합니다.6) 아폴론적 방식은 무질서하고 부조리한 이 세계에 적극적으로 이상적인 형태를 부여하고 미적 세계를 창조해 냄으로써 생의 공포와 고통을 이겨내려는 방식을 말하는데, 이것을 대표하는 것이 바로 고대 희랍에서 발달한 조형예술이었습니다. 반면에 디오니소스적인 태도는 생의 모든 어려움과 고통을 용감하게 있는 그대로 긍정하고 감싸 안아 받아들이는 방식을 말하는데, 이것을 대표하는 것은 비극과 음악이었습니다. 고대 희랍인들은 이러한 아폴론적 방식과 디오니소스적 방식을 절묘하게 융합시켜 생의 고통이나 가혹한 운명과 맞서 싸우면서 웅장하고 영웅적인 문명을 이룩해 냈습니다.

그런데 이토록 멋지고 훌륭한 군주도덕과 그것이 이룩한 문명은 노예들의 반란에 의해 서서히 허물어졌습니다. 약하고 자신감 없고 소심하며 비굴한 인간들은 자신의 힘으로 자신의 삶을 개척해 나가고 남들과 당당히 싸워 이길 자신이 없기 때문에 강함이나 용기 따위의 덕목을 두려워합니다. 이들은 귀족적 인간들의 이런 품성을 두려워하는 동시에 질투하여 그것들을 비난하고 그것들을 악한 것으로 취급받게 만들려 합니다. 이들은 나약한 자신들이 살아가는 데 유리하게 작용할 덕목들은 선으로, 불리하게 작용할 덕목들은 악으로 주장합니다. 그러므로 이들 도덕에서 가장 기본적인 구분은 '고귀와 경멸'이 아니라 '선과 악'입니다. 그리고 이들이 선으로 강조하는 덕목은 사랑, 동정, 친절, 따뜻한 심정, 온유함, 인내, 근면, 성실, 겸손 따위와 같이 약자들에게 유리한 것들입니다. 이러한 덕목들이야말로 약자들이 생의 무거운 짐을 지탱할 수 있게 해주는 수단들이기 때문에 이들은 이것들을 선으로 찬양하고, 그와 반대되는 것들은 악으로 비난합니다.

약자들은 수적 우위를 바탕으로 자신들에게 불리한 강자들, 귀족들이 추구하는 이상들을 악한 것으로 비난하면서 군주도덕을 서서히 허물어뜨리고 약자들에게 유리한 덕목을 권장하는 자신들의 노예도덕을 이상적인 것으로 수립합니다. 니체가 보기에 여태껏 서구의 역사는 어떻게 보면 군주도덕과 노예도덕 사이의 투쟁의 역사였으며, 노예도덕이 승리를 거두게 되는 치욕의 역사였습니다. 그리고 그 투쟁의 역사에서 노예도덕을 대표해서 승리로 이끌어 온 것이 다름 아닌 기독교였다는 것입니다. 기독교는 사랑, 겸손, 온유함 같이 연약한 대중들에게 유리한 노예적 덕목들을 가장 도덕적이라 주장하면서 강인함이나 용기 같은 덕목을 중시하는 군주도덕을 비판하고 깎아내리는 데 앞장서 왔습니다. 니체가 기독교에 대해 그토록 혹독한 비난을 퍼붓는 것은 바로 이 때문입니다.

니체는 기독교야말로 강하고 귀족적이지 못한 나약한 노예적 인간들을 대변하는 노예 도덕의 결정판이라고 간주합니다. 기독교는 원죄라는 개념과 회개하는 자에게만 신이 은총을 베푼다는 생각을 가지고 자부심에 가득 찬 강한 인간이라는 관념을 근본에서부터 꺾어버립니다. 인간은 자부심을 가져도 좋을 만큼 그리 위대한 존재가 아닙니다. 물론 애초에 인간은 신의 모습을 본 따 창조되었지만 원죄를 저지른 탓에 천국에서 쫓겨 난 죄인이 되었습니다. 이 때문에 근원적으로 죄악에 물들어 있는 인간은 자만심을 버리고 언제나 겸허하게 자신을 반성하고 회개하며 신의 은총에 의지해야만 합니다. 또한 다같이 신의 피조물에 불과한 존재로서 신 앞에서 평등한 인간들은 서로 친절하고 온유하며 사랑하고 용서하는 삶을 살아가야만 합니다.

니체는 원죄 개념을 비롯한 수많은 기독교의 가르침은 당당하고 용기 있게 자신의 삶을 주체적으로 살아나가려 했던 고대 희랍인들의 관점에서라면 비굴한 유태인들이 발명해 낸 아주 우스운 노예적 도덕이라고 주장합니다. 생철학적 입장에서 생의 긍정성을 강조하는 니체로서는 인간의 생 자체를 죄악으로 물든 것이라 보는 기독교의 관점은 받아들일 수 없는 것이었습니다. 그에게 생은 회개함으로써 신이라는 타자의 은총을 통해 구원을 받아야만 하는 비참한 것이 아니었습니다. 생은 인간 자신이 능동적으로 창조해 나가면서 누릴 수 있는 기쁨이었습니다.

니체는 기독교 도덕이 승리하여 유럽의 운명을 지배하게 됨으로써, 유럽에서는 옛날의 영웅적인 위대한 인간들이 사라지고 하나의 왜소화된, 쩨쩨하고 비겁하고 우스꽝스러운 종족, 짐승의 무리 같이 범용한 인간들만이 양육되었다고 말합니다. 기독교 도덕은 강하고 창조적인 인간의 출현을 가로막고 나약하고 무기력한 '착한 사람'만을 길러냈습니다. 그리고 이것이 인류에게 끼친 해악이야말로 어떤 해악보다도 큰 것입니다. 그렇기 때문에 니체는 기독교와 기독교 도덕을 송두리째 부정합니다.

이렇게 볼 때 '신은 죽었다'는 니체의 얘기는 단지 당시의 유럽 사회에서 기독교적 믿음이 상실되었다는 사실을 묘사하고 있는 것이라고만 볼 수는 없습니다. 그것은 오히려 '신은 죽어 없어져야 마땅하다'는, 기독교와 기독교 도덕에 대한 적극적인 거부의사의 표현이라고 보는 것이 더 올바를 것입니다. 니체는 신을 죽임으로써, 기독교 도덕을 적극적으로 거부함으로써, 지금까지 인류를 지배해 오면서 인간의 생을 부정하고 인간을 나약하고 왜소하게 만들었던 노예 도덕으로부터 벗어나, 생에 긍정적인 새로운 위대한 가치와 도덕을 추구할 수 있는 길이 활짝 열린다고 보고 있는 것입니다. 그러기에 우리가 신을 죽인 행위는 지금까지의 역사에 있었던 어떤 행위보다도 위대한 행위이며, 이 행위 덕택으로 이후에 탄생하는 모든 이들은 어떠한 역사보다도 고귀한 역사 시대를 살아가게 될 것이라고 주장합니다. 생을 긍정하는 자로서, 나약한 삶의 태도를 내던지고 용감하게 주체적 삶을 살아가려고 하는 니체는 신을 이에 대한 걸림돌로 간주하면서 적극적으로 거부하고 있는 것입니다.

사실 기독교는 오랫동안 서구 사회를 지배해 왔습니다. 그리고 그 과정에서 기독교는 신의 명령이라는 교조적이고 독단적인 가르침에 입각해서 다양한 가치와 인간의 자유와 주체적인 삶을 억압하는 측면이 있었습니다. 그러나 근대 이후 이러한 억압으로부터 벗어나려는 여러 가지 운동들을 거치면서 기독교의 가르침과 기독교적 가치에 대한 믿음이 점차로 상실되다가 니체가 활약하던 19세기에는 급기야 신이 죽었다고 선언할 정도가 되었습니다. 그러나 이 때는 아직 기독교적 가치관을 대체할 만한 새로운 가치관이 정립되지 못한 과도기였습니다. 기존의 세계관과 가치관에 대한 믿음을 상실하고 새로운 세계관과 가치관을 미처 정립하지 못한 이러한 상황 속에서 많은 사람들은 허무주의에 휩싸여 있었습니다. 그러나 위기는 기회라는 말이 있습니다. 니체는 오히려 이런 불안한 서구의 상황이야말로 우리들 인간에게 주어진 호기라고 보았습니다. 이런 상황이야말로 오히려 인간의 주체적인 삶을 위한 기회였습니다. 그는 더 이상 외부의 권위적인 가르침에 의해 지배당하지 말고 자유롭게 가치를 창조하면서 진정으로 자신이 원하는 삶을 살아나갈 것을 동시대인들에게 외쳤습니다.

자유로운 인간의 주체성과 자립적이고 능동적이며 적극적인 인간의 삶을 찬양하고 고무하는 니체의 견해는 분명 상당히 긍정적인 측면을 갖고 있습니다. 그렇지만 주체성과 주체적 삶을 그토록 강조하는 그의 실존철학이 과연 실질적으로 새로운 인간적 가치의 전망을 제공해 줄 수 있는가 하는 것은 또 다른 문제입니다.

2 실존과 주체

기독교 도덕을 비롯한 기성의 질서와 가치체계에 대한 니체의 신랄한 공격은 새로운 창조를 위해 기존의 모든 것을 때려부수는 '망치의 철학자'다운 면모를 실로 유감없이 드러내고 있습니다. 그리고 이런 면이야말로 니체 철학이 기성의 사회체계에 저항적인 청년들에게 강한 호소력을 갖게 되는 이유가 아닌가 합니다.

니체가 보기에는 기독교가 대변하는 기성의 가치와 도덕체계의 타율적 지배로부터 벗어나야 비로소 각자의 실존적인 결단과 선택에 의한 인간의 주체적인 삶이 다시 가능해집니다. 사실 모든 진리와 가치라는 것은 인간 자신이 부여한 것인데, 인류는 너무나 오랫동안 신의 뜻이라는 이름 아래 횡행하는 타율적인 허위의 가치와 도덕에 의해 지배당해 왔습니다. 그러므로 이제 우리의 주체적 삶을 위해 단호히 기존의 가치와 도덕체계를 거부해야만 합니다.

물론 지금까지 의지해 왔던 가치체계가 무너지고 나면 불안이 엄습하고 허무주의가 우리를 사로잡을 수 있습니다. 그러나 니체는 신과 같은 타자에 의존적인 나약한 삶보다는 주체적인 위험한 생을 사는 것이 훨씬 더 낫다고 주장합니다.

> 존재로부터 최대의 풍요와 최대의 향락을 거두어들이는 비결은 바로 위험하게 생활하는 것이기 때문이다. 너희들의 도시를 베스비오 화산 위에 세우라! 너희들의 배를 미지의 대양으로 보내라!7)

신의 죽음, 신의 거부라는 니체의 생각은 까뮈나 사르트르 같은 이들에게도 실존철학의 출발점이 되고 있습니다. 신이 죽었다는 것, 신을 거부했다는 것은 절대적인 가치와 도덕의 원천이나 기준이 더 이상 존재하지 않게 되었음을 의미합니다. 그렇게 되면 어떤 것을 가치 있는 것으로 추구할 것이냐 하는 문제는 전적으로 개개인의 주체적인 실존적 결단에 달린 문제가 됩니다. 그 때 비로소 인간에게는 무한한 가치와 이상의 지평이 열립니다. 그렇기 때문에 까뮈와 사르트르 모두 "신이 존재하지 않는다면 모든 것이 허용될 것"이라고 말합니다.

신이 존재하지 않는 세계, 더 이상 절대적인 가치판단의 기준이 존재하지 않는 세계 속의 인간의 실존은 고독하고 부조리한 단독자의 모습입니다. 신, 객관적인 진리, 가치, 도덕이 존재하지 않는 세계 속에서는, 나는 누구이며 어디로부터 와서 어디로 가고 있는가, 어디로 가야만 하는가 하는 실존적 물음들에 확고한 답을 제공할 수 있는 아무런 기초도 발견할 수 없습니다. 나는 무엇이라거나 무엇이 되어야만 한다는 정해진 본질과 같은 것은 없습니다. 나의 존재와 삶에는 어떠한 합리성도 필연적 근거도 없습니다. 내가 '지금 여기에' 존재해야 할 필연적인 이유나 근거는 아무것도 없습니다. 어느 날 눈을 떠보니 내가 그저 지금 여기에 존재하고 있을 뿐입니다. 그러므로 우리는 아무런 합리적 근거도 없이 우연히 이 세상에 내팽개쳐진 부조리한 존재이며, 의지할 만한 절대적인 근거나 기준도 찾을 수 없이 자신의 힘으로 고독하게 홀로 살아가야만 하는 단독자입니다.

실존철학에서는 이러한 인간의 상황을 일러서 '실존이 본질에 앞선다'고 표현합니다. '현실존재'의 줄임말인 실존이라는 말 자체도 이것을 나타내고 있습니다. 이것은 정해져 있는 본질이 애초부터 없으니, 인간은 그저 현실에 존재하는 자요, 자신의 선택에 의해 어떤 것으로도 될 수 있는 자라는 뜻입니다. 아무런 필연적 이유도 없이 아무런 합리적 근거도 없는 이 세상에 존재하게 된 인간은 이러한 부조리에 직면해서 '구토' '어지러움' '고뇌'를 느끼기도 합니다. 나와 나를 둘러싼 이 세상의 모든 존재에 대해 아무런 필연적이고 합리적인 이유나 근거를 찾을 수 없는 인간은 당혹스럽습니다. 당혹스런 나머지 순간적으로 아찔한 어지러움을 느낍니다. 어찌해야 할지 모르는 상태에서 엄습하는 불안과 함께 심한 고뇌에 사로잡힙니다. 심지어는 이런 부조리하고 불합리한 사태에 대해 메스꺼움을 느낀 나머지 구토를 하기조차 합니다.

그러나 다른 한편으로 바로 그렇기 때문에 의식적 존재로서 인간의 실존은 무한히 자유롭습니다. 절대적인 기준과 근거가 없는 상황에서 의식을 갖고 있는 인간은 얼마든지 자유롭게 자신의 행위를 선택할 수 있습니다. 의식적 존재인 인간은 모든 것을 의문에 부치거나 부정하고 거부할 자유를 갖고 있습니다. 어떠한 것도 나의 의식을 결정하지는 못합니다. 어떠한 경우에도 의식적 존재인 나는 내가 의미 있다고 여기는 것을 선택할 수 있습니다. 어느 누구도 어떤 것도 나의 선택을 결정해 주지는 못합니다. 우리는 단독자로서 고독하게 스스로 결정을 내려야만 합니다. 사르트르는 이러한 인간의 실존적 상황을 역설적으로 표현하여 "인간은 자유로울 수밖에 없도록 저주받았다"고 했습니다.

절대적인 객관적 가치 기준이 없는 이상 인간이 선택하는 모든 행동은 동등한 자격을 갖습니다. 어느 것이 낫다거나 못하다는 객관적 기준은 없습니다. 행위의 주체가 그 행위를 진정으로 주체적으로 선택한 것이라면, 그 행위야말로 그 사람에게 가장 가치 있고 의미 있는 행위인 것입니다. 인간은 자신의 선택에 따라 얼마든지 성자도 될 수 있고 비열한 인간도 될 수 있으며, 지도자가 될 수도 있고 깡패나 도둑이나 건달도 될 수 있습니다. 그러나 그것이 진정으로 그가 선택한 것이라면, 그것들 모두는 동등한 가치를 갖습니다. 문제는 주체성입니다. 그래서 키에르케고를 비롯한 여러 실존주의자들은 종종 "주체성이 진리"라고 주장합니다. 진정으로 주체적 결단에 의해 선택한 것만이 진리요 가치 있는 것이라는 것입니다. 그러므로 인생에서 중요한 것은 어떻게 사느냐가 아니라, 자기가 진정으로 의미 있다고 여기는 것들을 가능한 한 풍부하고 절실하게 체험하면서 사는 것, 한마디로 말하자면 얼마나 사느냐 하는 것입니다.

사실 이 세상에 얼마나 되는 사람들이 진정으로 자신이 절실하게 원하는 것을 자기 나름의 방식으로 추구하면서 살아가고 있겠습니까? 아마도 대부분의 사람들은 그렇지 못할 것입니다. 대부분의 사람들은 세상에 통용되고 있는 기성의 가치나 이상에 따르거나 그저 남들이 하는 대로 대충 따라가는 비주체적인 삶을 살아가고 있습니다. 남들이 모두 학교엘 가니까 나도 가고, 남들이 대기업의 직원이 되려 하니까 나도 기를 쓰고 대기업에 들어가려 하고, 남들이 모두 출세하고 돈을 벌려고 앞으로 내달리니까 나도 무작정 그들과 함께 내달리는 것이 우리들 대부분의 모습이 아닙니까?

하이데거는 이처럼 아무런 주체적인 숙고와 결단도 없이 그저 대충 남들의 삶의 방식을 모방하면서 살아가는 현대인의 모습을 아무런 개성도 없는 '일상인'(독일어로는 das Mann이라 하는데, 영어의 the man에 해당되는 말로서 그저 평범한 평균적 일상인을 의미합니다)으로 묘사한 바 있습니다. 그러나 이렇게 살아간다는 것은 진정으로 자신에게 의미 있고 가치 있는 것을 추구하지 못하고 남들에게 질질 끌려가는 삶을 살게 되는 것이기 때문에 참으로 허망한 것이라 하지 않을 수 없습니다. 이것이야말로 바로 헛사는 것이요, 헛일만 하는 것이 아니겠습니까? 이런 점에서 주체성이 곧 진리라고 부르짖으면서, 진정으로 자신이 절실히 원하는 것들을 추구하는 삶을 살아가라는 실존주의자들의 주장은 우리에게 큰 의미를 가질 수 있습니다.

니체는 신의 죽음 뒤에, 신을 거부하고 난 뒤에 오는 공허한 공간을 점하고 있는 허무주의를 극복할 수 있는 길을 초인으로 향하는 길에서 찾았습니다. 니체는 『짜라투스트라는 이렇게 말했다』에서 인간에게 원숭이가 웃음거리가 되는 것처럼 현재의 인간은 초인의 입장에서 본다면 하나의 웃음거리이자 수치이므로 초극해야만 할 존재라고 주장합니다. 현재의 인간은 강인하고 용감했던 옛날의 영웅적 인간이 아닙니다. 현재의 인간은 겁 많고 왜소해진 나약한 인간입니다. 우리는 이런 인간을 초극하고 다시 한번 위대한 초인이 되어야 합니다. '인간은 동물과 초인을 잇는 줄, 심연 위에 드리워진 줄'입니다. 우리가 떨어질까 두려워서 그 줄을 온 몸으로 부여잡고 매달려 있기만 해서는 웃음거리이자 수치가 되는 현재의 상태를 벗어날 수 없습니다. 그러한 상태를 벗어나기 위해서는 절벽 위에 걸쳐 있는 줄을 타고 초인 쪽으로 건너가는 위태로운 모험을 감행해야만 합니다. 모험적인 위험한 삶에 대한 니체의 찬양은 이런 생각에서 나온 것입니다.

초인은 지금까지 인간을 묶어놓고 있던 거짓되고 나약한 기성의 가치와 도덕의 쇠사슬을 과감히 끊어버리고 주체적으로 가치를 창조하고 부여하는 자, 자기가 창조하고 부여한 가치에 따라 주체적으로 자신의 삶을 영위해 나가는 영웅입니다. 비록 그 길에 위험이 가득하다 할지라도, 그 길은 우리가 지금의 나약하고 왜소한 모습을 극복하고 다시 한번 위대한 인간에 도달하기 위해서는 필연적으로 가야만 하는 길입니다.

그런데 어떻게 하면 이렇게 주체적인 초인의 삶을 살아갈 수가 있을까요? 이 질문에 답하기 위해서는 니체가 말하는 '악마의 속삭임'에 대해 들어볼 필요가 있습니다.

어느 날 혹은 어느 밤에 한 악마가 그대가 가장 적막한 고독 속에 잠겨 있을 적에 그대 뒤로 살그머니 다가와서, 그대에게 다음과 같이 말한다면 그대는 어떨 것인가! 즉 "그대가 살고 있고 또 이때까지 살아 온 생을, 그대는 다시 한번 그리고 수 없이 몇 번이고 살아야 한다. 그리고 그럴 적에 아무런 새로운 것도 없을 것이며 오히려 일체의 고통과, 일체의 환락, 일체의 사상 및 일체의 탄식과 일체의 일일이 들기 어려운 그대 생애의 크고 작은 것들이 다시금 그대에게 되풀이되어야 한다. 말하자면 모든 것이 같은 서열과 같은 순번으로 말이다. 그뿐이랴. 이 거미, 나무들 사이의 이 월광, 이 순간, 나 자신도 마찬가지로 되풀이될 것이다. 존재하는 영겁의 모래시계는 언제까지나 다시 회전할 것이다. 그와 더불어 또, 초개중의 초개인 너도 같이 회전될 것이다." 너는 땅에 엎드려, 이를 악물고서 그렇게 말한 그 악마를 저주하지 않을 것인가! 혹은 너는 네가 그 악마에게 "너는 신이로다. 그리고 나는 아직 한 번도 보다 더 신적인 것을 듣지 못했노라!"고 대답할 그런 기괴한 순간을 체험한 적이라도 있단 말인가. 그 상념이 만일 그대를 지배하게 된다면, 그는 현재 있는 바와 같은 그대를 변화시키며 아마도 또한 그대를 분쇄해 버릴 것이다. 그리고 모든 일, 하나 하나에 관해서 "그대는 이것을 다시 한번 또 수없이 몇 번이고 원하느냐?"라는 질문은 가장 무거운 부담으로서 그대의 행위 위에 가로놓일 것이다! 혹은 이 궁극적이요, 영원한 시인과 확인 외에는 아무 것도 더 이상 원하지 않기 위해서, 너는 네 자신과 생에 어떻게 해서 만족하게 될 것인가?[28]

악마의 속삭임처럼 지금 현재 내 삶의 모든 것들이 영원히 반복된다면 어떨까? 그래도 좋은가? 지금 내가 하려고 하는 행위가 수없이 반복돼도 좋을 만큼 나는 그것을 진정으로 원하고 있는가? 이런 질문을 통해서 우리는 우리가 진정으로 가치 있고 의미 있다고 여기는 것들을 선택하고 추구해 나갈 수 있습니다. 우리가 진정으로 원치도 않는 것이 영원히 반복된다면 얼마나 지겹고 고통스러운 것이겠습니까? 반면에 우리가 진정으로 원하는 것이라면 그것이 영원히 반복되어도 좋을 것입니다. 우리는 때때로 "다시 태어나도 당신만을 사랑하리"라고 하지 않습니까? 몇 번이고 영원히 반복되어도 좋다고 할 수 있을 것만을 선택하고 추구해 나간다면 우리는 남에게 끌려가지 않고 진정으로 주체적인 나 자신의 삶을 살아나갈 수가 있습니다. 이처럼 니체는 가상적인 악마의 질문을 제기함으로써 진정으로 주체적인 삶을 살아갈 수 있는 길을 모색하고 있습니다.

많은 실존철학자들이 주체적인 실존적 삶을 위한 계기로서 주목하는 중요한 주제 중에는 죽음의 문제가 있습니다. 인간은 누구나 유한한 존재입니다. 언젠가는 필연적으로 죽을 수밖에 없는 근본적 한계를 지닌 존재입니다. 인간은 자신을 절멸시킬 죽음이 닥쳐올까 봐 항상 불안을 느낍니다. 실존철학자들은 특수한 대상에 대한 두려움인 공포와 달리 인간이 막연하게 느끼는 두려움인 불안은 본질적으로 인간의 유한성, 죽음으로부터 오는 것이라고 합니다.

죽음에 대해 불안을 느끼는 인간들은 그것을 잊기 위해 죽음에게서 애써 눈을 돌리려 합니다. 어쩌다 가까운 사람이 죽었을 때, 우리는 죽음이라는 문제에 직면하게 됩니다. 그 때 우리는 인생의 허무함에 대해서, 인생의 필연적인 유한성에 대해서 생각하고 슬픔을 느끼게 됩니다. 그렇지만 이것은 그리 오래 가지 않습니다. 우리는 이처럼 어쩌다가 어쩔 수 없이 죽음과 직면하게 되어도 그것을 그저 타인의 일로 간주하고 잠시 애도를 표할 뿐, 곧 죽음에 대한 상념을 떨쳐내 버립니다. 죽음을 언제든지 자신에게도 닥칠 수 있는 사건으로 직시하는 것은 불쾌하고 불안하기 때문입니다. 죽음은 생각에서조차 피하고 싶은 것입니다.

하이데거는 사람들이 자신의 삶에 대한 진지한 고민과 숙고의 길을 버리고 다른 사람들과 비슷한 평균적 삶을 살아가는 일상인의 길을 걷는 근본적 이유도 바로 이 죽음에 대한 불안 때문이라고 보고 있습니다. 곧 닥칠지도 모르는 자신의 죽음에 대해 생각하게 되면, 필연적으로 현재 자신의 삶에 대해서도 되돌아보지 않을 수 없을 것입니다. 그러나 인간에게 죽음에 대한 상념은 어떻게 해서든 피하고 싶은 불안한 것입니다. 이 때문에 사람들은 자신의 죽음과 삶에 대한 근원적 반성을 도외시한 채 다른 사람들의 삶을 모방하면서 대충대충 그 날 그 날의 삶을 영위해 나갑니다. 그러나 필연적으로 언젠가 죽을 수밖에는 없는 운명을 지닌 우리들은 결코 죽음에 대한 두려움을 완전히 제거할 수는 없습니다. 그래서 잊은 듯하다가도 불안은 문득 문득 우리를 엄습하고는 합니다. 그러나 죽음은 보통 사람들이 생각하듯이 그렇게 부정적인 것만은 아닙니다. 죽음을 생과 대립하는 어떻게든 피하고 싶은 부정적인 것으로만 보지 않고, 생과 떨어질 수 없는 생의 필연적인 계기로 인정하고, 그것을 정면으로 마주보게 되면 새로운 삶의 지평이 열립니다.

갑자기 어디가 아파 병원에 갔더니 불치의 병으로 살 날이 얼마 남지 않았다는 진단을 받았다고 가정해 봅시다. 이럴 경우 우리의 반응은 어떻겠습니까? 아마도 대부분은 처음에 이 사실을 믿으려 하지 않을 것입니다. 그럴 리가 없다고 여러 병원을 찾아다니면서 그 사실을 부정할 수 있는 새로운 진단을 받아내려고 애를 쓸 것입니다. 그러다가 그것이 틀림없는 사실로 밝혀지면, 그 때에는 '왜 내가 이런 몹쓸 병으로 가야만 하냐'고, '왜 하필 죄 없는 나냐'고 울부짖으며 누군지 모를 대상을 향해 분노의 감정을 쏟아내게 될 것입니다. 한동안 그러고 나면 어찌할 수 없는 가혹한 운명에 대해 더할 수 없는 슬픔을 느끼면서 흐느끼게 될 것입니다. 그러나 이런 격렬한 감정들이 모두 지나가고 난 뒤에, 우리는 우리의 죽음을 어찌할 수 없는 숙명적 사실로 받아들이게 될 것입니다.

그리고 그렇게 되면 우리의 마음은 아마도 매우 바빠질 것입니다. 그 동안 삶에 쫓겨 보고 싶지만 만날 수 없었던 지인들도 죽기 전에 한 번 꼭 보아야겠고, 꼭 한 번 해보고 싶었지만 해보지 못했던 일도 한 번 해보아야겠고, 가보고 싶었지만 차일피일 미루면서 가보지 못했던 곳도 빨리 한 번 가보아야 할 것입니다. 또 한편으로는 지금까지 자신이 살아온 길을 되돌아보면서 잘못한 일에 대해서는 반성하고 용서도 구하면서 미처 마무리하지 못한 일들은 가기 전에 빨리 대충이라도 마무리하려고 할 것입니다. 더 이상 허비할 시간이 없기 때문에 남은 여생 동안 우리는 쓸데없는 일에 신경을 쓰지 않고 진정으로 자신이 원하는 일을 하면서 어느 때보다도 알찬 삶을 살게 될 것입니다.

그런데 만약 이처럼 우리가 평상시에 죽음을 회피하지 않고, '내가 곧 죽는다면 어떻게 할 것인가'하는 질문을 통해 오히려 죽음을 우리의 삶 속으로 끌어들인다면, 우리의 삶은 크게 바뀔 것입니다. 죽음은 우리의 삶 전체를 문제 삼고 성찰할 수 있게 해줍니다. 일상적 삶에 매몰되어 하루하루를 급급하게 살아가는 동안에는 내가 어디로 가고 있는지, 과연 내가 가고 있는 방향이 내가 진실로 원하는 방향이며 그것이 정말로 올바른 길인지를 살펴볼 여유가 없습니다. 그러나 죽음을 마주보게 되면, 우리는 우리의 인생 전체를 되돌아보지 않을 수가 없게 됩니다. 죽음은 우리 인생 전체를 반성하고 인생의 방향을 전환하는 중요한 계기로 작용할 수 있습니다.

죽음을 마주보는 순간에 우리는 우리의 삶에 대해 어느 때보다도 진지한 태도를 취할 수 있습니다. 아무리 악한이라도 죽음을 맞는 순간에는 뉘우치고 진실된 말을 한다고 하지 않습니까? '철학은 죽는 연습'이라는 말도 있습니다. 우주와 인생의 근본 문제들을 탐구하는 철학자라면 항상, 곧 내가 죽게 된다면 어떻게 할 것인가라는 질문을 끊임없이 던져볼 때 우주와 인생에 대한 올바른 통찰을 얻을 수 있다는 것을 표현한 말입니다.

예부터 동양에서 인간의 다섯 가지 복으로 일컫는 것이 있습니다. 그 중 네 가지는 수(壽, 오래 사는 것), 부(富, 부유한 것), 강녕(康寧, 건강한 것), 유호덕(攸好德, 덕이 있는 것)입니다. 그리고 그 마지막 것이 바로 고종명(考終命)이라는 것입니다. 글자 그대로 말하자면 마지막 명령에 잘 따르는 것입니다만, 우리가 이 세상에서 마지막으로 받는 명령이 무엇이겠습니까? 그것은 바로 이제는 죽으라는 하늘의 명령입니다. 이거야말로 모든 인간들이 받는 마지막 명령입니다. 그것을 잘 따르는 것, 즉 잘 죽는 것이야말로 인간이 누릴 수 있는 다섯 가지 복중의 하나라는 것입니다. 그렇다면 잘 죽는다는 것은 무엇일까요? 편안히 잠자리에 들어 자는 듯 가는 것이 제일 좋은 죽음이라고 어른들이 흔히들 말하는 것처럼, 소박하게 말하자면 잘 죽는다는 것은 고생하지 않고 건강하게 하늘이 준 수명을 누리다가 가는 것이라고 할 수도 있습니다. 그러나 조금 더 깊이 생각해 보면, 죽음을 맞이해서 자신의 인생을 되돌아 볼 때 이만하면 후회 없이 가치 있고 의미 있는 인생을 살았노라고 할 수 있을 때, 비로소 우리는 잘 죽을 수 있을 것입니다.

　석가모니 부처를 일컫는 말 중에 선서(善逝)라는 말이 있는데, 이 말은 바로 '잘 가신 분' '잘 죽은 분'이라는 뜻입니다. 위대한 부처님을 보고 '잘 갔다' '잘 죽었다'라니 불경스럽게 들릴지 모르겠지만, 실은 그런 것이 아닙니다. 부처님이야말로 이 세상에 나서 우주와 인생의 진리를 깨치고 수많은 중생을 구제하다가 고통의 짐을 벗고 더 이상 윤회의 고통도 없는 본래의 자리로 돌아갔으니 진정으로 누구보다도 '잘 가신 분'입니다. 반면에 아무런 의미도 없고 보람도 없이 인생을 허비하다가 허망하게 가는 죽음을 가리키는 극단적인 말로 '개죽음'이라는 말도 있지 않습니까? 이 말은 전혀 인간다운 삶을 살다가 가지 못했다는 것을 가리키는 말이 아니겠습니까?

　이렇게 본다면 결국 잘 죽으려면 잘 살아야만 한다고 할 수 있습니다. 헛일만 하면서 헛된 인생을 살았다면 죽음도 허망할 뿐입니다. 이렇게 삶과 죽음은 둘이 아닙니다. 그러므로 우리는 죽음으로부터 눈을 돌릴 것이 아니라, 오히려 죽음을 정면으로 직시함으로써, 끊임없이 죽는 연습을 함으로써, 역설적으로 우리의 삶을 진정으로 의미 있고 가치 있는 방향으로 이끌어 갈 수 있을 것입니다. 이런 의미에서 죽음을 주체적 삶을 위한 중요한 실존의 계기로 삼는 실존철학자들의 견해는 인생에 대한 뛰어난 통찰을 보여주고 있다고 할 수 있을 것입니다.

3 실존을 넘어

이처럼 니체를 비롯한 실존철학자들은 바깥에서 타율적으로 우리를 규제하고 있는 일체의 권위와 가치와 도덕 질서를 거부하고, 가치와 의미를 창조하면서 주체적인 실존적 결단에 의해 스스로 선택한 삶을 추구해 나가도록 격려합니다. 이러한 실존주의자들의 얘기는 우리가 진정한 자유인으로 살아갈 수 있도록 많은 용기를 북돋아 줍니다. 그러나 여기에도 문제가 없는 것은 아닙니다. 아니 없는 정도가 아닙니다. 이러한 실존철학에는 해결하기 어려운 심각한 문제가 놓여 있습니다.

단독적인 자유로운 의식적 주체로서 스스로 선택한 삶을 살아가라는 실존주의의 권고를 받아들인다 해봅시다. 그러나 많은 선택의 순간에 우리는 무엇을 어째서 선택해야 할지를 잘 모릅니다. 우리는 무엇을 왜 선택해야만 합니까? 어떤 것이 선택할 만한 가치가 있는 것이고, 어떤 것이 물리쳐야만 하는 것입니까? 나는 어떤 기준에 따라 선택을 해야만 합니까? 실존주의자들은 우리 행위를 이끌어 줄 어떠한 보편적인 이상이나 가치도 제공해 주지 않습니다. 그들은 단지 '주체적으로 선택하라'고 말할 뿐입니다. 인간은 아무런 합리적이고 필연적인 이유도 없이 이 세상에 내팽개쳐진 고독한 단독자요, 그 본질이 전혀 정해져 있지 않은 의식적인 실존적 존재이니, 오직 그 스스로만이 선택할 수 있는 권리를 갖는다는 것입니다.

그리고 그 때문에 스스로가 주체적으로 진정 원하는 것이라면 그것이 어떤 것이든 다 좋다는 것입니다. "네가 진정으로 원하는 바가 무엇이냐? 바로 그것을 하라." 이것만이 우리에게 주어진 유일한 원칙입니다. 이렇게 되면 우리는 무엇을 선택해도 좋습니다. 원한다면 나는 남을 사랑하고 도우며 남을 위해 희생하는 사람이 될 수도 있지만, 때로는 남을 해치고 괴롭히며 남을 착취하고 지배하는 사람이 될 수도 있습니다. 내가 원하기만 한다면 말입니다. 어느 누구도 어떤 것이 더 낫다고 말할 수 없습니다. 어느 누구도 내 선택에 대해 비난할 권리는 없습니다. 내 인생은 내 것이니 말입니다.

그런데 내가 원하기만 한다면 어떤 것이라도 좋고, 본래 그 자체로 가치 있는 것은 아무 것도 없다는 이런 주장은 바로 극단적 상대주의요, 허무주의가 아니겠습니까? 이처럼 자신의 개인적 결단 이외에는 어떠한 가치기준도 거부하는 실존주의가 이르게 될 곳은 결국 허무주의입니다. 기존의 가치질서가 무너지면서 서구에 창궐하던 허무주의를 극복하려는 니체의 꿈은 실현되지 못했습니다. 그를 비롯한 실존주의 자체도 허무주의의 희생양이 되고 말았습니다.

뭐가 문제일까요? 어째서 실존주의는 이런 막다른 골목에 이르게 되었을까요? 다른 무엇보다도, 극단적으로 자유로운 의식적 존재, 무엇으로부터도 독립적인 고독한 단독자라는 실존철학의 근본 개념이 문제였습니다. 애초에 인간을 다른 어떤 것으로부터도 고립된 극단적으로 자유로운 존재인 단독자로 설정하는 데서 출발하게 된 이상, 상대주의와 허무주의라는 결론을 피할 수 없습니다. 단독자인 내가 못할 것은 아무것도 없으며 또 한편으로는 어느 것도 그 자체로 가치를 갖고 있어 내가 반드시 해야만 하는 것이 아닙니다. 문제는 오직 나 자신이며, 내가 정말로 원하는 것뿐입니다. 중요한 건 오직 나의 만족뿐입니다.

그런데 만족은 모든 저항을 극복하고 나의 욕망을 충족시킬 때,

니체 식으로 표현하자면 나의 '권력의지'를 실현할 수 있을 때 얻을 수 있습니다. 그러므로 무엇에도 굴하지 않고 나의 의지를 관철시킬 수 있는 강한 자가 되는 것이 무엇보다도 중요합니다. '모든 악은 약함'에서 유래합니다. '약자에 대한 동정과 같은 것은 어떠한 악덕보다도 유해'합니다. 우리는 그따위 나약한 감상에 사로잡히지 않고 우리의 의지만을 관철시킬 수 있는 위대한 영웅, 즉 '초인'이 되어야만 합니다.

그리고 고독한 단독자로서 가치를 창조하면서 자신의 의지를 관철시켜나가는 초인의 길을 걸어갈 때, 타인은 걸림돌이요 방해물로 나타나기 십상입니다. 자유롭고 의식적인 단독자로서 인간들은 서로 자신의 의지를 관철시키려 합니다. 그러기 위해서 인간은 자신 이외의 모든 것을 자신의 의지 실현의 도구로 삼으려 합니다. 그러기 위해 인간은 타인도 포함한 모든 것을 지배하고 소유하려 합니다. 그러나 이 때 나와 마찬가지로 자유롭고 의식적인 존재인 타인은 그 자신의 의지를 관철시키기 위해서 거꾸로 나를 지배하고 소유하려 합니다. 그렇기 때문에 인간들 사이의 근원적인 관계는 투쟁입니다. 타인은 나의 자유를 위협하고 부정하고 파괴하는 존재입니다. 사르트르는 이것을 '타인은 지옥'이라고까지 표현하고 있습니다. 이런 상황으로부터 우리가 벗어날 수 있는 길은 없습니다. 어쩔 수 없이 주어진 투쟁 상황 속에서 우리가 취할 수 있는 방법은 오직 싸워 이기는 것, 승리를 쟁취하는 것뿐입니다.

권력의지를 본질로 하는 생의 의지, 그것을 지닌 단독자로서의 개인은 각자 타자에 대해 권력을 행사하면서 자신의 의지를 관철해 나가려 합니다. 니체는 스스로 선택한 목표를 향해 자신의 의지를 관철시켜 나갈 수 있는 강하고 용감한 인간을 찬양하고 나약한 인간을 경멸했습니다. 이처럼 강한 인간, 즉 초인을 지향하는 니체는 신에게 의지하고 신이 부여한 타율적인 도덕을 강요한다고 해서 반기독교적이고 반도덕적인 입장을 취했습니다. 또한 그는 영웅적 개인주의와는 달리 무엇보다도 평등이라는 가치를 지향하는 민주주의와 사회주의에 반대하는 입장을 취했습니다. 나아가서 그는 모든 여성적인 것을 나약한 것으로 치부하면서 반여성적인 입장을 취했습니다. 이렇게 본다면 강한 영웅적 초인을 찬양하고 모든 약자를 경멸하며, 사랑과 겸손과 온유함을 노예의 도덕으로 비난했던 니체의 철학이 나중에 강한 독일 민족의 승리와 영광을 추구한 나치즘의 사상적 기반 중의 하나로 작용했다는 혐의도 근거가 없지는 않은 것으로 보입니다. 그리고 오늘날 무한 경쟁과 경쟁에서의 승리를 외치는 신자유주의의 물결이 휩쓸고 있는 현실 속에서, 극히 상대주의적이고 허무주의적인 포스트구조주의와 포스트모더니즘의 바람을 타고 니체 사상이 화려하게 부활하고 있는 것도 이유가 없지 않다고 할 수 있을 것입니다.

인간을 고독한 단독자로 파악하는 실존철학의 실존개념은 개인의 주체성과 주체적인 삶을 극단적으로 강조한 나머지 상대주의와 허무주의, 타인과의 경쟁에서 승리를 쟁취하려는 영웅적 초인주의라는 빠져나가기 힘든 막다른 골목에 부딪쳤습니다. 이들 실존철학자들은 인간이 단독자가 아니라 사회적 존재라는 명백한 사실을 애써 무시했습니다. 인간은 사회적 관계 속에서 태어나고 사회적 관계 속에서 살아갑니다. 아니 인간 자신이 사회적 관계가 모여 이루어진 점과 같은 존재입니다. 우리 모두는 부모의 관계로부터 몸을 받아 태어나고, 많은 친지들의 보살핌 속에서 자라나고, 농민과 노동자가 만들어 낸 수많은 물품들 덕분에 살아갑니다. 지금 '나 잘났다'고 떠드는 이 내 정신이라는 것도 사실 알고 보면 부모나 친지, 여러 선생님들과 선배 동료 후배들과의 관계 속에서 형성된 사회적 관계의 결과물입니다. 인간은 결코 고립적인 단독자가 아닙니다. 부모 친지 선생님 선배 동료 후배 노동자 농민과의 사회적 관계 속에서, 그들의 음덕에 의해서 태어나고 자라나고 살아온 내 인생은 나만의 것이 아닙니다. 그들은 곧 나의 일부입니다. 그렇기 때문에 그들과의 관계, 그들의 음덕을 도외시한 채 내 멋대로 내 인생을 살아가면 되는 것이 아닙니다.

인간을 알려면 그가 어떠한 사회적 관계 속에서 형성되고 살아가고 있는가를 보아야만 합니다. 추상적인 개인을 고립시켜 아무리 뜯어보아도 그를 알 수가 없습니다. '나는 누구인가, 나는 어디서 와서 어디로 가고 있는가, 나는 어떻게 살아야 하는가'라는 '실존적' 물음은 사회적 관계로부터 나를 고립시켜 볼 때에는 대단히 추상적이고 공허한 물음이 됩니다. 그런 추상적인 질문은 아무리 던져 보아도 결코 답을 찾을 수 없습니다. '나는 어떠한 사회적 관계 속에서 태어났으며, 어떠한 사회적 관계 속에서 살아가고 있는가?' '이러한 사회적 관계 속에서 나는 어떻게 살아가야 하는가?' 추상적인 '실존적' 물음을 이렇게 구체적인 '사회적' 물음으로 바꾸어 놓아야 비로소 삶의 문제를 풀어나갈 수 있습니다.

인간을 길러내고 계속해서 인간 삶에 영향을 행사하고 있는 사회적 관계들이 어떠하냐에 따라서 인간의 모습, 인간의 인생은 달라질 수밖에 없습니다. 지지리도 가난하고 허구한 날 부모가 쌈질이나 하는 집안이나 극악한 식민지 지배체제나 혹독한 독재체제 속에서 살아가는 사람과 사랑과 행복이 넘치는 가정과 민주적인 자유 국가 속에서 살아가는 사람의 모습은 크게 다를 것입니다. 그렇기 때문에 우리를 둘러싼 사회 상황을 도외시한 채 어떻게 살아야 할 것인가를 아무리 궁리해 보아도 소용이 없습니다.

우리의 사회적 관계가 문제투성이라면 우리의 인생도 문제투성이일 수밖에 없습니다. 우리의 사회적 관계가 조화롭고 바람직하지 못하다면 우리의 인생도 역시 그러합니다. 그러므로 우리 인생의 문제는 우리의 사회적 관계의 문제입니다. 가난과 불화에 찌든 가정 속에서 살아가는 내 인생의 문제는 그런 가정을 어떻게 풍요롭고 사랑이 넘치는 가정으로 만들 수 있는가 하는 문제와 동떨어진 것일 수 없습니다. 식민지에서 살아가는 사람의 인생은 그 지배체제를 깨뜨리는 문제와 동떨어진 것일 수 없습니다. 분단체제 속에서 신음하는 한민족의 인생은 그 지배체제를 걷어치우는 문제와 동떨어진 것일 수 없습니다. 지배와 착취와 억압에 시달리는 민중의 삶은 그러한 지배와 억압체제를 무너뜨리는 변혁운동과 동떨어진 것일 수 없습니다. 우리 인생의 목표와 가치와 의미는 우리의 사회적 관계 속에서 찾고 정립할 수 있습니다. 이것을 간과한다면 고독한 실존이 부딪친 극단적인 상대주의와 허무주의를 피할 수 없습니다.

2부 인간과 사회

사회를 다시 한번 개인과 대립되는 추상으로 가정하는 것은
무엇보다 피할 필요가 있다.
개인은 사회적 존재이다.
따라서 개인의 삶의 표현은 사회적 삶의 표현이요 확인이다.
──────────────── 맑스

맑스와의 만남

한동안 실존철학에 심취해 있던 저는 막다른 골목에 이르러 돌파구를 찾지 못한 채 암중모색을 계속했습니다. 문제는 여전히 '어떻게'였습니다. '어떻게 살아야 한단 말인가' '주체적으로 무엇을 위해 어떻게 결단을 내려서 살아야 한단 말인가.' 바로 그것이 여전히 문제였습니다.

한편 부마민주항쟁, 박정희의 암살과 유신정권의 붕괴, 광주민중항쟁으로 이어지는 70년대 말 80년대 초라는 격변의 시기는 우리의 '사회 현실'에 눈을 돌리지 않을 수 없게 만들었습니다. 일찍 깨인 친구들은 벌써부터 사회변혁 운동에 헌신적으로 뛰어들어 있었습니다. 나약하고 소심하며 둔하기까지 한데다가 개인적인 실존의 방향도 정립하지 못하고 헤매느라 방관자적 자세를 취하던 저도 뒤늦게나마 점차 혹독한 우리의 사회 현실에 눈을 뜨게 되었습니다. 여러 선생님들과 선배, 동료들로부터 많은 것을 배우고, 사회와 역사 현실을 다룬 사회과학 서적들을 탐독하면서 차츰 '사회구조적 인식'을 얻어 나갈 수 있었습니다. 소위 말하는 '의식화'가 되었던 셈이지요.

이 때부터 비로소 저는 그 동안 매몰돼 있던 폐쇄된 공간, '단독자'라는 추상적인 개인으로부터 벗어나기 시작했습니다. 이 땅에 얼마나 많은 사람들이, 얼마나 많은 노동자, 농민, 도시빈민들이 고통 속에서 신음하고 있는지를 깨닫게 되었습니다. 그 동안 마음 한구석에 밀쳐두었던 어머니의 고통과 집안의 가난 문제도 새삼스럽게 절실한 문제로 다가왔습니다. 그리고 내 어머니를 포함한 모든 노동자, 농민, 도시빈민과 같은 민초들의 고통스러운 삶이 개인의 책임이 아니라는 것을 알게 되었습니다. 그 때 비로소 나는 내 어머니가 그랬듯이 밤샘 작업을 밥먹듯이 하면서도 가난 속에서 그토록 고통스럽게 살아가는 모든 민중들의 삶은 우리를 둘러싸고 있는 사회 역사적 현실과 밀접하게 연관되어 있음을 깨닫게 되었습니다. 개인의 삶은 사회와 동떨어져 있지 않다는 것, 개인의 삶은 구체적인 사회 역사적 현실 속에 이루어지며, 그 현실 상황에 의해 지대한 영향을 받는다는 것, 이런 의미에서 맑스가 말하듯이 '인간은 사회적 관계의 총체'라는 것을 깨닫게 되었습니다.

이처럼 사회구조, 사회적 관계의 중요성에 눈 뜬 저는 우리의 사회 현실에 눈을 돌렸습니다. 이런 제 눈에 들어온 우리의 사회 현실은 한마디로 '소외'라는 모습이었습니다. 급격한 산업화의 진행과 더불어 황폐화된 농민의 삶, 농촌을 떠나 도시로 밀려든 수많은 사람들이 도시빈민이 되어 살아가는 비참한 도시 주변부의 풍경, 살인적 환경 속에서 밤샘 작업도 마다하지 않고 뼈 빠지게 일하면서도 항상 가난을 면치 못하는 수많은 노동자들의 삶, 오랜 기간 군부독재 체제의 억압 아래서 숨죽여 살아야만 했던 우리 모두의 삶, 이 모든 것이 소외된 모습 아닌 것이 없었습니다.

저는 우리 사회의 모든 민중들이 겪고 있는 소외가 얼마나 뼈저린 것인지 알고 싶었습니다. 그리고 그러한 소외의 근본적인 원인을 탐색하고 그 극복 방안을 모색해 보고 싶었습니다. 그래서 저는 그 당시 막 활발하게 소개되기 시작한 소외론에 대해 동료들과 함께 탐구하고 토론해 나갔습니다. 그리고 그런 과정에서 현대 사회의 인간 소외 현상에 대한 가장 포괄적인 분석과 진단을 제공하고 있는 맑스의 이론과 사상에도 자연스럽게 접하게 되었습니다. 그 이후 저는 맑스의 사회 이론을 매개로 해서 우리의 사회 역사적 현실 속에서 우리가 당면하고 있는 문제점은 무엇이며, 그것을 어떻게 극복해 나가면서 어떻게 살아야 할 것인가 하는 넓은 사회 철학적 문제의식을 추구해 나갔습니다.

1 소외된 현실

(1) 소외론의 전개

서구에서 소외 문제가 사회적 문제로 크게 주목을 받게 된 것은, 인간을 행복하게 해줄 것이라 기대했던 산업과 과학기술 문명이 오히려 역사상 유례없는 인류의 대량살상과 파괴를 초래했음을 보여준 1, 2차 세계대전을 거치면서였습니다. 이러한 역사적 사건을 겪으면서 사람들은 산업과 과학기술, 정치, 경제 등 모든 사회 현실 속에서 그들이 얼마나 소외된 삶을 살아가고 있는가를 뼈저리게 느끼게 되었던 것입니다. 우리나라에서는 독재 정권의 주도로 추진된 산업화가 상당히 진척되면서 그 온갖 병폐가 드러난 1970년대 후반부터 본격적으로 소외에 대한 논의가 이뤄졌습니다. 산업화와 더불어 드러난 노동자, 농민, 도시빈민 등의 비참한 삶에서 소외된 인간의 모습을 생생하게 바라보면서 그 문제점을 인식하게 된 것입니다.

소외라는 말은 여러 가지 뜻을 가지고 있습니다만, 그 중에서도 이것은 종종 '서먹서먹하다' '낯설다' '멀리 떨어져 있다'는 뜻으로 쓰입니다. 예컨대 누군가가 친구들로부터 따돌림을 받아 친구들과 멀리 떨어지게 되고 서로 서먹서먹하게 된다면, 우리는 그가 친구들로부터 소외되었다고 말합니다. 본래는 나라의 주인이어야 할 국민이 정치의 주체가 되지 못하고 그러한 본래의 모습으로부터 멀리 떨어져 한낱 정치적 술수와 조작의 대상이 되어 있다면, 그는 정치로부터 소외되어 있는 것입니다.

또한 소외는 종종 '인간이 만들어 낸 산물을 인간이 지배하지 못하고 오히려 지배당하는 현상'을 가리키기도 합니다. 예컨대 인간이 만들어 낸 기계를 인간이 지배하는 것이 아니라 기계가 오히려 인간을 지배하게 되면, 인간은 기계로부터 소외된 것입니다. 애초에는 인간의 풍요로운 삶을 위해 인간이 만들어 낸 과학과 기술문명, 사상과 제도 등을 인간이 제대로 통제하지 못하고 그것들에 휘둘림을 당하고 지배를 당하게 될 때, 우리는 그것들로부터 소외된 것입니다.

소외 논의의 기원은 한없이 거슬러 올라갈 수도 있지만, 철학적으로 소외 개념을 중요하게 만든 사람은 독일의 근대 철학자 헤겔이었습니다. 거창하게 말하자면 철학자는 우주와 인생의 근본적인 모습을 총체적으로 설명하고자 하는 사람입니다만, 헤겔도 그런 철학자 중의 하나였습니다. 헤겔은 이 우주와 인류 역사의 전체 흐름을 절대정신의 운동이라는 것을 통해 설명하려고 한 '절대적 관념론'의 철학자였습니다.

헤겔은 이 세계의 근원을 '절대정신'이라고 합니다. 흔히 하나님을 '절대자'라고 합니다만, 절대정신은 이것과 비슷하면서도 중요한 차이가 있습니다. 기독교에서 말하는 절대자로서의 하나님은 본래부터 '완전한 자'입니다. 그러나 헤겔이 말하는 세계의 근원인 절대정신은 애초부터 완전한 자는 아닙니다. 우리는 생각만 있지 그에 따른 실제 현실이나 실천 등이 없는 경우를 흔히 '추상적'이라고 하는데, 헤겔이 말하는 세계의 근원인 절대정신은 바로 '추상적인 절대정신'입니다. 세계가 발생하고 전개되기 이전에 저 홀로 존재하는 절대정신은 그에 해당하는 구체적 현실이 아무 것도 없이 존재하는 것이기 때문에 추상적이며 불완전합니다.

그러나 절대정신은 정신적인 존재, 의식을 가진 존재이기 때문에,

불완전한 상태 그대로 머물러 있으려 하지 않고 자신을 완전하게 만들려고 합니다. 그런데 절대정신이 추상적이고 불완전한 것은 구체적인 물질적 현실을 결여하고 있기 때문입니다. 그러므로 완전해지기 위해서는 물질적 현실을 만들어 내야만 합니다. 그러나 이 세계에는 아직 절대정신 자신 이외에는 아무것도 없으므로 다른 것으로부터 그러한 물질적 현실을 만들어 낼 수는 없습니다. 그러므로 물질적 현실을 만들어 내는 유일한 방법은 절대정신 스스로가 물질적인 현실로 변화하는 것입니다. 이 때문에 절대정신은 가만히 멈춰 있지 않고 스스로 운동하여 물질적인 현실로 변모해 갑니다. 그런데 이렇게 물질적 현실로 변모한 절대정신은 이미 정신적인 모습이 아니라 물질적인 것으로 된 것이기 때문에 본래의 모습으로부터 멀어진 것, 즉 '소외된' 존재가 되고 맙니다. 이러한 과정을 헤겔은 '절대정신의 자기소외 과정'이라고 합니다.

그러나 절대정신은 이렇게 소외된 현실에 머물러 있을 수 없습니다. 본래 자신을 완성하기 위해서 운동을 시작한 것인데, 자신으로부터 멀어져 버린 현실 속에 어떻게 만족을 느끼며 그대로 머물러 있을 수가 있겠습니까? 그래서 절대정신은 운동을 계속해 다시 한번 정신적인 존재로 되돌아가려 합니다. 물론 이번에 되돌아가려는 정신적 존재는 애초의 추상적인 절대정신이 아니라 구체적인 물질적 현실까지도 갖춘 '구체적인 절대정신'입니다. 물질적 현실로 소외되었던 절대정신이 구체적인 절대정신으로 되돌아가는 이 운동을 헤겔은 '절대정신의 자기소외 극복과정'이라고 부릅니다.

애초에 절대정신에서 나왔지만 이제는 물질화된 이 세계, 즉 자연으로부터 점차 생명이 자라납니다. 그리고 이 생명은 점점 더 고도의 생명으로 진화하고 거기로부터 차츰 의식이 싹터 나옵니다. 그리고 또한 이 의식도 점차 더 고차적인 형태로 발달하여 결국에는 인간이라는 고도로 의식적이고 자기 의식적인 존재에까지 도달합니다. 인간의 의식도 처음부터 그렇게 발달되어 있는 것은 아닙니다. 인간의 의식 수준은 역사의 발전에 따라 같이 높아져 갑니다.

헤겔은 정신의 본질을 자유라고 보고 있습니다. 정신은 어떤 결정된 법칙에 따르는 것이 아니라 자유롭게 움직이는 것입니다. 엄격한 인과법칙의 지배를 받는 물질로부터 점차 자유로운 의식이 발전해 오는 과정은 바로 자유로운 정신이 발현하는 과정입니다. 이런 관점에서 헤겔은 인류의 역사도 자유의식이 진보하는 과정이라고 보고 있습니다. 인류는 역사의 발전과정을 통해서 자유의식을 점차 넓혀서 결국에는 완전한 자유의식에 도달하게 됩니다. 그리고 자유로운 정신을 가진 인간은 이 세계 전체를 인식할 수 있습니다. 그런데 이 세계의 일부인 인간이 세계를 인식한다는 것은 사실 이 세계가 세계를 인식하는 것입니다. 그리고 이 세계는 절대정신의 자기전개인 것이기 때문에 그것은 결국 절대정신의 자기인식에 다름 아닙니다. 이렇게 완전한 자유와 세계인식에 도달한 인류의 의식을 통해서 절대정신은 자기인식에 도달하고 자신의 본질인 자유를 실현할 수 있습니다. 여기에 이르기까지의 의식의 발생과 발전과정이 바로 절대정신의 자기소외 극복과정입니다.

헤겔은 소외라는 개념을 이렇게 우주와 인류 역사 전체의 운행을 설명하는 형이상학적인 개념으로 사용했습니다. 이렇듯 형이상학적이었던 소외 개념을 인간의 현실과 보다 밀접한 차원으로 끌어내린 인물은 포이어바흐입니다. 그는 헤겔 철학에서 출발했으면서도 헤겔

철학에 대해 비판적인 자세를 취했던 '청년 헤겔학파'에 속하는 철학자의 한 사람입니다. 헤겔 철학에 대한 포이어바흐의 비판은 '헤겔 철학의 비밀은 신학이며, 신학의 비밀은 인간학'이라는 말로 요약할 수 있습니다. '헤겔 철학의 비밀은 신학'이라는 말은, 헤겔 철학은 알고 보면 결국 기독교 신학을 형이상학적으로 포장해 놓은 것에 불과하다는 것입니다. 그런데 그 기독교 신학이라는 것은 또한 알고 보면 인간학이라는 것이 포이어바흐가 주장하는 핵심입니다.

신학이라는 건 말 그대로 신에 대한 학문입니다. 그런데 기독교 신학에서는 신에 대해 무어라고 말합니까? 예컨대 기독교에서는 신을 전지전능한 완전자요, 무한자며, 완전히 선한 분이며, 사랑의 하나님이요, 정의의 하나님이라고 말합니다. 그런데 포이어바흐는 기독교에서 신에 대해 말하는 이 모든 속성이 사실은 인간의 속성이라고 간주합니다. 무엇을 안다든가, 할 수 있다든가, 선하다든가, 사랑한다든가, 정의롭다는 것은 모두 인간의 속성이라는 것입니다. 물론 인간 개개인이 모든 것을 안다든가, 모든 것을 할 수는 없습니다. 인간 개개인은 언제나 선하지도 않으며, 항상 모든 것을 사랑하거나 정의만을 행하는 것도 아닙니다. 그렇기는 하지만 인간은 분명 어떤 것을 알거나 할 수 있고, 선과 정의를 행하고, 사랑을 할 수 있는 존재입니다. 개개인이 그렇게 하는 데는 한계가 있지만 과거와 현재와 미래의 인류 전체를 합친다면 그렇게 할 수 있는 인간의 능력은 거의 무한하다고 할 수 있을 것입니다.

우리는 종종 우리의 한계를 벗어나 초인적인 능력을 발휘할 수 있게 되는 꿈을 꾸곤 합니다. 우리는 무지하고 무능하고 나약한 현재의 모습과 달리 모든 것에 뛰어난 지식과 능력과 용기를 두루 갖춘

슈퍼맨이 되었으면 하는 바램을 상상 속에서 충족시키곤 합니다. 우리는 사랑하는 사람들과 다투어 마음이 괴로울 때, 우리가 언제나 모든 것을 포용하고 사랑할 수 있는 더 큰 존재였으면 얼마나 좋을까 하고 생각합니다. 현실 속에서 불완전하고 유한한 우리는 언제나 완전하고 무한한 존재를 동경하고 그렇게 되기를 소망합니다. 개개인이 그러한 바램을 상상의 날개 속에서 만들어내는 슈퍼맨 같은 존재를 통해 충족시키듯이, 인류는 인류의 바램을 투사하여 전지전능하고 완전히 선하고 정의로우며, 언제나 모든 이를 사랑하는 완전하고 무한한 존재를 만들어 냈습니다. 그것이 바로 신입니다.

사람은 때때로 자신이 만들어 낸 가공의 현실과 인물에 사로잡혀 헤어나지 못하는 수가 있습니다. 심할 경우 그는 실제 현실을 완전히 잊어버리고 그가 허구로 만든 현실 속에서 자신이 가공한 인물을 숭배하거나 심지어는 자신이 그 인물로 행세하면서 살아가는 정신병자가 될 수도 있습니다. 이것이 바로 인간이 만들어 낸 산물을 인간이 지배하지 못하고 오히려 지배당하는 소외 상태입니다. 그런데 포이어바흐는 인류 전체가 신학 속에서, 종교 속에서 이런 소외 상태에 빠져 있다고 보았습니다.

인류는 바램을 투사하여 신이라는 존재를 만들어 냈습니다. 그러나 인류는 그렇게 하고서는 곧 그런 신이 정말로 스스로 존재하고 있는 자이며, 우리를 지배하는 전지전능한 완전자요, 무한자라고 믿으면서, 그를 경배하고 그에게 복종하게 되었습니다. 그리고 이렇게 된 인류는 모든 것을 신의 이름으로 평가하고 명령하고 금지하고 처벌합니다. 이제 인류가 만들어 낸 신학의 체계, 종교 교리가 인간을 지배합니다. 본래는 인간이 만들어 낸 산물에 불과한 종교가 인간 위에 군림하여 그에 어긋나는 것은 이단으로 몰아 가차없이 처벌하는 혹독한 지배를 행합니다. 더구나 이런 종교가 정치 경제적 지배 체제와 결탁하여 지배를 행하게 될 때, 그것이 사람들에게 가하는 횡포는 이루 말할 수 없이 큽니다. 포이어바흐는 이러한 종교적 소외야말로 당시에 인간들을 억누르며 불행하게 만들고 있는 최대의 짐이라고 간주했습니다. 인간이 만든 종교와 신의 이름으로, 수많은 사람들을 죽이고 억압하고 지배하고 착취하는 소외된 현실이 포이어바흐가 신랄하게 비판했던 현실이었습니다.

(2) 자본주의와 소외

종교의 지배라는 소외된 현실로 소외 개념을 끌어내린 포이어바흐를 이어받으면서, 이것을 당시의 인간 삶을 설명할 수 있는 가장 중요한 개념으로 더욱 승화시킨 사람은 맑스였습니다. 맑스는 종교가 당시의 지배적인 사회체제와 결탁하여 사람들을 억압하고 있다는 사실을 부인하지 않았습니다. 그는 포이어바흐를 매우 통찰력 있는 철학자로 존경하면서 그의 주장을 십분 받아들였습니다. 그러나 맑스는 종교가 인간을 소외시키는 근본 요인은 아니라고 보았습니다.

사람들이 신과 종교에 매달리게 되는 이유는 현실의 삶이 괴롭기 때문입니다. 종교적 소외는 현실적 소외의 결과입니다. 괴로운 삶에서 현실적으로 빠져나가기 어려울 때 인간은 종교에 의지합니다. 현실의 괴로움을 잊으려고 맞는 아편처럼, 종교는 삶의 고통을 일시적으로 완화시켜줍니다. 그러므로 '종교는 인민의 아편'입니다. 그러나 아편은 현실의 고통을 잠시 잊게 해주지만, 현실의 고통을 근원적으로 해결해 주기는커녕 머지않아 그로 인해 더 고통을 덧붙이기만 합니다. 맑스가 볼 때는 종교도 그와 마찬가지입니다. 종교는 내세에서의 평등과 평화 등을 내세워 현실의 고통을 잊게 합니다. 그러나 그것은 그렇게 함으로써 현실의 문제를 해결하지 않고 오히려 그로부터 눈을 돌려 내버려두게 만드는 결과를 초래합니다.

아편의 해로움을 비판하면서 아편쟁이에게 아편을 끊으라고 하는 것은 당연한 일입니다. 그러나 그 사람이 처한 열악한 환경을 내버려 둔 채 단지 아편의 해로움만을 비판한다면 문제는 해결되지 않을 것입니다. 마찬가지로 종교의 허구성과 기만성을 비판하면서 정작 그러한 종교와 종교에 대한 믿음을 낳는 괴로운 삶의 상황을 도외시한다면 그것은 큰 소용이 없을 것입니다. 소외된 종교의 지배로부터 벗어나는 진정한 길은 종교 자체에 대한 비판보다는 그러한 종교와 그에 대한 믿음을 낳는 괴로운 현실을 비판하고 변혁하는 것입니다. 현실적 소외의 극복이야말로 종교적 소외의 진정한 극복방안입니다.

18세기 중엽 산업혁명 이후 급속도로 발달한 자본주의 사회에서는 다수의 사람들이 노동자로서의 삶을 살아가게 되었습니다. 이런 사회 현실에서 사람들이 겪는 소외 현상을 맑스는 '노동소외'라는 개념으로 설명했습니다. 자본주의적 노동 상황 속에서 일어나는 소외 현상을 맑스는 대략 네 가지 정도로 설명하고 있습니다.

첫째는 노동 생산물로부터의 소외입니다. 본래 인간이 노동을 통해 어떤 생산물을 만들어 내는 것은 자신의 욕구를 충족시키기 위함입니다. 배가 고프면 먹을 것을 만들어 먹고, 추우면 옷을 만들어 입음으로써 욕구를 충족시켜 살아가는 것이 자연스러운 인간의 모습입니다. 그런 과정 속에서 인간은 자신의 노동 생산물을 소비하는 즐거움을 누립니다. 자신이 만들어 냈고 자신이 절실히 필요로 하는 바를 충족시켜 주는 노동 생산물은 소중하고 의미 있는 것입니다. 그것은 우리의 삶과 분리되거나 우리의 삶에 적대적이지 않고 우리의 삶을 가능하게 하고 풍요롭게 하는 소중한 것입니다. 여럿이 들판을 내달려 잡은 짐승을 함께 나눠 먹으면서 즐거움을 누리는 수렵인들의 모습을 상상해 보십시오. 함께 열심히 일해서 수확한 곡식으로 떡을 하거나 국수를 삶아 이웃과 나누어 먹던 옛날 우리 농촌의 풍경을 떠올려 보십시오. 그 때 우리의 노동 생산물은 얼마나 값지며, 그 노동 생산물을 함께 향유하는 즐거움은 얼마나 컸습니까? 그러한 노동 생산물을 우리가 향유하지 못하게 될 때, 노동 생산물이 우리의 삶과 무관한 낯설고 적대적인 것이 될 때 우리는 노동 생산물로부터 소외됩니다.

모든 계급사회 속에서 피지배자는 자신의 노동 생산물 중 상당 부분을 지배자에게 빼앗깁니다. 그렇게 되면 그들은 그 노동 생산물을 직접 향유하지 못합니다. 그것은 오히려 지배자의 생존과 권력을 유지하는 데 도움을 줌으로써 생산자를 억압받고 착취당하는 피지배자의 위치에 계속 묶어두는 수단이 된다고도 할 수 있습니다. 그렇기 때문에 피지배계급은 항상 자신의 노동 생산물의 일부로부터 소외를 당한다고 할 수 있습니다. 그러나 자본주의 사회 속에서 노동자들이 겪는 노동 생산물로부터의 소외는 단순히 이것을 가리키는 것만은 아닙니다.

자본주의 이전 사회는 모두 기본적으로 자급자족을 하는 사회였습니다. 사람들은 필요한 물건을 직접 생산하여 소비하고 어쩌다 남는 물건이나 그 지역에 없는 물건들만을 서로 교환하여 사용했습니다. 이런 자급자족 경제체제에서 모든 생산물은 본질적으로 사용가치를 갖는 것이고, 교환가치는 특수한 경우에만 갖는 것이었습니다. 즉 자급자족 경제체제는 사용가치 위주의 경제체제였다고 할 수 있습니다. 이런 상황에서 생산물은 생산자의 삶의 욕구를 충족시켜 주는 사용가치를 지닌 것으로서, 생산자의 삶과 직접적으로 결합되어 있었습니다. 그러한 생산물은 내가 만들었고 내 삶의 욕구를 충족시켜주는 고맙고 소중하고 의미 있는 것이었습니다. 그러나 자본주의 사회에서는 사정이 전혀 다릅니다.

자본주의 사회는 모든 생산물이 상품화되어 서로 교환되는 전면적인 상품생산 사회요, 전면적인 교환경제체제입니다. 이 사회에서 생산의 목적은 더 이상 생산자들의 욕구를 충족시킬 수 있는 사용가치를 지닌 물건을 생산하는 것이 아닙니다. 생산의 목적은 오직 상품을 만들고 팔아서 교환가치를 획득하는 것입니다. 교환가치를 획득할 수만 있다면, 돈을 벌 수만 있다면, 상품의 사용가치는 아무래도 상관이 없습니다. 자본가는 자신의 삶과 직접적인 연관이 없는 상품을 만들어 이윤을 획득하고, 노동자 역시 자신의 삶과 아무런 직접적 연관도 없는 상품을 만드는 노동에 종사하는 대가로 임금을 받을 뿐입니다. 이러한 자본주의 사회 속에서 사람들은 점차 모든 생산물을 사용가치로서가 아니라 교환가치로서 대하게 됩니다. 모든 물건은 더 이상 나의 삶과 직결되어 있어 그 자체로 고맙고 소중하고 의미 있는 것이 아닙니다. 그것은 단지 얼마짜리라는 의미를 가질 뿐입니다. 모든 물건은 그 고유한 사용가치, 의미를 상실하고 단지 얼마의 교환가치를 지닌 것으로 취급될 뿐입니다.

이렇게 해서 자본주의 사회 속의 모든 사람은 모든 생산물로부터 소외됩니다. 그렇기 때문에 자본주의 사회에서 사람들은 수많은 상품에 둘러싸여 있으면서도 빈곤합니다. 옛날 사람들은 비록 적은 물품밖에는 소유하지 못했지만, 개개의 물건이 모두 의미 있고 소중한 것이었기 때문에 그만큼은 그것을 향유할 수 있었습니다. 그러나 오늘날 자본주의 사회 속의 사람들은 이전과 비교할 수 없을 만큼 많은 물건을 소유하고 있으면서도 그것으로부터 소외되어 그것을 향유하지 못하고 있습니다. 이것을 곧 풍요 속의 빈곤이라 하겠습니다.

맑스가 말하는 두 번째 소외현상은 노동과정, 노동활동 자체로부터의 소외입니다. 오늘날 노동은 고통스럽기 짝이 없어 어떻게 해서든 피하고 싶은 일이 되었습니다. 오늘날 대부분의 노동자들은 노동에서 어떤 보람이나 즐거움도 느끼지 못합니다. 그들은 노동을 임금을 얻기 위해 어쩔 수 없이 하는 고역으로 느끼고 있습니다.

인간은 먹고살기 위해서 어쩔 수 없이 노동을 해야만 합니다. 그리고 노동을 하는 데는 힘이 듭니다. 그러나 노동에 힘이 든다는 것과 그것이 고역이라는 것은 상당히 다릅니다. 사냥꾼이 짐승을 쫓아 들판을 내달릴 때, 농부가 밭을 갈거나 김매기를 하거나 곡식을 거둘 때에도 힘은 듭니다. 그러나 그들은 그것을 고역이라고 여기지는 않습니다. 그런 활동을 할 때 힘은 들지만, 그들은 오히려 기쁨과 보람을 느낍니다. 긴 밭을 갈다가 잠시 쉬면서 자기가 갈아놓은 밭을 바라보며 뿌듯한 느낌에 잠기는 농부의 모습을 생각해 보십시오.

본래 생명체라는 것은 먹고 싸는 활동, 즉 에너지를 보충하고 소비하는 활동(이것을 생물학에서는 동화와 이화작용이라고 하고 이 둘을 합쳐 물질대사라고 합니다)을 활발하게 할 때 생명력이 활짝 꽃피게 되고 생의 기쁨을 느끼게 됩니다. 땀을 뻘뻘 흘리며 힘들여 노동을 하는 것은 에너지를 소비하는 생명활동의 일부이기 때문에 생명체인 우리는 거기에서 기쁨을 느낄 수 있습니다. 그렇기 때문에 자연스런 생명활동으로서의 노동은 고역이 아니라 오히려 즐거움을 주는 일일 수 있습니다. 그러나 오늘날 노동자들이 하는 노동은 결코 그렇지 못합니다. 어째서 그렇게 되었을까요?

고도로 산업화된 자본주의 이전에는 남녀간의 분업이나 지역 간의 분업과 같은 사회적 분업은 있어도 작업장 내의 분업은 거의 없었습니다. 사람들은 대부분 자신이 필요로 하는 물건을 만들어 내기 위한 전 노동과정을 스스로 담당했습니다. 사람들은 필요한 물품을 생산하기 위해서 필요한 작업을 구상하고 그 모든 작업을 스스로 실행했습니다. 예를 들자면 농부는 식량을 생산하기 위해서는 밭을 갈고, 씨를 뿌리고, 김을 매고, 거름을 주고, 수확을 해야 한다는 것을 인식하면서 그 하나하나의 작업을 스스로 행합니다. 그 때 그 작업 하나하나는 다른 부분과 동떨어진 것이 아니라 서로 밀접한 연관 속에서 이루어져 결국은 그가 필요로 하는 식량을 생산할 수 있게 되는 것입니다. 농부가 밭을 가는 작업은 아무런 의미도 없이 그저 땅을 파는 것과는 크게 다릅니다. 만일 누군가의 강요에 의해서 아무런 의미도 모른 채 땅을 파야만 한다면 그것은 견디기 힘든 고역이 될 것입니다. 그러나 농부가 밭을 가는 것은 그와 다릅니다. 밭을 가는 것은 나중에 씨를 뿌리고 가꿔서 자신과 가족이 필요로 하는 식량을 생산하기 위한 소중하고 가치 있는 작업이기 때문입니다. 농부는 이것을 잘 알고 농사를 짓기 때문에 농사일에서 보람과 기쁨을 느낄 수 있습니다.

그러나 고도로 분업화된 자본주의 사회에서는 사정이 다릅니다. 교환가치 획득을 위한 상품 생산을 위주로 하는 자본주의는 보다 효율적인 생산을 위해 노동과정을 고도로 분업화합니다. 전 작업과정을 되도록 잘게 나누어 노동자들로 하여금 각각의 작업을 전담하도록 만들면 생산성이 비약적으로 높아질 수 있습니다. 이 때문에 자본가들은 경쟁적으로 작업장 내의 분업화를 추구합니다. 자본가가 전 작업과정을 어떤 식으로 나누어 노동자들에게 할당하고 결합할 것인가를 구상하고, 노동자들에게는 고도로 파편화된 한 부분의 작업만을 실행하도록 합니다. 이런 고도로 분업화된 노동과정을 구상하여 도입한 대표적 인물이 테일러였습니다. 그렇기 때문에 고도로 분업화된 작업 체계를 보통 테일러 시스템이라고 부르기도 합니다.

그런데 고도로 분업화된 작업 체계에서는 각각의 작업을 연결해 주는 일이 중요한 문제가 됩니다. 한 작업이 끝나면 그것을 지체 없이 곧바로 다음 작업으로 연결해 줄 수가 있어야 합니다. 이러한 작업간의 연결 문제를 해결한 것이 바로 자동적인 일괄작업대(컨베이어 벨트 시스템)입니다. 그리고 이것을 자동차 공장에 최초로 본격적으로 도입해 커다란 성과를 올린 인물이 포드였기 때문에, 이것을 보통 포드 시스템이라고 부릅니다.

이러한 체계 속에서 노동자들은 오직 극히 파편화된 한 가지 작업에만 종사합니다. 그들은 다른 작업과정에 대해서나, 자신의 작업과 다른 작업의 연관관계를 알지도 못하고 알 필요도 없습니다. 그렇기 때문에 그들은 자신의 작업이 전체 노동과정에서 갖는 의미나 가치도 느끼지 못합니다. 효율적인 생산을 위해서 그저 기계적인 동작을 거듭해서 되풀이 할 뿐입니다.

　더구나 고도로 기계화된 포드 시스템 아래서는 노동의 속도마저 노동자 마음대로 조정할 수 없습니다. 예전에 노동자는 노동의 속도를 스스로 조정할 수 있었습니다. 피곤하거나 일이 있으면 잠시 쉬었다가 할 수도 있고, 또 어떤 때는 속력을 붙여 일을 할 수도 있었습니다. 그러나 자동화된 일괄 작업대에 붙어 일을 해야만 하는 노동자에게는 그런 것이 불가능합니다. 일괄 작업대가 돌아가는 속도를 조정하는 것은 노동자가 아니라 자본가입니다. 노동자들은 자본가가 정한 일괄 작업대의 속도에 맞춰 주어진 작업을 수행해야만 합니다. 이 때문에 이런 체계에서 노동자들이 하는 노동의 강도는 이전과는 비교가 되지 않을 정도로 강합니다. 노동자들은 그야말로 '쉴 새 없이' 일해야만 합니다.

　찰리 채플린의 영화『모던 타임즈』에 보면 주인공 찰리가 일괄 작업대에서 계속해서 나사를 죄는 일을 반복하다가, 너무나 빠른 작업대의 속도를 따라 잡으려다 톱니바퀴 속으로 빠져 들어가기까지 하는 모습이 나옵니다. 고도로 분업화되고 자동화된 작업장 내에서 노동자들이 겪는 고통스런 모습에 대한 풍자적이고 희화적인 묘사라 하겠습니다.

　이처럼 전체 작업과정의 구상에서 소외되고, 다른 작업과정과의 연관성을 상실한 채, 엄청나게 빠른 기계의 속도에 맞춰 온종일 일해야만 하는 노동자에게, 노동은 기쁨이고 보람이 아니라 임금을 위해 참아내야만 하는 고통일 뿐이라는 것은 당연한 일입니다. 이처럼 고도로 분업화된 작업장 내에서, 극히 파편화되고 기계화된 노동과정 속에서, 노동은 무의미하고 고통스러운 소외된 노동이 됩니다.

세 번째 소외현상으로 맑스가 들고 있는 것은 인류의 본질로부터의 소외입니다. 맑스는 다른 동물과 구분되는 인류의 본질, 인류의 특징을 다름 아닌 노동이라고 보고 있습니다. 그가 보기에 인간은 노동하는 동물입니다. 그런데 이 인간의 노동은 다른 동물들의 활동과는 매우 다릅니다. 먹이를 잡아먹거나 집을 짓거나 하는 동물들의 활동은 이미 정해져 있는 본능에 따라 이루어집니다. 그러나 인간의 노동은 그렇지 않습니다. 인간은 본능에 따라 정해져 있는 대로 활동을 하는 것이 아닙니다. 인간은 자신이 설정한 목표를 달성하기 위해 어떠한 방식으로 일을 할 것인가를 자유롭고 의식적으로 선택합니다. 인간의 활동은 합목적적이고 의식적이며 자유로운 활동이라 할 수 있습니다. 그렇기 때문에 맑스는 아무리 못난 건축가라도 꿀벌보다 낫다고 말합니다. 꿀벌은 매우 정교하게 집을 짓기는 하지만, 그것은 본능에 따라 이미 정해져 있는 방식대로 활동하는 것에 지나지 않습니다. 그러나 아무리 못난 건축가라고 해도 건축가는 어떤 집을 어떤 재료를 이용해 어떻게 지을 것인지를 자유롭게 결정하여 의식적으로 집을 짓습니다. 이런 점에서 인간의 노동은 동물의 본능적 활동과 본질적으로 다릅니다. 그런데 오늘날의 노동 상황은 어떻습니까?

앞서 얘기한 바와 같이 오늘날 구상과 실행이 분리되고, 고도로 분업화된 작업장 내에서 극히 한정된 작업만을 기계적으로 반복하는 노동 상황 속에서, 인간의 활동은 결코 합목적적이고 의식적이며 자유로운 활동이 되지 못합니다. 아니 그 정도가 아닙니다. 남이 이미 구상해서 잘게 나눠놓은 노동과정의 한 부분만을 아무런 의미도 없이 반복하는 오늘날의 소외된 노동은 차라리 동물의 활동보다도 못합니다. 동물의 활동은 그래도 본성에 따른 자연스런 생명활동임에 비해, 소외된 노동은 인간의 본성에 반하는 반인간적인 노동입니다. 소외된 노동은 인간의 자유롭고 의식적인 본성에 반하는 강제된 노동으로서 결국은 인간을 불구로 만듭니다.

『모던 타임즈』에 나오는 찰리는 자동화된 일괄 작업대에서 나사를 죄는 일을 반복합니다. 이 동작만을 기계적으로 반복하던 찰리는 급기야 쉬는 시간에도 나사를 죄는 듯한 몸동작을 멈추지 못하고 계속하는가 하면, 나사 비슷한 모양만 봐도 달려가 그것을 죄려고 합니다. 그래서 그는 동료의 코나 여성의 옷에 있는 단추만 보아도 쫓아가 그것을 죄려고 합니다. 이처럼 한 가지 작업만을 기계적으로 반복하다가 몸과 마음이 불구가 된 찰리는 결국 정신병원으로 보내지기까지 합니다. 이는 오늘날의 소외된 노동이 인간을 불구화하고 인간성을 왜곡하는 보편적인 상황에 대한 실로 뛰어난 전형적인 묘사라 할 수 있겠습니다.

그런데 고도로 분업화되고 전문화된 자본주의 사회 속에서 오랫동안 생활을 하다보니, 그리고 그런 추세에 맞추어 고도의 전문성을 갖추는 것이 돈을 버는 데 유리하다보니, 오늘날 많은 사람들은 고도로 전문화되고 분업화된 활동을 훌륭한 것으로 찬양하는 경향을 보이기까지 합니다. 소위 전문가, 프로가 최고라는 것입니다. 그러나 이것 역시 오늘날의 소외된 상황 속에서 일어나는 왜곡되고 전도된 의식의 일종이라고 할 수 있습니다.

오늘날 인기를 누리는 프로 골프 선수를 생각해 봅시다. 물론 그는 프로로서 남들이 상상하기도 어려운 돈을 벌어들이고, 사람들은 그런 그를 선망의 눈초리로 바라봅니다. 많은 사람들이 그런 그에게 열광하면서 자신들의 자식도 그런 사람처럼 키우려고 자식을 어릴

적부터 골프 연습장으로 내몰기까지 합니다. 그렇지만 일생을 골프에만 전념하는 사람의 생활을 한번 생각해 보십시오. 그가 하는 일이 도대체 무엇입니까? 그가 하는 일이라고는 그저 푸른 잔디 위에 뚫려 있는 구멍 속에다 딱딱한 작은 공을 남들보다 잘 집어넣으려고 기를 쓰는 일밖에는 없습니다. 그게 뭐 그리 대단하단 말입니까? 그런 게 과연 인간다운 활동이겠습니까? 인간의 팔과 다리는 평생 동안 작은 구멍 속에다 공이나 쳐 넣으라고 있는 것은 아닙니다. 인간의 팔과 다리로 할 수 있는 일, 해야 하는 일은 무수히 많이 있습니다. 그런데 그 팔과 다리로 평생 그다지 인간적이지도 않은 한 가지 일만을 끊임없이 반복한다면 그게 어찌 바람직한 일이겠습니까? '프로는 아름답다'는 말이 있습니다만 사실은 그 반대일 수 있습니다. 그렇게 잘하지는 못하지만 자신이 좋아하는 다양한 활동을 즐겁게 할 수 있는 아마추어야말로 진정 아름다운 인간의 모습에 가깝다고 할 수 있습니다. 고도의 전문성에 대한 추구와 찬양 자체가 오늘날의 소외상황에서 초래된 왜곡된 결과라고도 할 수 있습니다.

　인간다움의 상실, 인류의 본질로부터의 소외는 기계적인 고도의 전문화와 분업화 때문에만 일어나는 것은 아닙니다. 전면적인 상품 생산 사회라는 자본주의의 생산양식이야말로 인간을 인간답지 못하게 만드는 중대한 소외 원인으로 작용합니다. 자본주의 사회는 모든 것을 상품화합니다. 여기서는 심지어 노동자 자신까지도 노동력이라는 하나의 상품으로 사고 팝니다. 이런 사회 속에서 사람들이 자신에 대해 가장 관심을 기울이는 것은 자신을 얼마나 비싼 상품으로 팔 수 있는가 하는 것입니다. 얼마나 훌륭한 인품을 도야하는가, 얼마나 따뜻한 마음씨를 가꾸는가, 얼마나 풍부한 감성을 개발하는가는 중요하지 않습니다. 아무리 훌륭한 인품과 따뜻한 마음씨를 갖고 있어도 돈이 되지 않는다면 말짱 소용이 없습니다. '돈 안 되는 인간'은 가장 쓸모없는 인간입니다. 그러므로 중요한 것은 어떻게 하면 자신을 그럴듯하게 포장하여 비싼 상품으로 팔 수 있는가 하는 것뿐입니다. 사실 오늘날 수많은 학생들이 머리를 싸매고 공부를 하는 목적도 대부분 진리의 탐구나 인품의 도야라기보다는 바로 이것입니다. 이처럼 모든 것을 상품으로 취급하는 전면적인 상품생산사회, 전면적인 교환경제체제 속에서는, 인간 자신도 인간이라기보다는 하나의 상품으로 전락하는 소외현상이 널리 퍼지게 됩니다.

맑스가 말하는 네 번째 소외현상은 인간간의 소외, 인간의 인간으로부터의 소외입니다. 앞서 얘기한 것처럼 자본주의 사회에서 중요한 것은 교환가치이며 모든 것은 일정한 교환가치를 지닌 상품으로 취급됩니다. 이것은 사람도 예외가 아닙니다. 자본주의 사회에서는 나 자신을 포함한 모든 사람도 하나의 상품으로 간주됩니다. 그러다 보니 인간간의 관계에서도 중요한 것은 거기서 과연 내가 얼마나 이익을 볼 수 있는가 하는 것입니다. 인간간의 관계는 더 이상 인격적인 교류관계가 아닙니다. 그것은 단지 상품과 상품의 교환관계요, 냉정한 이해관계일 뿐입니다. 이러한 상품간의 관계, 냉정한 이해관계가 온갖 인간관계 속으로 파고들어 오늘날 우리는 정과 사랑이 넘치는 따뜻한 인간관계를 더 이상 찾아보기 어렵게 되었습니다. 자본가와 노동자의 관계, 선생과 학생의 관계, 친구와 친구의 관계, 심지어 부모와 자식의 관계까지도, 이전과는 비교할 수 없을 정도로 삭막하고 서먹서먹한 소외된 관계가 되었습니다.

본격적인 산업화가 진행되기 전 촌에서 살 적 우리는, 명절에 먼

데서 친척이 왔다가 갈 때가 되면, 옷가지며 신발 등을 모조리 감춰 몇 날을 더 잡아두고 정리를 나누고서야 겨우 놔주었던 아름다운 추억을 지니고 있습니다. 가난한 가운데서도 새참을 해 나갈 때면 옆에서 일하는 이웃에게도 나눠주기 위해 언제나 조금은 더 넉넉히 해 가던 인심도 마음속에 간직하고 있습니다. 그러나 오늘날 그렇게 정이 넘치는 인간관계는 눈을 씻고 찾아보려고 해도 찾기 힘든 아련한 추억에 불과한 것이 되고 말았습니다. 오늘날에는 손톱만큼이라도 손해를 보지 않고 이득을 챙기려는 냉정한 이해관계, 어떻게 해서든 이기고 말겠다는 살벌한 경쟁 관계만이 인간들 사이를 지배합니다. '만인은 만인에 대한 이리' '만인의 만인에 대한 투쟁 상태'라는 홉스의 말은 자연 상태가 아니라 바로 이런 소외된 자본주의적 인간관계를 묘사하는 데 적당한 말이라 하겠습니다. 맑스는 이러한 인간간의 소외야말로 노동 소외의 최종적인 귀결이라고 간주했습니다.

2 자본주의와 인간

(1) 사회철학의 세계로

맑스가 '노동소외'라는 개념으로 묘사하고자 한 현실은, 인간을 그의 노동과 그 생산물로부터 소외시키고, 인간을 자신과 이웃으로부터 소외시키는 비인간적인 현실, 고통스럽고 비참하기 짝이 없는 현실이었습니다. 맑스가 소외된 현실로 파악하고 있었던 것은 19세기 중엽의 유럽 사회였습니다. 실제로 그 당시 산업이 가장 발달했던 영국의 경우에도 노동자들이 처한 현실은 이루 말할 수 없이 고통스럽고 비참한 것이었습니다. 자고 먹는 시간을 제외한 모든 시간을 일해야만 하는 장시간의 노동, 온 식구가 일하지 않으면 먹고살기조차 힘든 저임금, 열악하기 짝이 없는 작업환경과 주거환경 등, 노동자들의 생활환경은 그야말로 비인간적인 것이었습니다.

아직 청년 시절이었던 1840년대에 이렇게 소외된 민중들의 삶을 보았던 맑스는 그러한 소외의 원인과 극복 방안을 탐구했습니다. 맑스는 그러한 소외된 삶의 근본 원인을 다름 아닌 자본주의 사회 자체, 자본주의 구조 자체에 있다고 간주했습니다. 그 때문에 그는 이 자본주의 사회는 어떤 사회인가, 어떤 메커니즘에 의해 움직이며 어떤 모순을 갖고 있고, 어떻게 그것을 변혁할 수 있는가 하는 문제들과 씨름했습니다. 그런 과정 속에서 맑스는 자본주의 사회에 대한 가장 체계적이고 포괄적인 설명을 제공하는 이론가이자 자본주의 사회의 변혁운동가가 되었습니다.

19세기 중엽, 맑스는 산업 자본주의의 소란스런 발전의 와중에서 신음하는 민중의 고통 소리를 들었습니다. 그리고는 이 고통의 근본 원인인 자본주의 사회의 변혁을 소리 높여 외쳤습니다. 어떤 사람들은 그의 외침에 따라 자본주의 사회를 변혁하려는 사회주의 기획과 운동에 나섰습니다. 그러나 자본주의 사회 속에 살고 있는 더 많은 사람들은 그의 외침을 외면했습니다. 산업문명의 발달과 더불어 전개되기 시작한 화려한 물질세계는 사람들을 현혹할 만했습니다. 사람들은 과학 기술과 산업의 발달이 결국은 인류 전체를 행복하게 해 줄 것이라고 믿었습니다. 그리고 자본주의 사회야말로 그런 행복한 사회로 데려다 줄 가장 효율적인 체계라고 믿어 의심치 않았습니다.

그러나 믿음과는 달리 그런 기대는 충족되지 않았습니다. 과학 기술과 산업 문명의 발달은 인류를 결코 행복하게 해 주지 못했습니다. 1, 2차 세계대전이 상징적으로 드러낸 것처럼 오히려 그것은 인류를 불행과 절멸의 위기 속으로 몰아넣기까지 했습니다. 맑스가 지적했던 인간의 소외된 삶은 산업 자본주의가 발달해도 해결되지 않았습니다. 아니 오히려 바로 그 자본주의가 존속하고 있는 한 그러한 소외 현상은 사라질 수 없다는 사실이 분명해졌습니다. 그리고 이것을 뼈저리게 느낀 많은 사람들은 다시금 소외에 대한 논의를 하지 않을 수 없었습니다.

1920년대에 이미 루카치 같은 이론가가 소외에 대한 뛰어난 논의를 재개한 바 있었습니다. 그러나 서구에서 본격적으로 다시 소외에 대한 논의가 행해진 것은 2차 세계대전을 거치면서였다고 할 수 있습니다. 이후 에리히 프롬이라든지 프리츠 파펜하임 같은 서구의 수많은 학자들은 맑스의 소외론을 이어받으면서 그것을 소외된 서구 사회에 대한 예리한 분석과 비판으로 확대하고 발전시켰습니다. 그리고 이런 소외 논의는 산업화의 수많은 병폐가 뚜렷이 드러났던 1970년대 말부터 우리 사회에도 본격적으로 소개되기 시작했습니다.

당시 소외된 우리 사회의 모습에 눈뜨게 된 저는 프롬과 파펜하임 같은 서구 이론가들의 저서와 정문길의 『소외론 연구』 같은 국내 저자들의 글 속에서 그러한 소외된 현실에 대한 비판 및 변혁 방향과 방안을 찾아보고자 했습니다. 그리고 이런 과정 속에서 오늘날 소외 현상의 가장 근본적인 원인이 되고 있는 자본주의 사회 구조에 대해 가장 체계적인 설명을 제공한 맑스 이론과 그 변혁 방안에 대해서도 당연히 관심을 갖지 않을 수 없었습니다.

물론 한국 사회의 소외 현실은 분단으로 인한 민족모순, 분단을 이용한 외세의 간섭과 지배, 그런 상황을 이용해 권력을 장악한 냉전 군부 세력의 억압적 통치, 노동자와 자본가 사이의 모순 등의 여러 가지 요인들이 복잡하게 중첩된 결과였습니다. 그렇지만 어쨌든 우리 사회의 기본적인 구조를 이루고 있는 것은 자본주의임에 틀림이 없었습니다. 그리고 그런 이상 이러한 기본 구조를 그대로 놔 둔 채 소외의 극복을 바랄 수는 없는 일이었습니다.

오랫동안 박정희 군사독재 정권에 신음해 온 민중들은 박 정권만 타도되면 한국 사회의 모든 문제가 해결되리라고 기대했었습니다. 그러나 부마민중항쟁과 박정희의 암살로 박 정권이 무너지고 난 이후 한국 사회는 다시 광주민중항쟁을 총칼로 진압한 전두환 군사독재정권의 손에 장악되고 말았습니다. 이러한 경험을 통해 이 땅의 민중들은 박정희 같은 개인이 문제가 아니라는 것, 단순히 어떤 정권을 무너뜨린다고 한국 사회를 변혁할 수 있는 것이 아니라는 것을 분명히 알게 되었습니다. 문제는 한국 사회의 지배적인 기본 구조를 바꾸는 것이었습니다.

　이후 많은 사람들은 한국 사회의 기본 구조와 성격을 보다 체계적으로 파악하고, 그에 기초하여 보다 근원적인 변혁을 시도하려고 했습니다. 그리고 한국 사회의 기본 구조와 성격에 대한 논쟁 과정을 통해 많은 사람들은 외세를 등에 업은 독점 자본을 중심으로 하는 지배블록이야말로 한국 사회를 규정하는 가장 중요한 힘임을 이해하게 되었습니다. 이렇게 해서 결국 우리는 소외된 우리 사회의 근원적인 변혁을 위해서는 이러한 자본주의적 사회 구조를 바꾸지 않으면 안 된다는 인식에 도달하게 되었던 것입니다.

　부마민주항쟁과 박 정권의 붕괴, 광주민중항쟁과 전두환 군사독재정권의 수립, 그리고 그에 이어 끊임없이 반복되었던 격렬한 시위와 휴교령 등, 가파른 대학생활이 끝났을 때, 이제 진로 문제가 고민으로 다가왔습니다. 확고한 신념과 용기를 갖고 일찍부터 노동현장에 뛰어들거나 시민운동 단체에서 사회 변혁을 위해 헌신적으로 일하고 있는 친구들도 많이 있었습니다. 그러나 의지가 약하고 소심했던 저는 선뜻 온 몸을 던져 그러한 변혁 운동에 뛰어들지를 못했습니다. 그러나 그 시대의 대다수 젊은이들이 그랬듯이 저 역시 이 시대 이 사회 속에서 과연 내가 할 수 있고 해야만 하는 일이 과연 무엇일까 많은 고민을 했습니다. 그러다 결국 제가 선택한 길은 학문의 길이었습니다.

　이렇게 절박한 시기에 선생과 학자의 길을 걷는다는 것은 한가하고 비겁한 일이 아닌가라는 자괴감이 들기도 했습니다. 그렇지만 또 한편으로는, 하고 싶어하는 일이나 가정 형편 등을 고려할 때 그것이 내가 선택할 수 있는 최선이며, 연구와 강의를 통해서도 나름대로 소외된 우리 사회의 변혁을 위해 일조할 수도 있지 않겠는가 하고 생각했습니다. 어떻든 그렇게 해서 저는 본격적으로 학문의 길로 접어들게 되었습니다.

대학원에 진학한 후 저는 주로 사회철학적인 주제들을 탐구했습니다. 어떻게 보면 그동안 구체적 현실과 동떨어진 세계 속에서 뜬구름 잡는 소리나 해온 것 같은 형이상학적인 문제들보다는, 구체적인 사회 역사적 현실을 다룬 사회철학이야말로 이 사회 속에서 연구자로서 내가 공부해야 할 분야라고 여겼습니다. 그 중에서도 특히 호르크하이머, 아도르노, 마르쿠제, 프롬과 같은 프랑크푸르트 학파의 인물들, 루카치, 코르쉬, 에른스트 블로흐, 그람시 같은 서구 맑스주의자들의 저작이 관심을 끌었습니다. 그러나 뭐니뭐니해도 역시 우리의 현실을 규정하고 있는 자본주의에 대한 체계적 설명과 그 변혁 방향을 제시한 맑스야말로 가장 중요한 연구 대상이었습니다.

이데올로기적 지배와 검열이 아직 삼엄하던 당시로서는 이 쪽의 연구를 수행하기가 쉽지만은 않았습니다. 그러나 저는 맑스의 이론을 비롯한 여러 사회철학자에 대한 연구를 통해서, 우리가 처한 사회 현실을 보다 과학적이고 올바르게 인식하고, 소외된 우리의 사회 현실을 변혁하는 데 기여할 수 있게 되기를 바랐습니다. 여러 가지 어려움과 우여곡절이 있었지만 저는 맑스 철학을 중심으로 한 사회철학적 연구를 일관되게 추구했습니다.

맑스가 사회철학적 탐구의 주된 대상이 된 주요한 이유는 우선 그가 우리가 살고 있는 자본주의 사회의 메커니즘과 운동법칙, 그 특징과 모순, 그리고 그 속에서 이루어지는 현대인들의 소외된 삶에 대해 매우 설득력 있는 설명을 제공해 주었다는 데 있었습니다. 현재의 사회 속에 광범위하게 존재하고 있는 인간 소외와 인간성의 파괴, 인간에 의한 인간의 착취와 억압으로부터 벗어나는 총체적인 삶의 변혁을 이루기 위해서는 그러한 현상들을 보존하고, 나아가 확대재생산하고 있는 현존하는 사회에 대한 총체적인 비판적 인식이 필요합니다. 여기서 총체적인 비판적 인식이란 현재의 자본주의 사회 속에 존재하는 모순들을 발견하고 더 나아가 그러한 모순들의 필연적인 발생, 발전, 소멸의 구조와 메커니즘을 밝혀내는 것을 의미합니다. 그리고 맑스야말로 누구보다도 이런 작업을 가장 체계적으로 수행한 인물이었습니다.

(2) 자본주의 생산양식

맑스에 따르면 인간 삶의 지평과 삶의 양식을 이전 시대와 구분되는 근대적인 것으로 만든 것은 자본주의였습니다. 그런데 자본주의가 형성한 근대성의 특징을 밝히기 위해서는 먼저 그와 대비되는 자본주의 이전 사회의 특징에 대해 살펴보아야 합니다. 자본주의 이전 사회는 무엇보다도 우선 모든 부분이 밀접하게 연관된 전체를 형성하고 있는 공동체 사회였습니다. 거기서는 생산물을 공동체 성원들이 사용하기 위해 생산합니다. 교환가치가 아닌 사용가치에 따라 누가 무엇을 얼마나 생산할 것인가가 결정됩니다. 대부분의 생산은 개인이나 공동체의 직접적인 생존을 위한 것이고, 잉여만이 때때로 상품이 됩니다. 자본주의에서와는 달리 거기에는 교환가치를 획득할 수만 있다면 무엇이건 무한정으로 만들어 내려는 충동이 없고, 생산력의 비약적인 발전도 이루어지지 않습니다. 이 때문에 자본주의 이전 사회는 끊임없이 단순 재생산을 반복하거나 아니면 기껏해야 매우 느린 변화만 일어날 뿐입니다.

여기서는 작업장 내의 노동 분업도 없습니다. 또한 그 사회 속에서는 개인들이 재산을 소유하는 것도 오직 공동체의 일원으로서만 가능합니다. 공동체적인 유대를 떠난 순수한 개인으로서는 아무도 생산수단을 비롯한 어떠한 재산에 대한 권리도 행사할 수가 없습니다. 그리고 또한 이 사회에서 잉여노동의 착취는 강제력에 의해서 이루어집니다. 즉 잉여노동의 착취는 사회의 한 분파가 다른 분파를 강제로 지배하는 것을 통해 이루어집니다. 그러므로 거기에는 직접적인 노예제, 농노제 같은 것들이 존재합니다. 이처럼 어떤 인간이 다른 인간에게 전적으로 종속되는 인격적 지배와 종속의 관계가 생산관계와 그에 기초한 여러 생활영역들을 특징짓습니다.

이러한 결과로 자본주의 이전 사회에서 개인들은 그들을 규정하는 사회관계들에 의해 완전히 매몰되어 버립니다. 그들은 개인으로서가 아니라 그들이 속해 있는 사회적 신분 집단의 일원으로서만 존재합니다. 그들의 주체성은 그들의 사회적 위치로부터 분리할 수 없습니다. 그러므로 자본주의 이전의 세계는 인간의 개성이 거의 발달하지 못한 사회입니다. 자본주의는 이러한 특징을 갖고 있는 이전 사회를 근본적으로 변화하게 만듭니다. 자본주의는 인간의 개성, 사회적 관계 그리고 공동체에 혁명을 초래합니다.

자본주의를 이전의 생산양식과 구분하는 것은 그것이 임노동이라는 토대 위에서 일반화된 상품생산을 한다는 것입니다. 즉 자본주의 사회의 특징은 인간의 노동력이 상품이 되고, 그에 따라 노동이 임금노동의 형태를 취하며, 그로 인해 노동생산물이 일반적으로 상품형태를 취하게 된다는 것입니다. 따라서 바로 이 임노동과 상품생산이야말로 근대사회를 이전 사회와 구분하는 특징을 이룹니다.

상품생산이 보편화되기 이전인 전(前)자본주의 사회는 사용가치에 의해 지배됩니다. 그러나 모든 것이 상품화된 자본주의 사회에서는 부가 압도적으로 교환가치의 형태를 취합니다. 그렇다면 교환가치 또는 가격으로 표현되는 이 '가치'란 무엇입니까? 맑스에 따르면 가치의 실질은 다름 아닌 노동입니다. 상품 생산에 투하되는 노동량이 바로 상품의 가치를 이룹니다. 그리고 그러한 상품들은 등가 교환의 법칙에 따라 교환됩니다.

자본주의 사회는 자본가가 임금을 주고 노동자를 고용하여 상품을 생산하고 판매하여 이윤을 얻는 생산양식에 기초하고 있습니다. 그런데 자본주의 아래서는, 모든 것이 가치법칙에 따라 교환된다면 이윤은 어디에서 나올 수 있겠습니까? 상품교환은 그 순수한 형태에서는 등가물끼리의 교환이고, 따라서 가치증식의 수단이 될 수 없습니다. 그러나 그렇다고 해서 서로 등가가 아닌 것끼리의 교환을 가정해 보아도 전혀 도움이 되지 않습니다. 왜냐하면 모든 것이 상품화되어 있는 자본주의 사회에서는 모든 사람은 상품의 판매자이며 동시에 구매자이기 때문입니다. 그러므로 설령 누군가가 자신의 상품을 판매할 때에 부등가 교환에 의해 이득을 얻는다 해도 그가 구매자로 상품을 구입할 때는 그만큼의 손해를 보지 않을 수 없습니다. 따라서 이윤의 원천인 잉여가치는 유통과정에서 발생할 수 없습니다. 그렇다면 잉여가치는 어디서 얻을 수 있는 것일까요?

맑스는 가치법칙을 파괴함이 없이 잉여가치를 얻을 수 있는 유일한 방법은 그것의 사용가치가 가치의 원천이라는 독특한 속성을 지닌 상품, 즉 그것의 실제 소비가 노동의 체현이고 따라서 가치의 창조인 상품을 발견하는 것이라 주장합니다. 그리고 그러한 상품은 다름 아닌 노동력입니다.

노동력이라는 상품의 가치는 다른 모든 상품의 가치와 마찬가지로 그 상품의 생산에 필요한 노동시간에 의해 규정됩니다. 그런데 노동력의 생산이란 노동자의 재생산, 즉 그 생명의 유지입니다. 노동하는 개인은 자기생명을 유지하기 위하여 일정한 양의 생활수단을 필요로 합니다. 그러므로 노동력의 생산에 필요한 노동시간은 결국 이 생활수단의 생산에 필요한 노동시간을 의미합니다. 노동력의 가치는 노동력 소유자의 생명을 유지하는 데 필요한 생활수단의 가치입니다.

그런데 여기서 주의해야 할 점은 노동력의 가치를 노동의 가치로 혼동하지 않는 것입니다. 노동력은 노동자라는 인물 속에 현실적으로 존재하는데, 그것은 마치 기계가 그것을 수행하는 작업과 다르듯이 그 자체의 기능인 노동과는 다릅니다.

자본가는 노동이 아니라 노동력을 그 가치대로 구입합니다. 노동자의 노동력을 그가 구매한 이상 노동력의 사용권은 이제 그에게 있습니다. 그는 이것을 노동력을 유지하기 위해 필요한 생활수단을 만들어 내는 데 드는 시간 이상으로 사용함으로써 잉여가치를 얻습니다. 예를 들어 하루 동안의 노동력의 가치가 4시간에 해당한다면, 자본가는 이를 초과해서 노동자를 하루에 8시간이나 10시간 노동하도록 함으로써 4시간이나 6시간의 잉여가치를 얻을 수 있습니다. 자본가는 노동자와의 거래에서 일반적인 상품교환의 법칙인 등가교환에 따라 노동력을 그 실재의 가치대로 구입합니다. 그러나 그는 그것을 그 가치를 재생산하는 데 필요한 노동량을 초과하여 사용할 수 있기 때문에 잉여가치를 획득할 수 있으며, 그의 화폐는 자본으로 전환될 수 있습니다.

이렇게 볼 때 자본가의 이윤은 잉여가치인데, 그것은 결국 자본가가 노동자에게 노동력의 가치만큼만 임금을 지불하고 그것을 초과하는 노동에 대해서는 값을 지불하지 않는 데서 오는 것입니다. 이윤은 궁극적으로는 부불(不拂)노동이며 그 전제는 노동의 착취입니다.

물론 자본주의 사회에서 노동의 착취는 무력과 같은 직접적 강제를 통해 이루어지지 않습니다. 노예나 농노의 경우에는 노예 소유주나 영주의 지배에 종속되어 강제적으로 노동을 하지 않으면 안 되었습니다. 신분적 속박으로부터 해방된 자본주의 사회의 노동자는 더 이상 그런 강제력 때문에 노동할 필요는 없습니다. 아무도 무력을 써서 노동자를 노동하도록 강요하지는 않습니다. 그렇기 때문에 자본주의 사회에는 언뜻 보기에 노동 착취라는 것이 없는 것으로 보이기도 합니다.

그러나 자본주의 사회에서 노동자는 생산수단을 아무 것도 갖고 있지 못한 사람입니다. 생산수단을 전혀 갖고 있지 않은 노동자가 먹고살기 위해서 위해서는 어쩔 수 없이 생산수단을 소유하고 있는 자본가에게 고용되어 일하지 않으면 안 됩니다. 이런 처지에서 노동자는 자본가들이 제시하는 조건을 거부하기 어렵습니다. 그는 설령 조건이 불리하더라도 받아들여 생계를 유지하지 않을 수 없습니다. 이처럼 자본주의 사회에서는 어떤 개별 자본가가 어떤 개별 노동자를 강제로 억압하여 노동을 착취하는 것이 아닙니다. 그러나 생산수단으로부터의 완전한 분리라는 자본주의 사회의 객관적인 노동조건의 압력은 자본가들이 노동자로부터 부불노동인 잉여가치를 착취할 수 있도록 만드는 것입니다.

그런데 자본가의 이윤의 원천인 잉여가치를 얻기 위한 방법에는 절대적 잉여가치의 생산과 상대적 잉여가치의 생산 방법이 있습니다. 절대적 잉여가치의 생산이라는 것은 노동자의 총 노동시간을 늘림으로서 잉여가치를 더 많이 얻는 방법입니다. 노동력의 가치가 일정하다고 할 경우, 총 노동시간을 늘리면 그만큼 잉여가치를 생산하는 노동시간이 증가함으로써 잉여가치가 증대됩니다. 그렇기 때문에 자본가는 어떻게 해서든 같은 값이면 노동자들을 더 오랫동안 일하게 만들려고 합니다. 반면 노동자는 같은 값이라면 당연히 더 적게 일하려고 합니다. 이 때문에 노동의 역사는 노동시간을 늘리려는 자본가와 줄이려는 노동자 사이의 끊임없는 투쟁으로 점철되어 왔다고 해도 과언이 아닙니다. 이러한 노동자들의 저항 때문에 자본가들은 절대적 잉여가치의 생산방법에 의존하기가 점점 더 어려워집니다. 그리고 이 때문에 자본가들에게는 상대적 잉여가치의 생산방법이 더 중요해집니다.

상대적 잉여가치의 생산이라는 것은 총 노동시간은 그대로일지라도 노동력의 가치에 해당하는 필요노동시간을 줄임으로써 잉여노동시간을 늘려 잉여가치를 증대시키는 방법입니다. 이를 위해서는 노동의 효율을 높여 필요노동시간을 줄여야 합니다. 그리고 이렇게 하는 방법은 이전보다 더 효율적인 기술과 기계를 도입하여 생산성을 높이는 것입니다. 보다 효율적인 기술과 기계를 도입하여 생산성을 높인 자본가는 다른 자본가와의 경쟁에서 유리한 고지를 점령할 수 있습니다. 그는 높아진 생산성 덕분에 더 적은 노동 시간을 들여 생산하는 상품을 다른 공장에서 더 많은 노동시간을 들여 생산하는 상품과 같은 가격에 팔 수 있습니다. 그뿐 아니라 그는 자신의 상품을 다른 공장의 제품보다도 조금 더 싸게 판매하는 '박리다매' 전략을 구사해 이익을 볼 수도 있습니다. 이 때문에 자본가들은 어떻게 해서든지 다른 자본가들보다 한 발 앞서 기술을 개발하고 생산성을 높일 수 있는 방법을 찾으려고 합니다. 이러한 자본가들 사이의 무한 경쟁을 통해 자본주의 산업은 끊임없이 발전해 나갑니다.

기술적 혁신만이 상대적 잉여가치를 위한 지속적인 기초를 제공할 수 있기 때문에 자본가들은 기술적 혁신을 둘러싸고 치열한 경쟁을 벌입니다. 이 때문에 자본주의 사회에서는 산업기술이 눈부시게 발전하고 생산은 비약적으로 확대됩니다. 바로 이런 사정 때문에 자본주의 이전 사회의 특징이었던 단순재생산은 이제 자본주의적 확대재생산에 자리를 내주게 됩니다. 자본주의는 계속 달리지 않으면 쓰러지는 두발 자전거와 같습니다. 누가 시키지 않아도 경쟁에서 쓰러지지 않으려면 계속해서 전속력으로 달리지 않으면 안 됩니다. 자본주의가 지금까지 인류 역사상 가장 빠르고 효율적으로 생산력을 발전시키는 체계가 된 것은 바로 이러한 경쟁의 메커니즘 때문입니다. 그리고 바로 여기에서 근대 사회의 특징인 혁명성, 불안정성, 우연성이 발생합니다. 이것을 맑스는 이렇게 표현합니다.

끊임없는 생산의 혁신, 중단 없는 모든 사회적 조건들의 혼란, 끝없는 불확실성과 동요가 부르주아 시대를 이전의 모든 시대로부터 구분한다. 모든 고정되고 녹슨 관계들은 오랫동안 신성시되었던 관념

및 견해와 함께 해체되었고 새로 형성된 관계들도 미처 자리를 잡기 전에 전부 낡은 것이 되어버렸다. 견고한 모든 것들이 연기처럼 허공으로 사라졌으며, 신성한 모든 것들은 타락해 버렸다.9)

자본가들은 이처럼 어떻게 해서든 잉여가치의 양을 늘리고 이윤을 증대시키려 합니다. 그런데 잉여가치는 오직 필요노동을 초과하는 잉여노동에서만 나옵니다. 따라서 서로 다른 자본에 의해 생산되는 가치와 잉여가치의 양은 다른 조건이 같을 경우 가변자본의 크기에 비례합니다. 그런데 자본주의적 생산이 발달하면 할수록 설비 투자 등으로 인해 불변자본의 상대적 비중은 점차 증가하고 가변자본의 상대적 비중은 감소해 총자본의 유기적 구성은 점점 더 고도화됩니다. 그리고 이에 따라 일반적으로 이윤율은 점점 더 낮아지게 됩니다. 점점 낮아지는 일반적 이윤율에 직면한 자본가들은 이전과 동일하거나 더 많은 이윤을 얻기 위해 더욱 더 가속적으로 자본을 축적하려 합니다. 또한 그들은 가격과 가치의 차이에 의한 초과이윤을 획득하기 위해 자신의 생산 분야에서 자본의 유기적 구성을 보다 고도화하려고 합니다. 그러나 이것은 결국 또 다시 일반적 이윤율을 더욱 하락시키는 요인으로 작용합니다.

이러한 이윤율의 저하는 자본주의적 생산과정의 발달을 위협하고, 과잉생산과 투기 및 공황을 불러일으킵니다. 점점 더 집적되고 집중되는 자본과 발달하는 기술 수준, 하락하는 이윤율에 대한 대응 등으로 인해 점점 더 확대되는 생산은 과잉 상태에 도달하고 결국은 경제공황을 초래하지 않을 수 없게 됩니다. 이 때문에 자본주의는 주기적으로 경제공황이라는 위기를 겪게 됩니다. 맑스는 자본주의 체계가 갖고 있는 이러한 심각한 불안정성과 모순이야말로 자본주의적 생산양식이 영원한 것이 아니라 일시적이고 역사적인 하나의 형태에 불과함을 나타내는 것이라고 간주했습니다.

물론 생산과잉 사태에 직면한 자본주의는 새로운 시장의 개척으로 그 위기를 돌파하려 하기도 합니다. 이 때문에 발달한 자본주의 국가들은 해외 시장을 놓고 치열한 경쟁을 벌입니다. 알고 보면 사실 1, 2차 세계대전이란 것도 발달한 자본주의 국가들 간의 식민지 쟁탈전이었다고 할 수 있습니다. 일찍부터 식민지 쟁탈전에 뛰어들어 많은 식민지를 확보한 나라들은 그래도 사정이 나았지만, 뒤늦게 출발했으나 비약적으로 자본주의적 발전을 이룩한 나라들은 심각한 시장 부족에 부딪쳤습니다. 이들은 비약적으로 증대된 생산력 때문에 넓은 해외 시장을 필요로 했으나 다른 나라들이 이미 지구상의 대부분을 식민지로 차지하고 있는 형편이었습니다. 이런 상황에서 그들은 무력으로라도 시장을 빼앗으려 했고 다른 나라들은 이에 맞섰습니다. 이러한 제국주의자들 간의 전쟁이 바로 1, 2차 세계대전이었습니다. 2차 세계대전 이후 세계 경제 질서는 미국의 주도 아래 오늘날까지 이르게 되었지만 자본주의 체제의 근본적인 불안과 자본주의 국가들 간의 끊임없는 경쟁과 불화는 여전히 계속되고 있습니다.

(3) 자본주의와 근대사회

위에서 말한 자본주의 생산양식의 기본 구조와 메커니즘은 근대성을 특징짓는 많은 결과들을 낳습니다. 먼저 상대적 잉여가치 획득을 위해 새로운 기술을 먼저 개발하고 도입하려는 자본가들 사이의 경쟁은 과학적 합리성의 성장을 가져옵니다. 또한 자본주의적 경쟁은 자본의 집적과 집중 과정으로 이끌어 가고, 개별 기업 내에서 이것은 베버가 관료적 경영이라고 불렀던 노동 분업의 토대 위에서 합리적인 계산과 계획의 원리를 연장하는 것을 가능케 하고 강요하기도 합니다. 거대한 산업의 발달과 집중 현상은 도시화를 불러옵니다. 이 점에서도 산업 자본주의는 생활 양식상의 전환점을 이룹니다. 도시에서는 낯선 사람들과의 끊임없는 상호작용이 인간들 상호간의 냉정함과 무관심을 조장합니다. 이런 도시에서 살게 된 현대인들은 어느 때보다도 사회적 관계망에서 소외된 '고립된 개인'이 됩니다.

앞서 보았듯이 상품 판매를 위해 시장을 확보하려는 자본주의의 경향은 전 세계로 확장되어 전 지구를 하나의 시장으로 묶는 세계화, 국제화를 초래합니다. 그러나 자본은 이처럼 시장을 바깥으로만 확장하는 것이 아닙니다. 자본은 끊임없이 인간의 새로운 욕구를 개발하고 자극함으로써 새로운 시장 영역을 개척하려고도 합니다. 자본에 의해 개발되고 자극된 욕구를 지닌 사람은 상품의 구매와 소비를 통해 그것을 충족하려 하므로 그만큼 시장이 넓어질 수 있습니다. 사실 오늘날 자본주의 사회 속에 살고 있는 사람들은 옛날 사람들에 비해 엄청나게 많이 갖고 있는 욕망을 상품 소비를 통해 충족하고 있습니다. 그러나 이런 욕망은 인간의 자연적인 욕구라기보다는 상품 판매를 위해 다분히 인위적으로 조장되고 자극된 것인 경우가 많습니다. 자본주의는 인간을 수많은 다양한 욕망을 추구하는 존재로 만듭니다. 단순 소박한 욕구만 갖고 있는 사람들은 그 삶도 단순 소박할 수밖에 없습니다. 그러나 수많은 욕망을 갖게 된 자본주의적

인간의 삶은 화려하고 다채롭습니다. 이런 점에서 자본주의는 인간의 삶과 문명을 복잡하고 다양하게 만드는 소위 '문명화 효과'를 갖고 있습니다.

그러나 자본주의가 낳은 무엇보다도 중요한 결과는 사회적 관계의 성격과 주체성의 변화입니다. 직접적인 지배와 종속이라는 인격적 의존 관계가 지배하는 자본주의 이전 사회에서 인간의 정체성은 공동체 내에서의 위치에 따라 규정되었습니다. 그들에게는 독특한 개성이라는 것이 발달할 수 없었습니다. 그들에게 개성은 사회적 정체성과 합치하는 것이었습니다. 맑스는 자본주의가 이 모든 것을 변화시킨다고 생각합니다. 근대 사회에서는 신분적 차별에 의한 인격적 의존의 모든 끈이 끊어지고 폐지됩니다. 이제 개인들은 자립적으로 나타나고, 서로 자유롭게 충돌하고 교환하는 것으로 나타납니다. 여기서 인격적 관계는 최초로 사회적인 것으로부터 구분되는 순전히 개인적인 것으로 나타납니다. 이렇게 됨으로써 이제 개인은 사회적 맥락과 독립적으로 주체로서 인식할 수 있게 됩니다. 그리고 사회적 지위는 우연적인 어떤 것, 개인의 외적인 성질로서만 나타납니다. 근대 사회의 주체는 바로 이러한 고독한 개인입니다.

맑스는 자본주의의 상품 교환 활동이 이러한 추상적 주체를 필요로 하게 된다고 주장합니다. 교환 행위가 보편화되려면 교환 당사자들은 자신의 재산과 상품에 대해 처분권이 있는 자유롭고 평등한 주체여야만 합니다. 그러므로 맑스는 "평등과 자유는 교환가치에 기초한 교환 속에서 존중될 뿐 아니라, 교환가치의 교환이 모든 평등성과 자유의 현실적인 생산적 토대이기도 하다"고 주장합니다.

맑스는 지금까지 얘기한 자본주의적 구조와 메커니즘이 초래하는 근대성이 인간의 삶에 대해 긍정적 영향을 미친다는 사실을 기꺼이 인정합니다. 자본주의 아래서 성취되는 기술과 과학 그리고 생산력의 혁명들은 인류의 발전과 자아실현의 새로운 지평을 열어놓습니다. 즉 어느 때보다도 발달한 자연에 대한 지배력은 인간에게 자신들의 환경을 통제할 수 있는 가능성을 제공해 줍니다. 또한 자본주의는 이전의 모든 사회적 제약들을 파괴함으로써 고정된 사회적 신분과 엄격한 역할의 위계로부터 해방된 개별적 자아의 발달 가능성을 제공하며, 그럼으로써 인간의 자유를 위한 가능성을 열어놓습니다. 또한 앞에서 지적한 바와 같이 시장을 확장하려는 자본주의의 내재적 필요에서 나오는 새로운 욕구와 수요의 창출은 인간에게 새로운 감성적 능력과 새로운 문화적 가능성을 일깨워, 인간의 전면적인 발달을 돕습니다. 이렇게 해서 결국 자본주의가 초래한 근대 사회는 욕구와 문화가 매우 풍부해진 총체적이고 보편적인 인간의 발전을 위한 삶의 지평을 활짝 열어놓는다고 할 수 있습니다.

그러나 맑스는 자본주의 아래에서는 자본주의 자체가 만들어 낸 이러한 인간의 잠재력이 충분히 발휘될 수 없다고 주장합니다. 자본주의에 대한 맑스의 비판은 무엇보다도 자본주의가 그 자신의 이상을 실현할 수 없다는 것, 그것이 인간을 위해 창조한 가능성을 충족시킬 수 없다는 것입니다. 자본주의가 갖고 있는 개인의 발전을 위한 잠재력은 개인의 손상으로 전도됩니다. 자본주의에 대한 맑스의 비난은 개인의 발전을 위한 잠재력에서 거둔 가장 중요한 진보를 자본주의가 황폐화하고 타락시킨 방식에 대한 반작용이었다고 볼 수 있습니다.

그렇다면 인간의 가능성 발휘를 좌절시키는 자본주의의 병폐들은 어떠한 것들일까요? 우선 자본주의적 생산양식은 인간의 다면적 능력과 기능의 발달과 인간 해방을 실현시키는 것이 아니라 오히려 인간을 종속시키고 기형화합니다. 자본주의적 경쟁에 의해 촉진된 사회적 노동 분업과 작업장 내의 노동 분업, 그리고 그로 인한 기술의 파편화는 자본에 대한 노동의 종속을 확대 강화합니다. 이러한 상황에서 노동자들의 능력과 기능은 일면화되고 기형화됩니다. 우리가 앞에서 보았듯이, 일찍이 맑스가 『경제학철학초고』에서 분석한 노동 활동으로부터의 소외와 인간의 유적 본질로부터의 소외도 이에 관한 것이었습니다.

인간의 다양한 욕구와 수요를 창출함으로써 인간의 풍부한 감성과 문화적 가능성을 계발하는 자본주의의 잠재력도 현실적으로는 자본가들의 이윤추구에 의해 왜곡됨으로써 인간의 해방을 가져오기는 커녕 인간성의 타락을 초래합니다. 자본주의는 진정으로 인간적인 욕망과 감성의 풍요로움을 가져오지 않습니다. 그것은 단지 인간을 소비자로서 자본주의적 이윤체계에 묶어놓는 데 관심을 가질 뿐입니다. 자본가는 타인의 과소비와 무절제함을 불러일으키는 데 꾸준히 관심을 가지며, 이를 위해서 가공의 욕망과 병적인 욕구를 자극하고 부추깁니다. 자본주의 사회에 만연하는 선정적인 쾌락주의적 삶은 여기서 비롯된 것입니다.

또한 인격적 의존, 사회적 신분과 엄격한 사회적 위계로부터 개인을 해방함으로써 자본주의가 만들어 낸 인간의 자유 실현 가능성이라는 것도 자본주의적 현실 속에서는 환상에 머물 뿐입니다. 개인의 생활조건이 우연적으로 보이기 때문에 개인들은 이전의 어느 때보다도 더 자유로운 것 같아도, 물질적 힘에 더 강하게 종속되어 있기 때문에 현실적으로는 더 자유롭지 못합니다. 이전의 타인에 의한 개인의 인격적 제한은 실질적인 자유로 대체된 것이 아니라, 개인으로부터 독립적이고 자족적인 관계들에 의한 개인의 객관적 제한으로 대체된 것에 불과합니다. 자유는 개인이 살고 있는 상황과 조건들에 대한 힘과 지배를 의미하는데, 이런 관점에서 볼 때 자본주의는 부자유의 극치를 나타냅니다.

자본주의가 초래한 과학적 합리성의 발달도 마찬가지입니다. 이윤 추구를 지상목표로 하는 자본주의 아래서는 합리성 개념 자체가 중대한 변화를 겪습니다. 점차 합리성은 경제적 효율과 동일시됩니다. 이렇게 됨으로써 인간의 합리성이 갖는 다양한 차원들이 무시되고 합리성 개념은 일면적으로 왜곡됩니다. 또한 효율성과 도구적 합리성만을 중시하는 관료제의 발달은 인간을 자율적 존재가 아니라 관리의 대상으로 만들어 버립니다.

자본주의적 상품경제, 시장경제는 더 나아가서 인간적 실존 자체와 인간간의 인간적인 교류를 파괴합니다. 자본주의 체계 속에서는 인간의 활동이 어떠한 형식을 취하건 간에 그것의 지배적 목표는 최대량의 화폐의 축적입니다. 화폐는 모든 것의 가치를 측정하고 획득할 수 있는 보편적인 수단이기 때문에, 최대량의 화폐 획득이 다른 모든 성취와 만족의 극대화를 위한 필수조건으로 간주됩니다. 그리고 시간이 흐르면서 화폐의 획득은 다른 욕구의 충족과 무관하게 목표 자체가 됩니다. 이렇게 됨으로써 인간 전체가 화폐가 지배하는 자본주의적인 경제적 그물망 속에 완전히 편입되고, 경제적인 것 이외의 모든 인간 활동은 그 가치가 평가절하 됩니다. 이것은 인간적 실존의 파괴를 수반합니다. 또한 모든 것을 상품화하고 이윤 획득만을 지상명령으로 하는 자본주의 체계는 인간간의 인간적 교류를 가로막습니다. 인간들은 서로를 더 이상 전인격적인 존재로서 대해주지 않습니다. 그들은 서로를 단지 자신의 이익을 확보하기 위한 하나의 수단과 도구로 간주할 뿐입니다. 그들에게는 타인들이 무엇을 느끼고 생각하는지, 또 무엇을 필요로 하는지는 관심 밖의 일입니다. 중요한 것은 단지 어떻게 하면 그들로부터 자신의 이익을 이끌어 낼 수 있느냐 하는 것뿐입니다. 이것이 바로 맑스가 일찍이 지적한 바 있는 인간간의 소외입니다.

결국 이렇게 해서 맑스는 자본주의가 전근대적인 협소한 삶의 지평을 돌파함으로써 인간 능력과 자유의 완전한 계발과 실현의 사회적 가능성을 열어 놓았지만, 다른 한편 현실적으로는 그 자체가 인간의 주체성과 사회성, 그리고 인간의 삶의 양식을 다양한 방식으로 왜곡함으로써 인간성의 보편적 발달을 방해하는 최대의 장애물이 되었다고 본 것입니다. 맑스는 자본주의 사회의 변혁을 통해 이러한 상황을 돌파하여 이미 주어져 있는 인간의 전면적이고 보편적인 발전을 위한 가능성을 실현할 수 있을 때 비로소 근대적 삶의 지평과 삶의 양식을 극복할 수 있다고 보았습니다. 앞서 얘기한 바와 같이 자본주의 사회는 이미 그 스스로는 해결할 수 없는 수많은 모순을 드러내고 있기 때문에 그 자체 속에 붕괴의 싹을 지니고 있다고 할 수 있습니다. 그러나 맑스는 노동계급만이 이러한 자본주의를 무너뜨리고 새로운 사회를 건설하여 진정한 인간의 해방과 발전을 가져올 수 있으리라고 전망했습니다.

맑스는 노동 계급이 자본주의 생산양식 안에서 누구보다도 집합적 생산자로서 착취당하고 있기 때문에 혁명적이라고 주장합니다.

또한 자본주의 사회의 주된 생산계급으로서 노동계급은 자본주의의 경제제도를 정지시킬 힘과 일정한 한계 안에서 방향을 바꿀 힘을 가지고 있습니다. 그리고 집합적 생산자로서 노동계급은 새롭고 비착취적인 생산양식을 만들 수 있는 객관적인 능력을 갖고 있습니다. 이와 같은 혁명적 이해와 자본주의 경제제도를 멈출 수 있는 힘과 새로운 생산양식을 만들 수 있는 능력의 결합은 노동계급을 자본주의 사회에서 다른 어떤 사회적 또는 정치적 세력과도 구분시켜 주며, 또한 사회주의를 위한 필수 불가결한 행위자로서의 자격을 부여합니다. 이러한 이유에서 맑스는 노동계급에 의한 사회주의 혁명이야말로 오늘날의 소외된 현실로부터 온 인류를 해방할 수 있는 길이라 보았습니다.

3 맑스, 과학, 역사

(1) 과학인가, 이데올로기인가

맑스와 그를 계승한 맑스주의는 철학, 역사학, 경제학, 정치학 등을 포함하는 총체적 전망을 제공했습니다. 그것은 인류 역사의 진행에 대해 일관된 설명을 제공했습니다. 그것은 우리가 살고 있는 자본주의 사회의 구조와 메커니즘과 특징에 대해서, 그리고 오늘날의 소외된 현실과 부자유와 불평등 같은 모든 사회악에 대해서 설득력 있는 설명을 제공했습니다. 또한 그것은 자본주의 사회를 근본적으로 한계를 지니고 있어 보다 높은 형태에 길을 내주게 되어 있는 것으로 사회의 역사적 진보 속에 위치시키고, 그것을 극복할 수 있는 방안과 의미 있는 미래의 전망을 제시했습니다. 그것은 억압받고 착취받는 사람들 편에 서서 인류의 해방을 위해 헌신하고 있다는 도덕적 우월감을 주었습니다. 그럼으로써 그것은 오랫동안 현존하는 억압과 착취 체제를 무너뜨리려는 변혁 운동의 중심이 되었으며, 사회주의는 사회변혁의 한 지향점 구실을 해왔습니다.

그러나 다른 한편 지금까지 수많은 사람들이 맑스와 맑스주의를 격렬하게 비난해 왔습니다. 이들은 대부분 맑스와 그 추종자들의 주장을 자본주의에 대한 악의적인 비난이며 비뚤어진 비과학적 신념에 근거하여 현 사회를 무너뜨리려는 하나의 정치적 이데올로기이자 선전선동에 불과하다고 간주합니다. 이러한 생각은 특히 오늘날 광범위한 영향력을 행사하고 있는 실증주의적 견해들 속에서 두드러지게 나타납니다.

실증주의자들은 누구보다도 엄밀한 과학성이라는 것을 표방합니다. 그들은 엄밀한 과학성을 지키기 위해서는 관찰 가능한 현상들을 넘어서서 그 뒤에 숨어 있는 본질, 그러한 현상들을 그렇게 나타나게 하는 실재의 성질과 메커니즘에 도달하려고 해서는 안 되며, 직접적으로 관찰 가능하고 경험 가능한 현상들을 기술하는 것에 과학의 임무를 한정해야 한다고 주장합니다. 그들은 실재를 관찰 가능한 것에 한정하여 경험에 직접 주어진 사실만이 유일한 실재라고 주장합니다. 그러므로 그들은 관찰 가능한 현상을 넘어서 그 배후에 도달하는 것, 현상들을 필연적으로 그렇게 나타나도록 만드는 관찰 불가능한 성질, 본질, 메커니즘에 대한 지식을 제공하는 것은 과학의 목적일 수 없다고 주장합니다. 그들은 자연에는 인과적 연관, 필연적 연관 따위는 없으며 오직 보편적인 것으로 체계화시킬 수 있는 규칙성들만이 존재하므로 과학은 형이상학적인 인과관계의 추구를 그만두고 여러 요소들 간의 상호 함수관계를 정밀하게 기술하는 것에 그 임무를 한정해야 한다고 봅니다.

어떤 현상이 왜 일어나는가에 대해 인과적으로 설명하는 것을 과학에서 배제하자는 실증주의의 입장은 기본적으로 인과성에 대한 데이빗 흄의 견해에 입각하고 있습니다. 흄은 일체의 것을 의식 내부의 사태로 해석하고 있으며, 거기에서는 넓은 의미의 원자론이 그 구성 원리로 작용하고 있습니다. 그는 이러한 원자론에 입각해서 (따지고 보면 결국 의식 내의 것에 지나지 않는) 사물은 본래 뿔뿔이 흩어져 존재하기 때문에 그 자체로 보아 그 자신을 넘어설 수 있는 어떤 추론도 주지 않고, 따라서 설령 사물들 사이에 연접이 빈번하거나 항상 발견된다 할지라도 그 사물들 자체로서는 필연성을 가진 인과적 추론을 줄 수 없다고 주장합니다.

　이러한 인과성에 대한 흄의 부정적 견해나 그를 계승한 실증주의의 궁극적 전제는 결국 다양한 물질의 통일로서의 내적 유대, 내적 연관, 물질의 자기 변화, 자기 발전을 인정하지 않는 원자론적·정태론적 존재론과 세계관입니다. 이러한 실증주의 입장에 서 있는 사람들은 그러한 자신들의 기준에 따라 맑스는 전혀 비과학적이라고 단언합니다. 즉 그들은 현상들 속에 숨어 있는 실재의 구조와 메커니즘의 분석을 통해 세계 속에 객관적으로 존재하는 필연성, 인과적 연관 관계를 드러내려 하는 맑스의 방법은 전혀 과학적이지 않다고 주장합니다.

　실증주의자들의 이 같은 주장은 원자론적이고 정태론적인 그들의 편협한 존재론 내지 세계관에 기초하고 있을 뿐 아니라 자신들의 일면적인 과학 개념과 과학 방법론을 절대화하여 모든 이론의 과학성 여부를 재단하려는 독단에서 유래한 것입니다. 이들은 자본주의 사회 전체를 기본적으로 규정하고 있는 법칙들에 관한 총체적 인식이나 자본주의 사회의 여러 현상들을 불러일으키는 그 배후의 본질들에 대한 파악을 비과학적이라 치부하고, 오직 부분 영역들 속의 관찰 가능한 현상들을 양적으로 파악하는 것만을 지향합니다. 이에 따라 그들은 현존하는 사회 전체에 대한 총체적 전망이나 그것을 보다 인간적인 사회로 변혁하려는 실천적 지향을 포기합니다. 그들은 시대적 모순에 대한 비판자가 되기를 그만 둡니다. 그들은 현존하는 사회 질서의 전체 구조는 이미 주어진 것으로 문제시하지 않고, 기껏해야 개별 영역들 속의 개별적 문제들만을 개선하려는 개량주의를 뒷받침할 뿐입니다. 사실상 그들은 사회의 변혁이 아니라 개인의 사회적 적응을, 또는 보다 적절하게 말하자면 사회적 통합을 위한 개인의 관리를 지향합니다. 그렇게 함으로써 그들은 결국 현존하는 자본주의 체제를 강력히 옹호하는 역할을 합니다.

실증주의자들의 주장과는 달리 참다운 과학적 설명에는 세계에 객관적으로 존재하는 자연적 필연성, 인과적 연관관계의 제시가 포함되어야 합니다. 어떤 현상을 설명하는 것은 그 발생의 동학을 밝히는 것, 그것의 인과적 구조와 메커니즘을 밝히는 것이어야 합니다. 그것은 관찰 가능한 것에서 그것들을 설명할 수 있는 관찰 불가능한 구조와 메커니즘으로 나아가는 것입니다. 과학적 이론은 관찰 가능한 현상들을 그것들을 일으키는 힘을 가진 실재들의 메커니즘과 구조를 묘사함에 의해 설명하는 것이어야 합니다.

맑스는 과학의 임무를 현상들의 충실한 기술에 한정하는 실증주의와는 달리, 그 배후의 본질적인 것에 의해 그것을 설명해 내는 것으로 보았습니다. 그는 사물들을 따로따로 떨어져 있고 정지해 있는 것들로 보지 않고, 서로 필연적으로 연관되어 있고 상호간의 발생적 연관 속에서 끊임없이 변화, 발전해 가는 것으로 간주하여, 그것들 사이의 단순한 함수관계가 아니라 그것들의 필연적인 연관과 발전의 법칙을 파악하는 것이 중요하다고 주장했습니다.

실증주의자들은 맑스가 말하는 필연적인 발전법칙, 인과법칙을 비과학적인 것으로 치부해 버립니다. 그러나 인과법칙을 부정하는 그들도 인간의 실천과 관계되는 예측을 행할 경우에는 인과성 개념을 암암리에 끌어들이지 않을 수 없습니다. '네가 만일 이러이러한 행동을 한다면 저러저러한 결과가 생길 것이다'라고 할 때, 그것은 단지 시간적 선후관계가 아니라 명백히 인과관계를 말하는 것이기 때문입니다.

　엄밀한 과학성을 내세우는 실증주의자들은 예측이 가능한 것 또는 관찰을 통해 그러한 예측에 대해 검증이나 반증을 할 수 있는 것만을 과학적인 것으로 간주합니다. 그리고 맑스의 이론은 그들이 말하는 과학성의 기준을 만족시켜주지 못하는 비과학적인 것으로 여겨집니다. 그러나 이러한 그들의 주장은 과학 이론에 대한 오해에 근거하고 있습니다.

　어떤 사건을 불러일으키는 발생 메커니즘에 기초한 필연적 연쇄만이 법칙적인 것이고 그것에 바탕하지 않은 사건의 연쇄는 우연적인 것입니다. 어떤 사건의 연쇄를 필연적인 것으로 만드는 필연성은 사물의 실재적 본질, 즉 그 사물의 가장 기본적인 속성이나 힘, 그리고 거기서 파생하는 경향성에 함축되어 있습니다. 만일 이러한 필연성에 기초한 사건들 사이에 필연적 결합이 없다면 과학은 불가능할 것입니다. 어떤 사태들 사이에 필연적 결합이 없다면 검증도 반증도 불가능합니다. 왜냐하면 그것 없이는 어떤 검증 사례도 귀납적 예에 조금도 개연성을 더해주지 않을 것이며, 반증된 것을 거부하는 것이 합리적이려면 과거에 틀렸던 것이 미래에 갑자기 맞게 되지는 않을 것이라는 사실이 가정되어야 하기 때문입니다. 그러나 사실들 사이에 필연적 결합이 없다면 우리는 이것을 전혀 보증할 수 없습니다. 그러므로 과학이 가능하기 위해서는 자연적 필연성이 존재해야 합니다.

　사물의 본질로부터 어떤 경향을 연역할 수 있는 가능성이 자연적 필연성에 대한 지식을 구성합니다. 자연적 경향들이 실현될 때 사건들은 필연적으로 결합된다고 할 수 있습니다. 그런데 이러한 자연적 필연성과 그에 기초한 법칙에 대한 언급은 어떤 메커니즘의 운동에 대한 주장일 뿐, 그 메커니즘이 작동하는 조건들에 관한 주장까지 포함하는 것은 아닙니다. 그렇기 때문에 그것은 그 운동의 결과에 대한 주장, 즉 어떤 특수한 경우의 현실적 결과에 대한 주장을 포함하는 것은 아니라는 사실에 주의해야 합니다.

현실적 결과는 그것과 다른 메커니즘들의 운동과 특수한 여러 조건들의 결합에 의해 공통적으로 결정됩니다. 그러므로 사물들의 내적인 구조와 메커니즘의 필연성에 대한 진술이라는 의미에서의 법칙은 어떤 구체적 사건을 예측하지 않습니다. 그것은 단지 일정한 종류의 사물에 가능한 활동유형에 한계와 제한을 가하는 것으로 간주되어야 합니다. 법칙들은 어떤 종류의 사물에 가능한 활동유형에 제한을 가하고 그것에 그러한 능력을 부여할 뿐, 가능한 행위들 중에서 어느 것이 현실적으로 수행될지에 대해서는 말하지 않습니다.

어떤 종류의 구체적인 결과적 사건이 일어나기 위해서는 다양한 종류의 여러 메커니즘이 결합해야 하므로 열린 체계에서는 그것들을 미리 예측할 수 없습니다. 그러므로 열린 체계에서는 이론과 그 적용 또는 설명과 예측을 구별해야 합니다. 설명과 예측은 실증주의자들이 생각하듯이 대칭적인 것이 아닙니다. 열린 체계에서 구체적인 실천적 예측을 할 수 없는 경우에도 어떤 이론이나 법칙은 훌륭한 설명을 제시할 수 있습니다.

포퍼나 라카토스 등의 과학철학자들에 의해 이루어진 논의에서 드러나듯이 모든 과학이론은 일정한 추상화를 포함한 것이므로 이론 자체가 어떤 사건의 직접적인 예측을 포함하는 것은 아닙니다. 과학이론은 단지 상대적으로 특수하게 폐쇄된 조건 아래에서 경험적으로 불변하는 것들 속에서만 필연적으로 나타나는 인과적인 필연적 구조, 모순구조들을 묘사할 뿐입니다. 이러한 모든 이념적인 과학이론들은 단지 근사적인 예측만을 제공합니다. 구체적인 사건의 발생을 예측하는 것은 어디까지나 그를 위한 상세한 조건들에 대한 보조적인 진술들이 있어야만 가능한 것이며, 따라서 과학이론에 대한 직접적인 검증 혹은 반증은 불가능한 것입니다. 이것은 불변의 경험적 규칙들이 없는, 그래서 결정적 테스트 상황이 부정되는, 열린 체계인 사회에 대한 사회과학이론의 경우에는 특히 더 그러합니다.

그러므로 어떤 과학이론에 대한 합리적 승인이나 거부의 기준은 예측이 아니라 설명입니다. 즉 그것의 과학성 여부는 그것이 일어나는 현상들을 얼마나 훌륭하게 남김없이 설명해 줄 수 있는가에 달려 있습니다. 여기서는 그 속에 포함되어 있는 여러 법칙이나 가설들과 모순되는 임시방편 가설을 사용하지 않고 현상들을 설명할 수 있어야 한다는 것이 중요합니다.

사실 맑스가 고전파 경제학자들을 비판하는 근거도 그들의 이론이 자본주의 사회의 경제현상들을 일관되게 설명해 내지 못한다는 것, 즉 그들의 이론은 충분하고 철저한 설명력을 가지지 못한다는 것이었습니다. 이전의 경제학자들이 가치와 잉여가치에 의해 다른 모든 자본주의 경제현상들을 일관되게 설명할 수 없었던 데 반해, 맑스는 가치와 잉여가치 법칙이라는 단순한 원리로부터 출발해 그것을 모든 자본주의 경제현상들에 적용해 설명해 냈습니다.

그리고 이러한 맑스의 이론은 자본주의적 생산양식의 일반적 본성, 즉 기초적 경제구조의 본질적 규정들을 해명하는 고도로 추상적이고 일반적인 이론입니다. 그렇기 때문에 거기로부터 어떤 직접적인 예측이 이끌어져 나오는 것은 아닙니다. 따라서 그 이론의 과학성과 타당성 여부는 그것의 직접적인 검증이나 반증에 의해 이루어 질 수 없습니다. 자본주의 사회의 경제현상들을 그 배후에 존재하고 있는 본질들의 필연적 구조와 메커니즘에 의해 인과적으로 설명하고 있는 맑스의 이론의 타당성은 그것이 자본주의 사회의 경제현상들에 대해 충분한 설명력을 제공해 주고 있는가 하는 것과, 그것이 지속적으로 진보적인 탐구의 프로그램을 산출해 내는가 하는 것에 의해 판정되어야 합니다.

사물들의 필연적 연관이나 발전을 파악하려는 맑스의 시도와, 현상을 본질적인 것에 의해 설명하려는 그의 시도는, 종종 헤겔식의 선험적인 철학을 주장하는 것이라거나 형이상학적인 본질주의라는 비난을 받았습니다. 범주나 개념의 필연적인 자기발전을 주장하는 헤겔에게는 실제로 그러한 오류가 나타나 있습니다. 그러나 맑스의 유물론적 변증법은 범주들의 필연적 발전이라는 보편적 도식에 따라 모든 것을 설명하려 하지 않습니다. 맑스에 있어 그것은 결코 연구대상이 되는 구체적이고 특수한 조건들의 상세한 탐구를 통해 밝혀지는 구체적인 실재적 필연성을 대신 할 수 없습니다.

사실 맑스 방법론의 중요한 측면의 하나가 바로 연구되는 대상의 특수성을 구체적 탐구를 통해 발견하는 것입니다. 맑스가 말하는 필연적 연관과 발전은 구체적인 실재 속의 필연성에 대한 구체적 탐구를 통해서 파악되는 것이지 선험적 연역에 의해 파악되는 것이 아니며, 그가 말하는 본질이라는 것도 고정된 궁극적 실체가 아니라 그 자체가 어디까지나 역사적으로 생성·변화하는 것입니다. 즉 맑스에게 있어 본질은 단지 현상형태 자체의 존재조건으로서만 본질적인 것이며, 그 자체의 존재와 기능은 역사적으로 특별한 관계들에 의해 만들어지는 것입니다.

(2) 역사법칙과 역사적 설명

맑스가 말하는 필연성이나 법칙 개념과 관련해서 그에게 많은 비난이 퍼부어졌습니다. 자본주의가 필연적으로 붕괴할 것이라거나, 역사는 생산력과 생산관계 사이의 모순 법칙에 의해 발전해 나간다거나 하는 맑스의 주장이 결정론, 목적론, 환원론, 본질주의, 전체론이라는 오류에 빠져 있다는 것입니다. 이러한 비난에 따르면, 맑스의 이론은 인간의 자율적 의지와 상관없이 객관적으로 존재하는 사회적 구조와 메커니즘에 의해 역사의 진행이 결정되어 있다고 보는 결정론이며 전체론입니다. 또한 그것은 공산주의라는 목표를 향해 인류의 역사가 발전해 간다고 보는 목적론입니다. 그리고 그것은 경제구조나 계급구조가 사회의 모든 것을 결정한다고 보는 환원론이며 본질주의입니다.

그런데 이러한 모든 비난의 밑바닥에는 인간은 자유롭고 목적적인 존재이기 때문에 그들의 행위에 의해 이루어지는 역사적 과정은 법칙적인 것으로 파악할 수 없다는 견해가 자리 잡고 있습니다. 이러한 입장을 취하는 사람들은 맑스의 역사 이론은 잘못된 전체론과 결정론에 빠져 있다고 주장합니다.

그러나 이러한 비판은 이미 언급한 바와 같이 어떤 것이 결정되어 있다는 것과 예측할 수 있다는 것을 동일시하는 잘못된 실증주의적 관점과 역시 잘못된 방법론적 개인주의에 입각한 것이라 할 수 있습니다. 물론 역사 전체에 일정한 발전유형이나 변화의 고정된 질서가 있다는 주장에 대한 반대는 올바른 것입니다. 그리고 나중에 많은 맑스주의자들이 결정론적 역사 법칙을 주장하는 잘못을 저지른 것도 사실입니다. 그러나 그렇다고 해서 역사에는 아무런 인과적 연관이나 법칙도 없다고 할 수는 없습니다. 역사 시대의 어느 곳에서나 역사적 전제와 한계는 존재합니다. 이러한 역사적 전제와 한계 내에서 존재하고 작동하는 구조와 메커니즘에 의한 결정성과 법칙성을 인정한다고 해서 그것이 개인의 자유를 침해하는 것은 아닙니다. 오히려 그러한 필연성과 법칙성을 인정하는 것이야말로 과학적 탐구의 규제적 원리가 되며, 그러한 원리를 버리는 것은 과학의 기획으로부터 후퇴하는 것입니다.

인간 행위로 환원되지 않고 분명히 존재하는 사회법칙을 승인하면서도 전체론과 결정론에 빠지지 않고 역사를 설명하는 맑스의 이론을 우리는 방법론적 구조주의라 부를 수 있습니다. 방법론적 구조주의는 사회를 개인들의 행위, 신념, 의도를 인과적으로 규정하면서도 개인들에 의해 산출되고 재생산되고 변형되는 규칙, 역할, 관계, 의미들의 실재적 구조라고 간주합니다. 여기서 드러나듯이 방법론적 구조주의는 인간 행위와 사회구조를 구별하고 사회구조의 상대적 자율성을 인정하면서도 그 양자간의 변증법적인 상호 관계를 주장합니다.

사회구조는 인간 행위에 필수조건을 부여하고 그 형태를 제한하며 인간의 어떤 행위를 강압하고 행위주체에게 구조적 능력을 부여합니다. 사회는 개인에 앞서 존재하고 개인을 규정합니다. 즉 일정하게 구조화되어 있는 사회구조와 메커니즘이 인간행위를 규정합니다. 인간은 제멋대로 어떤 행위를 할 수 있는 것이 아닙니다. 자신에 앞서 존재하는 사회적 구조와 메커니즘 속에서 자신이 처해 있는 조건과 상황의 제약 속에서만 행위를 해나갈 수 있습니다. 그러나 반면에 사회구조는 개인들이 재생산하고 변형시키는 가운데서만 존재하고 변화되어 나갈 수 있습니다.

 방법론적 구조주의는 이처럼 객관적인 사회구조의 구조적 규정성과 주어진 구조적 한계 내에서 주관적이고 사회적으로 구성적인 인간 행위의 변증법적인 상호작용을 파악합니다. 필연성은 본질적인 구조적 조건과 메커니즘의 차원에서 작동하고, 목적성은 개인의 행위와 선택의 수준에서 작동하며, 양자 사이에는 아무런 모순도 존재하지 않습니다. 이렇게 함으로써 방법론적 구조주의는 낡은 주관주의와 객관주의, 결정론과 자유론의 대립을 넘어설 수 있는 역사 방법론을 제시합니다. 나아가 그것은 구조적 차원의 사회적 필연과 개인의 태도와 선택 사이의 갈등을 가지고 사회변화와 역사발전을 규정할 수 있게 됩니다. 따라서 우리는 이러한 역사 방법론 위에서 사회의 구조적 차원의 필연성과 역사법칙에 바탕한 과학적인 역사적 설명을 제시할 수 있을 것입니다.

 이와 같은 사회의 내적인 구조와 메커니즘의 필연성에 대한 진술이라는 의미에서의 역사법칙에 대한 주장은 고정된 역사적 경로나 역사적 사건들의 발생을 예단하는 것이 아닙니다. 그것은 단지 인간의 역사적 실천의 한계와 가능조건을 밝힘으로써 주체적인 역사적 실천을 도울 뿐입니다.

 맑스의 역사적 유물론은 역사과정에서 특히 경제구조가 인과적 우위를 차지한다고 주장합니다. 이것은 역사적 유물론의 역사이론이 가장 압축적으로 표현되어 있는 『정치경제학 비판 서문』의 다음과 같은 문장에 잘 나타나 있습니다.

> 사람들은 그들 생활의 사회적 생산에서 그들의 물질적 생산력의 일정한 발전수준에 상응하는 일정한, 필연적인, 그들의 의지와는 무관한 관계들인 생산관계들과 맺어진다. 이 생산관계의 총체가 사회의 경제적 구조로서 현실적 토대를 이루고, 그 위에 법적이고 정치적인 상부구조가 세워지며 일정한 사회적 의식형태들이 그 토대에 상응한다. 물질적 생활의 생산양식이 사회적·정치적·정신적 생활과정 일체를 조건짓는다(bedingen). 인간의 의식이 그들의 존재를 규정(bestimmen)하는 것이 아니라 반대로 그들의 사회적 존재가 그들의 의식을 규정한다. 사회의 물질적 생산력은 일정한 발전 단계에 이르면 그들이 지금까지 그 안에서 움직였던 기존의 생산관계들, 또는 이것의 단지 법률적 표현들일 뿐인 소유관계들과 모순에 빠진다. 이 관계들은 생산력의 발전 형태들로부터 질곡으로 전환한다. 그때에 사회 혁명의 시기가 도래한다. 경제적 기초의 변화와 더불어 거대한 상부구조 전체가 조만간 변혁된다.[10]

여기에 드러나 있는 맑스의 역사이론은 대략 다음과 같이 설명할 수 있습니다. 사회적 생산의 성격이 모든 사회의 본질과 그것이 겪는 변형을 설명하는데, 사회적 생산은 생산력과 생산관계라는 두 측면으로 이루어져 있습니다. 이 가운데 생산력의 발전은 축적되며 이것은 노동 생산력의 성장에 반영됩니다. 생산관계는 다양한 집단들에 의해 행사되는 이들 생산력에 대한 실질적인 통제관계와 잉여노동의 착취형태에 달려 있습니다. 그리고 착취적인 생산관계는 계급과 적대적인 이해관계, 계급투쟁을 발생시킵니다. 또한 생산관계는 두 단계를 경과하게 되는데, 처음에는 생산력의 발전을 촉진하나 나중에는 그것을 저해하는 질곡으로 변합니다. 이 나중 단계가 사회를 혁명으로 이끌어 갑니다. 그리하여 낡은 생산관계가 생산력의 발전을 가능케 하는 새로운 생산관계로 대체됩니다.

역사적 유물론의 이러한 역사이론을 결정론적 또는 목적론적으로 해석할 필요는 없습니다. 그러한 설명 방식을 피하면서도 얼마든지 생산력과 생산관계의 변증법적인 통일 구조인 경제구조가 역사적 발전과정에서 그것을 규정하는 우위를 가지고 있다는 점을 계속 주장할 수 있습니다. 우리는 이러한 시도 중의 하나를 앤드류 레빈 같은 학자에게서 발견할 수 있습니다. 그는 역사적 유물론의 주장을 다음과 같은 여섯 개의 명제로 분해합니다.

i 일정한 수준의 생산력 발전은 한정된 범위의 사회적 생산관계와만 양립 가능하다(양립 가능성 명제).
ii 생산력은 항상 발전하는 경향이 있으므로(발전 명제),
iii 결국은 더 이상 현존하는 생산관계와 양립할 수 없는 수준에 도달한다(모순 명제). 이렇게 되면 현존하는 생산관계는 생산력의 질곡으로 변한다. 그런데 인간은 어느 정도 합리적이고 생산력을 발전시키려는 욕구에 직면하므로 인간은 생산관계에 의해 생산력이 저해되면 생산관계를 변혁하려는 이해관계를 갖게 된다.
iv 인간이 필요한 능력을 갖는다면(능력 명제),
v 그렇게 할 것(즉 변혁할 것)이다(변혁 명제).

vi 그 결과 생산관계는 생산력의 그 이상의 발전에 가장 알맞은 새로운 생산관계로 대체된다(최적성 명제).[11]

레빈은 이 여섯 가지 명제가 모두 필연적으로 충족되는 것이라고는 믿지 않습니다. 이 중에서도 특히 능력 명제는 자동적으로 이루어지는 것이 아니므로 계급투쟁이 필연적으로 생산력의 최적의 발전을 가능케 하는 생산관계를 가져오리라는 보장은 없습니다. 그러므로 그는 시대의 역사적 변화는 생산력 발전의 수준이라는 물질적 조건에 뿌리박고 있고, 생산력의 발전을 극대화하는 방향으로 향하는 방향성을 가지며, 계급투쟁을 통해 실현된다는 것은 인정하지만, 특수한 변형의 불가피성은 부정하는, 소위 '약한 역사적 유물론'을 주장합니다.

캘리니코스 같은 학자는 이러한 주장에 동의하면서도 거기에 약간 더 '강한' 다음과 같은 점들도 덧붙여야만 한다고 봅니다.

첫째, 역사를 통해서 최소한 생산력이 발전할 약한 자극 정도는 있다고 말할 수 있다.

둘째, 설사 생산관계에 의해 생산력이 정체되는 것이 반드시 좀더 발전된 생산관계를 낳게 되지는 않는다고 하더라도, 적어도 실질적인 사회적 혼란을 불러일으키기는 할 것이다.

셋째, 계급투쟁의 결과가 단순히 불확실한 것은 아니라는 점이다. 생산관계 속에서 행위자들이 차지하는 위치, 즉 그들의 계급 위치로 인해 행위자들이 공유하는 계급적 이해가 그들의 실제 행위를 설명하는 데 있어서 우월성을 가진다.[12]

이처럼 ① 생산력의 미약한 발전 경향, ② 결과적으로 유기적 위기가 나타날 가능성, ③ 사회적 행위를 설명하는 데 있어서 구조적 능력과 계급적 이해가 가지는 우월성이라는 세 개의 요소들로 인해 역사적 유물론은 사회 체계가 변형되어 가는 역동적 과정을 설명하는 이론이 될 수 있습니다. 그것은 구조적 한계와 능력의 우월성을 주장하면서도 결코 그것에 의한 일방적 결정은 주장하지 않고 인간 행위자에게 중추적인 역할을 부여하는 이론이기도 합니다. 역사적 유물론의 역사이론은 행위자의 행위를 그들의 의도, 신념, 욕구에 의해 일어난 것으로 취급하면서도 그 행위 속에 구체화된 힘은 상당한 정도로 구조적으로 규정된 것으로 다룰 수 있습니다. 여기서 드러나듯이 역사적 유물론에서는 행위자들이 공유하는 계급적 이해라는 것이 사회구조와 개인의 행위를 연결시켜주는 접점의 역할을 한다고 봅니다. 그리고 이것이 맑스가 노동계급이 자본주의를 변혁할 수 있는 계급이라고 주장했던 이유입니다.

4 사회주의에 대한 반성

(1) 자본주의의 승리?

결국 이렇게 본다면, 맑스 이론에 대한 일방적인 비난에도 불구하고 우리는 자본주의 구조와 메커니즘 그리고 현존하는 소외된 사회 현실에 대한 그의 분석이나, 역사의 진행 메커니즘과 법칙에 대한 그의 설명이 상당히 과학적이고 설득력이 있다는 것을 인정할 수 있습니다.

그러나 맑스 이후 맑스주의를 표방하면서 자본주의 사회의 변혁을 꾀했던 사회주의 운동은 오늘날 실패로 돌아갔습니다. 1917년 볼셰비키 혁명으로 러시아가 공산화된 이래 여러 나라에서 계속된 사회주의 체제의 건설이라는 실험은 1980년대 말, 90년대 초 대다수 사회주의 국가의 붕괴에 이르러 거의 실패로 끝났습니다. 전 세계의 발달한 자본주의 국가들에서는 맑스주의자들이 예언했던 사회주의 혁명이 일어나지 않았습니다. 오늘날 노동자를 비롯한 대다수의 대중들은 자본주의 사회에 효과적으로 통합되어 있을 뿐 아니라 나아가 자본주의 체계의 논리와 가치 및 정서를 받아들이고 있는 것처럼 보입니다.

이런 상황 속에서 많은 사람들이 오늘날 맑스주의는 완전히 쇠퇴해 버렸다고 주장합니다. 이들에 따르면 오늘날에는 자본주의와 노동계급이 구조적으로 변화했기 때문에 맑스주의적 기획이 끝났음을 입증하는 증거가 무수히 많습니다. 우선은 노동계급이 점점 더 궁핍해지고 비참해질 것이라는 맑스의 예언이 빗나갔습니다. 궁핍은커녕 오늘날 노동계급은 이전에는 상상할 수 없을 정도의 생활수준을 누리고 있습니다. 또한 자본주의 사회의 계급구조도 갈수록 양극화되리라는 맑스의 예언과 달리 수많은 중간계층의 성장과 더불어 다양화되었습니다. 이에 따라 이들을 하나로 묶을 수 있는 이해관계나 계급의식 같은 것은 존재하지 않게 되었습니다. 산업노동자 계급의 사회적 중요성도 이전에 비해 현저히 줄었습니다.

또한 오늘날에는 노동자들의 사회적 경험도 노동자로서의 정체성이 중요하지 않다고 여길 정도로 변했습니다. 이제 그것은 정체성을 규정하는 중심 요인이 아니라 수많은 여러 차원들 중의 하나에 불과한 것이 되었습니다. 오늘날에는 주거, 학력, 사회적 위치, 소비, 여가 등의 여러 차원이 인간의 정체성을 규정합니다. 이에 따라 노동자들은 더 이상 노동자로서의 확고한 계급 정체성을 갖고 행위 하지 않습니다. 그들은 다양한 입장과 이해관계에 따라 각기 서로 다른 의식과 정체성을 갖고 따로따로 행동합니다.

결국 오늘날 자본주의 사회에서 노동자들은 맑스가 얘기했던 노동자들처럼 일하거나, 고통을 겪거나, 생각하거나, 살지 않습니다. 이처럼 자본주의와 노동계급은 맑스가 보았던 것과는 근본적으로 달라졌습니다. 그리고 이에 따라 노동계급의 혁명적 운동을 통해 자본주의 사회를 근원적으로 변혁하려던 맑스주의의 기획도 완전히 끝나버렸습니다.

어떤 사람들은 이러한 주장에서 한 걸음 더 나아가 자본주의의 궁극적 승리를 얘기하기까지 합니다. 혁명에 의해 자본주의를 변혁하려던 사회주의는 실패로 돌아갔으며, 반면에 발달한 자본주의는 노동계급에게도 더 나은 삶을 보장하면서 그들을 효과적으로 자본주의 체제에 통합하고 구조적 변화를 달성하여 위기를 극복했다는 것입니다. 이들에 따르면 이것은 자본주의 체제야말로 역사상 가장 우월한 사회체제임을 입증하는 것으로서 자본주의의 궁극적 승리라고 해도 전혀 무리가 없다는 것입니다.

자본주의 사회의 모습이 이전과 많이 달라졌음에는 틀림이 없습니다. 그러나 과연 이것을 자본주의 사회의 근본적인 구조의 변화라고 말할 수 있을지에 대해서는 상당한 이견이 있습니다. 그것은 단지 상황의 변화일 뿐 구조적 변화라고 보기는 힘들지 않은가 하는 것입니다. 자본주의가 시작된 이래 노동계급의 구성은 끊임없이 변화해 왔습니다. 그러나 노동계급이 서로 다른 노동과정에 종사하는 여러 분파로 나뉜다고 해도, 자본주의 아래에서 그들 모두가 이윤을 위해 노동을 착취당하고 있다는 근본 사실은 변하지 않았습니다. 그리고 이런 점에서 그들 모두는 여전히 근원적으로 이해관계를 같이 하고 있다고 할 수 있습니다.

발달한 자본주의 국가들에서 노동자 계급의 물질적 상황이 어느 정도 개선된 것은 사실입니다. 이것은 여러 가지 요인에 의한 것입니다. 우선 그것은 오랫동안 계속된 노동계급의 투쟁의 성과입니다. 노동계급은 자본주의가 발생한 이래 끊임없는 임금인상 투쟁이나 노동시간 단축투쟁, 노동조건 개선 투쟁 등을 통해 자신들의 처지를 개선해 왔습니다. 사회주의와의 경쟁 속에서 노동자들에게 어느 정도의 물질적인 보상을 제공하여 그들을 자본주의 체제 속으로 끌어들여 체제의 안정을 꾀하고자 하는 전략, 노동계급의 소비 욕망을 자극하여 상품 판매를 확대하고 소비 자본주의의 발달을 도모하려는 자본주의의 전략도 중요한 역할을 했습니다. 또한 선진 자본주의 국가들은 자본주의적인 세계 경제 체제 속에서의 우위를 이용하여 많은 부를 획득하고 이를 자국 내의 노동자들에게도 어느 정도 재분배하여 계급투쟁을 완화한 것도 영향을 끼쳤습니다.

그러나 선진 자본주의 국가에서 노동자들의 물질적 조건이 어느 정도 향상된 것은 제국주의 정책을 통해서 자본주의의 모순을 제3세계 국가들에 전가한 미봉책의 결과일 뿐이라고 비판할 수 있습니다. 더구나 발달한 자본주의 국가들에서도 자본가와 노동자 계급을 중심으로 하는 부자와 빈자 사이의 상대적 빈부격차는 이전보다도 훨씬 심화되었습니다. 부가 언제나 상대적인 것이라는 점을 감안할 때 과연 이런 상황에서 노동자들의 처지가 진정으로 이전보다 현저히 나아졌다고 할 수 있는지는 의문입니다. 그리고 이처럼 자본주의 아래서 여전히 착취당하고 있고, 다양한 분파에도 불구하고 근원적 이해를 같이 하고 있으며, 자본주의 사회의 가장 주된 생산력을 담당하는 계급으로서 자본주의 사회 체제의 기능을 교란하고 정지시킬 수 있는 힘을 가진 계급이라는 점에서, 노동자들은 아직도 자본주의 사회의 변혁을 위한 주된 동력으로 남아 있습니다.

무엇보다도 자본주의 사회의 소외된 현실이 오늘날에도 엄연히 존재하고 있다는 사실이 중요합니다. 앞서 우리가 보았던 노동 생산물로부터의 소외, 노동활동으로부터의 소외, 인간의 본질로부터의 소외, 인간간의 소외와 같은 인간 소외 현상은 오늘날에도 여전히 폭넓게 존재하고 있으며, 심지어 어떤 면에서는 확대되고 심화된 측면조차 있습니다. 교환 경제 체제의 지속적 발달로 인한 노동 생산물로부터의 소외는 이전보다 심해졌습니다. 오늘날 사람들은 고유한 가치와 의미를 지닌 생산물들이 아니라 점점 더 단지 교환가치만을 지닌 공허한 상품들에 둘러싸여 있습니다. 비록 노동시간은 줄었으나, 그토록 효율적이라는 수많은 첨단 기계들의 도입에도 불구하고 노동강도는 더 강화되었고 노동활동이 고역이기는 마찬가지입니다. 상품화로 인한 인간성의 상실과 인간간의 공동체적 유대의 상실도 점점 더 심화되고 확대되어 왔지, 결코 완화되거나 사라지지 않았습니다.

그리고 이 밖에 맑스가 비판했던 자본주의의 수많은 병폐들도 여전히 진정한 인간성의 실현과 인간다운 삶을 방해하는 요인들로 작용하고 있습니다. 오늘날 우리가 살고 있는 현대 사회는 인간을 절멸시킬 정도로 위협적인 생태계의 파괴, 하루에도 수만 명이 죽어가는 기아와 심각한 빈부격차 및 실업, 인간성과 인간 삶의 왜곡 등, 가히 총체적 위기 상황에 놓여 있다고도 할 수 있습니다.

이런 점에서 볼 때 오늘날의 자본주의 사회가 이전과는 구조적으로 달라진 사회이며, 그 동안의 문제점과 위기를 극복한 인간에게 가장 알맞은 사회 체제라는 주장은 선뜻 수긍하기 어렵습니다. 그리고 또한 이렇게 본다면 사회주의 체제의 붕괴를 자본주의 체제의 궁극적 승리로 보는 주장도 받아들일 수 없습니다. 그것은 단지 자본주의 사회의 소외된 현실을 변혁하고자 한 기획과 운동의 특수한 한 형태가 실패로 돌아갔음을 의미할 뿐입니다.

자본주의 사회 속에서 착취와 억압이 계속되는 한, 소외된 현실이 여전히 존재하는 한, 인간다운 삶과 진정한 인간성의 실현이 방해를 받고 있는 한, 형태는 다르더라도 이에 저항하고 이런 사회 체제를 변혁하려는 운동은 계속될 수밖에 없으며 계속되어야 합니다. 그리고 이런 점에서 자본주의의 소외된 현실에 대한 가장 통렬한 비판자요, 자본주의 메커니즘에 대한 가장 체계적인 분석가요, 자본주의 체제에 대한 변혁 운동가로서 맑스는 틀림없이 오늘날에도 여전히 가장 중요하고 유용한 사회철학적 탐구의 안내자 역할을 할 수 있을 것입니다.

(2) 사회주의의 좌절

그럼에도 불구하고 자본주의 사회는 여전히 존재하고 있고 현실 사회주의는 실패로 돌아갔습니다. 자본주의 사회 구조와 메커니즘에 대한 과학적인 분석에 기초해서 노동계급에 의한 자본주의의 혁명적 변혁을 믿었던 맑스의 기대는 어째서 충족되지 않았을까요? 어째서 많은 현실 사회주의 국가들이 줄줄이 붕괴하고 말았을까요?

맑스가 지적한 대로 자본주의는 이윤율의 저하와 생산 과잉으로 인한 공황, 엄청난 생산력의 발달에도 불구하고 그 힘이 인간의 발달을 위해 충분히 쓰이지 않고 오히려 인간을 구속하고 왜곡하는 현상 등 허다한 모순과 문제를 안고 있습니다. 그리고 그것이 자본주의 체제의 위기로 연결될 가능성은 얼마든지 있습니다. 그러나 그 가능성이 자동적으로 자본주의 체제의 붕괴로 실현되는 것은 결코 아닙니다. 자본주의는 다양한 대응전략을 통해 체제의 위기를 극복할 수 있는 힘을 가지고 있는 매우 탄력 있는 체제입니다.

그 동안 자본주의 국가들은 여러 가지 관리 정책들을 통해 공황 등 자본주의의 심각한 문제들을 완화시켜 왔습니다. 또한 앞서도 지적한 것처럼 발달한 자본주의 국가들은 그 동안 식민지 정책 등을 통해 해외로 시장을 넓히고 여러 가지 비용과 희생을 제3세계 국가들에게 전가함으로써 국내의 위기를 관리해 왔습니다. 가난한 제3세계 민중들의 피와 땀을 착취해 얻은 막대한 부를 이용해 이들 나라는 자기 나라 노동자들에게도 상대적으로 높은 임금 등 약간의 물질적 보상을 해줌으로써 체제의 안정을 도모했습니다.

뿐만 아니라 이들 자본주의 국가들은 끊임없이 새로운 상품 영역을 개척하는 등 여러 가지 수법을 통해 소비주의적 생활 방식을 부추기고 유도함으로써 소비문화를 발달시켰습니다. 이것은 다양하고 수많은 상품의 소비를 촉진하여 시장을 넓히는 한편, 노동자들로 하여금 현란한 소비문화에 빠져들게 만듦으로써 혁명적 의식의 형성을 가로막았습니다. 서비스업의 증가 등 다양한 노동영역으로 노동계급이 파편화된 것도 노동자들의 집단적 계급의식의 형성을 가로막는 요인이 되었습니다. 또한 문화산업을 통해 널리 퍼지는 대중문화는 자본주의 이데올로기를 효과적으로 민중들에게 퍼뜨림으로써 자본주의 체제를 유지하고 옹호하는 데 큰 작용을 했습니다. 이 밖에도 여러 가지 요인들의 복합적 영향 탓으로 자본주의 국가들에서 노동자 계급을 중심으로 하는 계급투쟁은 현저히 약화되었습니다.

물질적 조건이 약간 개선되고, 소비문화와 소비주의적 생활양식에 익숙해지고, 문화산업이 만들어 내는 현란한 대중문화에 빠져들게 된 노동자를 비롯한 여러 민중들은 오히려 자본주의적 생활양식과 가치를 체화하여 자본주의의 우월성을 받아들이기에 이르렀습니다. 결국 혁명적 변혁이 발생하지 않은 것은 발달한 자본주의 국가들이 체제 위기의 경향을 효과적으로 관리하여 민중들로 하여금 그 체제의 논리와 가치를 받아들이고 기꺼이 이에 따르도록 만드는 데 성공했기 때문입니다.

앞에서도 얘기한 것처럼 맑스는 결정론자는 아니었습니다. 그의 이론은 자본주의가 어느 시점에 어떻게 필연적으로 붕괴될 것이라는 예측을 포함하고 있지 않습니다. 자본주의가 분명 위기로 향할 수 있는 모순적 경향들을 지니고 있고, 노동계급이 혁명의 잠재력과 능력을 갖고 있다는 사실은 분명하지만, 그것들이 현실적으로 반드시 실현될 것이라고는 장담할 수 없는 일이었습니다. 그렇기는 하지만 맑스가 위기로 향하는 자본주의의 객관적인 모순의 발달이라는 측면을 강조하고 그 혁명적 변혁을 위해 필요한 가치나 의식의 성장과 같은 주관적 요인들에 충분히 주목하지 못했다는 점은 분명합니다. 그리고 이러한 경향은 그 후 맑스 이론의 과학성을 교조적으로 강조한 특정한 맑스주의에 이르러서는 심할 정도로 더욱 강화되었습니다. 사실상 그들은 그 때까지 위기에 대처하고 이를 극복해 나가는 자본주의의 유연한 탄력성을 보지 못했습니다. 이들은 파국이 임박한 자본주의 사회가 곧 혁명에 의해서 붕괴될 것이라고 믿었습니다. 또한 사회주의 운동에 확신을 주기 위해 혁명의 필연성을 강조해야 했던 것도 객관주의적인 경향을 강화하는 요인으로 작용했습니다.

그러나 이후의 역사가 증명했듯이 노동계급의 혁명은 객관적인 자본주의 모순의 발전에 따라 자동적으로 일어나는 과정이 결코 아니었습니다. 행위의 주체인 노동계급을 비롯한 민중들이 해방을 위해, 소외된 현실의 변혁을 위해 떨쳐 일어서지 않는 한, 혁명은 결코 일어날 수가 없습니다. 그리고 이러한 의식 있는 혁명적 주체의 형성은 매우 어려운 일입니다. 자본주의 논리와 가치는 이미 민중들에게까지 삶의 방식이 되었습니다. 자유경쟁과 능력에 따른 성취라는 논리, 어떻게 해서든 경쟁에서 승리할 수만 있다면 좋다는 정복과 지배의 논리, 돈과 권력을 최고로 여기는 가치관, 끊임없는 소비를 통해 물릴 줄 모르는 욕망을 충족시키려는 소비주의적 생활양식이 오늘날 대부분의 삶을 지배하고 있습니다. 그것은 민중들의 욕망과 감성의 차원에까지 파고들어 그들의 생활 전체를 지배하는 하나의 존재방식이 되었습니다. 자본주의 속에 아무리 파국적인 객관적 경향이 들어 있다 해도 이러한 주체성이 바뀌지 않는 한, 자본주의 사회의 혁명적 변혁은 불가능한 일입니다.

소외된 자본주의 사회의 근본적 변혁을 위해서는 이처럼 왜곡되어 있는 인간 삶의 양식과 주체성을 변화시키기 위한 지난한 노력이 있어야 합니다. 그 동안 자본주의는 인간의 주체성을 그 체제에 적합한 것으로 만드는 뛰어난 능력을 보여 주었습니다. 반면에 맑스주의자들은 자본주의 사회를 변혁하고 새로운 사회를 건설하는 데 적합한 주체성을 형성하기 위한 치열한 고민과 노력이 없었습니다. 이것이 자본주의 사회가 지금도 여전히 유지되고 있는 이유입니다. 그러나 앞서도 지적한 것처럼 인간적인 삶과 인간성의 실현을 진정으로 가로막는 지극히 소외되고 비인간적인 자본주의의 현실은 여전합니다. 그리고 이러한 현실은 마땅히 타파되어야 합니다. 오늘날의 온갖 모순과 병폐, 소외를 극복하고 좀더 인간다운 사회를 이룬다는 희망은 결코 버릴 수 없는 우리들의 꿈입니다.

그러나 그 동안 수십 년에 걸쳐 실험해 온 사회주의 체제는 우리가 꿈꾸었던 사회가 아니었습니다. 그것은 소외된 자본주의 사회에 대한 진정한 대안이 되지 못했습니다. 사회주의는 그것이 비판했던 자본주의 사회의 문제점, 소외된 자본주의의 현실을 극복하지 못했습니다. 고정된 노동 분업 아래에서 노동자들의 기능이 일면화되고 기형화되는 노동 소외 문제는 사회주의에서도 여전했습니다. 경제와 정치 등 전 사회 영역에서 나타난 중앙 집중적 독재와 관료제 현상은 오히려 자본주의에서보다도 더욱 심화되었습니다. 민중들은 사회생활의 여러 영역에서 주체적으로 활동하기보다는 관리와 감시와 조작의 대상으로 다뤄졌습니다. 이런 면에서 민중들은 자본주의 사회에서보다도 더 종속되고 억압받아 자유롭지 못했다고 할 수 있습니다.

물론 시장 경제를 위한 상품 생산의 폐지가 상품화로 인한 인간 소외 현상을 현저히 약화시키는 등, 그 성과가 없었던 것은 아닙니다. 그러나 전반적으로 볼 때 사회주의 아래서 민중들은 자본주의 사회의 민중들에 비해 더 행복한 삶을 살았다고 할 수 없습니다. 또한 그들은 진정한 인간성을 실현하면서 더 인간다운 삶을 살았다고 할 수 없습니다. 오히려 그들은 자본주의보다 훨씬 더 엄격히 통제되는 관리 사회 속에서 큰 억압을 느꼈으며, 발달한 이웃 자본주의 국가들의 상대적인 풍요와 소비생활을 바라보면서 상대적인 박탈감을 느꼈습니다.

사회주의는 사적 소유와 자본주의적 시장 경제 제도를 폐지하고, 사회적 소유의 확립과 계획경제 체제의 수립과 같은 제도적 변혁만으로 자본주의 사회의 근본적 문제점들을 해결할 수 있으리라고 기대했습니다. 그렇기 때문에 사회주의는 가장 강력하고 효율적인 방식으로 이러한 제도 개혁을 단시일에 이룩하고자 했습니다. 사회주의 사회의 고도의 중앙 집중화와 관료제 현상은 바로 이 때문에 일어난 것입니다. 목표 달성이라는 효율성의 관점에서만 따진다면 관료제야말로 가장 우수한 제도입니다. 그러나 고도의 도구적 효율성만을 추구하는 체제에서는 필연적으로 민중의 주체적인 토론과 자발적인 참여가 결여되기 마련입니다.

사실 사회주의 혁명 초기의 소비에트 제도 같은 데에서는 상당히 활발한 토론과 민주적인 의사결정 과정이 있었습니다. 그러나 사회주의가 점차 민주적 과정보다는 효율적 목표 달성만을 강조하는 쪽으로 기울게 되자 소수에로의 권력 집중, 권위주의, 중앙 집중, 관료제 같은 현상들이 필연적으로 발생했습니다. 이런 점에서 사회주의는 너무 조급했다고 할 수 있습니다. 모든 사회 영역에서 현안이 되는 사업을 민중들이 충분히 토론하고 이해하여 합의점을 찾아내어 자발적으로 참여할 수 있도록 하는 민주적 과정이 생략된 채, 소수의 관리자들이 일방적으로 결정하고 이를 강요하는 비민주적 방식이 효율성의 이름으로 관행이 되어버렸습니다.

하버마스는 애초에는 근대인들이 추구했던 합리성 속에 포함되어 있었던 소통적 합리성이 갈수록 무시되고 도구적 합리성만이 추구되게 되었다는 사실이 서구 근대화의 큰 문제점임을 지적한 바 있습니다. 그가 말하는 소통적 합리성은, 간단히 말하자면 합리적 토론과 의견 교환을 통해 충분한 의사소통을 함으로써 서로간의 이해와 합의에 도달하는 합리성을 말합니다. 그런데 자본이나 권력의 효율성이라는 논리를 추구하는 경제나 정치 체제 등이 점차 모든 생활 영역을 장악하게 됨으로써 오늘날의 사회는 이러한 소통적 합리성을 상실하고 일면적인 도구적 합리성만이 지배하는 사회가 되었다는 것입니다. 그런데 하버마스의 이런 지적은 오늘날의 자본주의 사회에만 적용되는 말이 아니라, 지금까지의 현실 사회주의에도 똑같이 적용되는 말이라고 하겠습니다.

그러나 사회주의가 자본주의와 같이 공유하고 있었던 문제점은 이것만이 아니었습니다. 사실 사회주의는 자본주의를 맹렬히 비난했지만, 근원적으로 따져 보면 오히려 자본주의와 같은 가치관을 공유하고 있는 게 많았습니다. 이런 점에서 사회주의는 근대 자본주의 사회에 대한 철저한 비판을 수행하지 못했으며, 자본주의에 대한 진정한 대안이 되지 못했다고 할 수 있습니다. 사회주의는 자본주의 사회가 서 있는 근대적 지평을 넘어설 수 있는 진정으로 새로운 미래 사회의 전망을 제시하지 못했습니다. 그리고 이 점에서는 맑스도 예외가 아니었습니다.

맑스를 포함해서 지금까지의 사회주의가 자본주의와 똑같이 한계가 있는 근대적 가치를 공유하고 있었다는 것은 무엇보다도 이들 모두가 생산력 중심주의, 생산력 지상주의를 갖고 있었다는 점입니다. 자본주의와 마찬가지로 사회주의 역시 생산력의 발달이야말로 역사의 진보를 나타내는 것이라고 간주하고 전력을 다해 생산력의 발달을 추구했습니다. 앞서 얘기한 도구적 효율성의 추구라는 것도 사실 따지고 보면 주로 생산력 발달이라는 지상 명령을 수행하기 위한 것이었다고 할 수 있습니다. 자본주의와 사회주의는 모두 생산력의 발전을 통해 이룩한 풍요로운 물질문명이야말로 인간을 행복하게 해줄 수 있는 길이라고 믿었습니다. 이들 모두는 더 많고 다양한 욕망을 충족시키는 것이 풍요로운 인간성의 실현이며 행복한 삶이라고 여겼습니다. 이들은 다같이 무한정한 생산력의 발달이 초래할 문제점에 대한 충분한 의식이 없었습니다.

물론 맑스나 엥겔스가 이런 문제를 전혀 의식하지 못했던 것은 아닙니다. 맑스는 엄청난 생산력을 갖고 있는 자본주의가 그것을 진정한 인간의 발전을 위해 사용하지 못하고 있다는 점에서 비판을 했습니다. 또한 맑스와 엥겔스는 여러 곳에서 자본주의적 생산양식이 자연에 미치는 파괴적 영향에 대해 지적하고 있습니다. 그러나 이들은 역시 자본주의적 생산양식, 자본주의 체제의 문제라는 관점에서 생태계의 파괴를 문제 삼았을 뿐입니다. 이들은 엄청난 생산력의 발달 그 자체가 가질 수 있는 문제점에 대해서는 충분히 주의를 기울이지 못했습니다. 이들은 무한한 생산력 발달의 추구가 초래한 오늘날의 생태 위기와 같은 문제를 심각하게 다루지 못했습니다.

생산력의 발달이라는 점에서 자본주의는 어떤 체계보다도 효율적입니다. 그러나 인간에게 진정으로 필요한 것을 만드는 사용가치 위주의 생산이 아니라, 단지 이윤을 위해 상품 생산을 하는 자본주의는 매우 낭비적인 체계이기도 합니다. 그것은 이윤 획득을 위해 인간에게 그다지 필요하지도 않은 것을 만들고 그에 대한 소비를 부추김으로써 귀중한 지구의 자원을 낭비합니다. 인위적으로 조작되어 엄청나게 부풀려진 욕망을 충족시키려 하는 자본주의 사회의 소비주의적 생활양식이 지배하는 한 생태계의 파괴는 필연적입니다. 돈 되는 일이라면 무슨 일이든 하지만, 돈 안 되는 일은 어떤 것도 하지 않는 자본주의에서는 돈만 벌 수 있다면 생태계의 파괴쯤은 아무렇지도 않은 일이며, 돈이 되지 않는 한 생태계의 보호는 상관할 일이 아닙니다. 그러나 이런 상태가 지속된다면 머지 않아 지구 생태계는 반드시 파국을 맞이하게 될 것입니다. 어쩌면 자본주의의 붕괴는 사회 혁명에 의해서가 아니라 이것에 의해 이루어지게 될지도 모릅니다.

그런데 그 동안 사회주의 국가들에서도 자본주의 못지않게 심각한 생태계 파괴가 일어났다는 것은 누구나 잘 알고 있는 사실입니다. 이것은 자본주의와 마찬가지로 사회주의도 생산력의 발전을 무조건 바람직한 것으로 여기면서 추구한 고도 생산력 주의, 고도 산업주의가 빚어낸 필연적인 결과였습니다. 이렇게 볼 때 자본주의 체제가 존속하는 한 생태계의 파괴 문제는 근본적으로 치료하기 어렵다는 것이 분명하지만, 자본주의 체제의 변혁만으로 그 문제가 해결될 수 없다는 것도 분명합니다. 사회 체제와 상관없이 고도의 생산력을 가진 고도 산업사회를 무조건적으로 찬양하면서 추구하는 한, 이 문제는 결코 해결할 수 없습니다.

그런데 생산력의 발전을 무조건 좋은 것으로 여기는 생각의 밑바탕에는 좁은 인간중심주의가 깔려 있습니다. 동·식물을 비롯한 다른 모든 존재들에게는 신경 쓰지 않고 인간의 물질적 행복을 위해서 무한한 생산력의 발전만을 추구하는 생산력 지상주의는 인간만을 고귀한 존재로 여기는 편협한 인간중심주의에서 나옵니다. 일찍이 맑스는 그의 청년 시기에 자연의 일부로서 인간은 자연을 떠나 살 수 없으므로 자연과 조화로운 결합을 이루어야 한다는 소중한 통찰을 내보인바 있습니다.

> 인간이 자연을 생활의 근거로 삼는다는 것은 자연이 인간의 몸이며, 인간은 사멸하지 않기 위하여 항구적인 과정을 통해 이 몸과 더불어 존속할 수밖에 없다는 것을 뜻한다. 인간의 육체적·정신적 생활이 자연과 결합되어 있다는 것은 자연이 자기 자신과 결합되어 있다는 것 이외의 다른 의미를 갖지 않는다. 왜냐하면 인간은 자연의 일부이기 때문이다.[13]

그렇지만 그 후 그가 이러한 통찰을 충분히 발전시켰다고는 보기 어렵습니다. 사실은 '인간은 사회적 관계의 총체'라는 맑스의 인간 규정만 해도 이런 점을 드러내고 있습니다. 인간은 '사회적' 관계의 총체만은 아닙니다. 인간은 하늘과 땅과 바람과 물, 동물과 식물과의 관계 속에서만 존재합니다. 그런 의미에서 '인간은 사회적 관계의 총체'라는 말에서 '사회적'이란 수식어를 떼어버려야 합니다. 그러나 한 걸음 더 나아가 말하자면 인간만이 아니라 이 세계 속의 모든 것은 관계 속에서만 존재합니다. 저 홀로 존재할 수 있는 것은 이 세상에 아무것도 없습니다. 그렇기 때문에 사실 '모든 것은 관계의 총체'라고 하는 것이 가장 올바른 말일 것입니다.

인본주의자의 한 사람으로서 맑스는 자연을 인간의 생활 터전이자 인간에게 필요한 물자와 부의 원천으로서 소중히 여기고 아껴야 함을 주장했지만, 자연 그 자체를 존중해야만 하는 가치 있는 것으로 다루지는 못했습니다. 그리고 생산력의 발전만을 조급하게 추구한 그 후의 사회주의에서는 이러한 문제점이 더욱 두드러졌습니다. 지금까지 사회주의는 이 세계 속에 존재하는 모든 것들의 상호관계, 거기서 인간이 갖는 위치, 인간이 다른 존재들과 맺어야 하는 올바른 관계 등에 대한 더 넓은 우주적이고 존재론적이며 형이상학적인 전망을 갖고 있지 못했습니다. 그렇기 때문에 사회주의는 좁은 인간 중심주의에 갇혀 있는 자본주의적 근대성의 지평을 돌파하지 못했다고 할 수 있습니다.

맑스는 생산력의 발달이 새로운 욕구와 욕망을 창출하고 새로운 감성적 능력과 문화적 가능성을 일깨워 인간의 전면적 발달을 도울 수 있다고 보았습니다. 다만 그는 자본주의 사회가 충분히 그럴만한 생산력을 갖고 있음에도 불구하고 상품 판매를 위한 소비를 촉진하기 위해 인간의 욕망이나 감성을 심히 왜곡하고 있어서 그러한 가능성이 실현되지 못한다고 비판했습니다. 그러나 그는 오늘날 자본주의 사회 속에서 살고 있는 인간들이 어떤 욕망들을 어떻게 추구하고 있는 존재들인지, 그들이 어떠한 주체성을 가지고 어떻게 살아가고 있는 존재들인지에 대해 상세한 탐구를 행하지는 못했습니다. 한마디로 그는 현대인의 주체성과 욕망에 대해 충분한 검토를 행하지 못했습니다. 맑스는 암암리에 인간성과 인간의 왜곡을 불러일으키는 자본주의 제도를 변혁하기만 하면 이 문제도 해결되리라고 믿었다고 볼 수 있습니다.

그러나 앞에서도 지적한 것처럼 인간의 욕망과 감성, 삶의 양식과 같은 인간의 주체적인 측면은 단순히 객관적 제도의 변혁만으로 같이 바꿀 수 있는 것이 아닙니다. 그를 위해서는 근대 사회 속에서 형성된 현대인들이 갖고 있는 주체성이 어떤 모습인가, 그들은 어떤 욕망을 어떻게 추구하고 있는가, 그들은 어떤 삶의 양식에 따라 살아가고 있는가, 그러한 것 속에 들어 있는 문제점은 무엇인가 하는 것들에 대한 상세한 해부와 비판이 필요합니다. 아울러 그러한 분석과 비판을 바탕으로 우리가 진정으로 인간다운 삶을 살기 위해서는 어떠한 욕망을 어떻게 추구하면서 살아가야 하는지에 대한 전망을 제시할 수 있어야 합니다.

그런데 그 동안 사회주의는 인간의 욕망이나 감성, 삶의 양식과 같은 가치의 차원, 도덕 차원의 논의를 다분히 회피해 왔습니다. 그동안 사회주의는 과학성을 강조하면서 가치와 도덕에 관한 얘기를 이데올로기적인 것으로 간주해 물리쳐 왔습니다. 그러나 어떤 욕망을 어떻게 추구하면서, 무엇을 위해 어떻게 사는 것이 옳고 그른 것인가 하는 가치와 도덕에 관한 자각과 논의 없이는 우리의 삶을 변혁할 수 없습니다. 이러한 것 없이는 근대 사회 속에서 형성된 왜곡된 우리의 욕망구조와 주체성, 삶의 양식을 극복할 수 없습니다.

근대가 추구해 온 자유로운 주체라는 문제를 들어 보아도 그렇습니다. 푸코 같은 사람은 근대화의 환상 가운데 으뜸가는 것은 그것이 인간의 자율과 자유를 촉진했다고 하는 것이라고 합니다. 푸코는 오히려 근대적 주체는 여러 가지 규율하고 감시하는 근대적 제도와 권력에 의해 만들어진 자유롭지 못한 주체라고 간주합니다. 물론 그의 분석이 보여주는 것처럼 감옥이나 병원, 학교 등 사회 곳곳에서 강화된 감시와 관리와 조작 기술의 지배는 오늘날의 인간이 그다지 자유롭지 못함을 나타냅니다. 그럼에도 불구하고 다른 한편으로 근대의 역사는 신분적 속박을 비롯한 각종 억압에 대한 투쟁을 통해 개인의 자유를 획득하는 과정, 자율적 주체를 형성하는 과정이었다고도 할 수 있습니다. 실제로 근대화 과정에서 민중들은 투표권 같은 정치적 권리를 비롯한 많은 자유와 권리를 쟁취했습니다. 그러나 문제는 이렇게 점차 자유와 자율을 획득해 온 근대적 주체가 지향하는 삶의 방향과 가치였습니다.

인간을 속박하고 있던 여러 억압으로부터 풀려난 근대적 주체, 개인들이 추구한 것은 개인의 우월함과 경쟁에서의 승리 같은 것이었습니다. 신분과 같이 집단적으로 인간을 속박하고 있었던 사회적 억압으로부터 벗어난 개인들이 추구한 것은 더 이상 아무도 누구를 지배, 억압, 착취하지 않고 서로 돕고 사랑하는 그런 아름다운 세상이 아니었습니다. 그보다는 이제 아무런 구속도 없는 상태에서 마음껏 자기 자신의 욕망을 추구하면서 경쟁에서 남을 밟고 올라서 승리를 쟁취하려는 분리와 경쟁, 정복과 지배의 논리와 가치가 근대인이 추구한 것이었습니다.

이처럼 근대적 개인의 욕망과 주체성이 왜곡되어 왔다고 한다면, 막연히 개인의 자기실현을 가로막고 있다는 이유에서 자본주의를 비판하는 것은 문제가 될 수 있습니다. 물론 왜곡된 욕망과 근대적 주체성을 형성하는 데에는 무한 경쟁을 통해 개인의 이익만을 추구하려는 자본주의 체제가 지대한 영향을 끼쳤음에 틀림이 없습니다. 이 때문에 자본주의 사회의 변혁은 왜곡된 욕망과 주체성을 진정으로 인간적인 방향으로 바꾸는 중요한 발걸음이라 할 수 있습니다. 그러나 그것은 시작에 불과합니다. 중요한 것은 그와 더불어 현재 개인의 왜곡된 욕망과 주체성을 비판하고 진정 인간이 추구하고 실현할 만한 욕망과 주체성은 어떠한 것이며 그것을 어떻게 추구하고 실현해야 할 것인가를 진지하게 성찰하고 고민하는 것입니다.

그런데 그 동안의 사회주의는 지금까지와는 다른 올바른 인간 삶의 방향과 가치에 대한 전망을 제시하고 추구하지 못했습니다. 오히려 그것은 사회적 소유와 계획경제라는 다소 다른 제도 위에서 암암리에 자본주의와 같은 가치와 논리를 추구하면서 같은 방향에서 자본주의와 경쟁을 벌여왔다고 할 수 있습니다. 그러나 이 방향에서 사회주의는 자본주의보다 훨씬 비효율적이었기 때문에 실패하지 않을 수 없었습니다. 결국 지금까지의 사회주의는 우리가 추구할 만한 가치와 이상, 삶의 방향과 양식 같은 진정한 대안을 제시하지 못한 채, 똑같은 차원에서 자본주의와 경쟁을 벌이다가 패배해 몰락해 버리고 말았다고 할 수 있습니다.

(3) 근대의 지평을 넘어

사실 그동안 비인간적인 자본주의 체제를 변혁하고자 하는 수많은 사람들이 그 지향점과 모델로 삼아 온 것은 사회주의였습니다. 사회주의는 수많은 모순과 병폐를 안고 있는 자본주의 체제를 전면적이고 혁명적으로 변혁할 수 있는 하나의 대안으로 받아들여졌습니다. 1980년대부터 한국 사회의 기본 구조와 성격에 대한 체계적인 파악과 근본적이고 전면적인 사회 변혁을 꿈꾸었던 우리나라의 수많은 진보세력들도 이 점에서 마찬가지였습니다.

그러나 이렇게 자본주의 사회 변혁의 지향점이자 모델이었던 사회주의는 80년대 말부터 걷잡을 수 없이 급격히 붕괴되었습니다. 이렇게 되자 전 세계적으로 수많은 자본주의 사회의 변혁 운동 세력은 졸지에 지향점과 방향을 잃고 헤매는 처지가 되었습니다. 이런 상황은 수많은 사람들을 정신적 공황이라고 표현해도 좋을 만한 상태에 빠뜨리기도 했습니다. 많은 사람들이 갈 곳을 잃고, 이제 무엇을 어떻게 해야 할지 모른 채, 무기력하고 공허한 상태에 빠졌습니다. 그러나 다른 한편으로 이런 사태는 지금까지 실험해 온 사회주의라는 것이 실패하게 된 근본 요인들을 철저하게 검토하고, 새로운 변혁의 방향을 설정하고 새로운 변혁운동을 기획해야만 한다는 요구를 강력히 제기하기도 했습니다.

그 동안 사회주의는 자본주의 세력에 맞서는 대척점에 서 있었습니다. 그 때문에 자본주의 사회에 비판적인 진보세력들은 알게 모르게 현실 사회주의를 도달해야 할 이상으로만 미화하여 생각하고 그 체제를 무조건 모방하려는 경향을 띠게 되었습니다. 그러다 보니 이들은 사회주의가 안고 있는 수많은 문제점들을 도외시하는 잘못을 저질렀습니다. 사실 현실 사회주의는 하루아침에 붕괴된 것이 아닙니다. 어떤 사회 체제가 하루아침에 붕괴된다는 것이 도대체 어떻게 가능한 일이겠습니까? 현실 사회주의의 붕괴는 당연히 사회주의의 모순이 수십 년 동안 쌓여 오다가 폭발한 결과입니다.

이제는 사회주의 체제를 실패로 몰아넣은 문제점과 모순에 대한 철저한 성찰과 비판이 있어야 합니다. 변혁 운동의 도정에서 이제 더 이상 맹종해야 할 현실적 권위는 존재하지 않습니다. 이것은 이제야 말로 우리가 우리 스스로의 힘으로 홀로 서야함을 의미합니다. 이제 우리는 누구의 권위에 기대지 말고, 우리 스스로의 사고를 가지고 그 동안 맑스주의와 사회주의 체제와 운동이 포함하고 있었던 문제점들을 냉정히 성찰하고 비판하면서 새로운 사회 변혁의 방향과 방안을 모색해야만 합니다.

앞에서 우리는 수많은 병폐를 안고 있는 자본주의 사회구조가 근본적으로 바뀌지 않았음에도 불구하고 자본주의를 변혁하려던 사회주의 실험이 실패로 돌아간 이유와 기존의 사회주의 체제와 운동이 지닌 문제점을 살펴보았습니다. 그 결과로 이제 우리는 소외된 현실을 해부하고 이를 극복하려고 할 때, 맑스주의와 사회주의가 모든 것을 설명하고 포괄할 수 있는 단일한 기획이 되지 못함을 알 수 있습니다. 자본주의가 소외된 인간 삶의 중요한 요인 중의 하나로 작용하고 있는 한, 맑스주의와 사회주의는 여전히 자본주의 비판과 변혁운동으로서 큰 의미를 갖고 있습니다. 그러나 이제 우리는 그것을 상대화하여 더 큰 전망과 기획에 통합할 필요가 있습니다. 소외된 현실을 바꾸고 진정으로 인간다운 사회를 건설하여 인간다운 삶을 살아가기 위해서는 자본주의 제도의 변혁만으로는 부족합니다. 이를 위해서는 근대적 삶의 양식과 지평을 넘어서려는 운동, 나아가 자본주의도 포함하여 지금까지 인류 문명을 지배해 왔던 왜곡된 가치와 논리를 드러내고 타파하여 문명의 대전환을 이룩하려는 문명의 전환 운동이 필요합니다. 자본주의에 대한 맑스주의의 통찰과 비판은 이 거대한 운동 과정의 일부로서 포섭될 수 있습니다.

삶과 문명을 바꾸는 이 거대한 운동은 단시일에 그리고 한꺼번에 이룩될 수 있는 것이 아닙니다. 그것을 달성하는 데에는 많은 노력과 시간이 들어야 할 것입니다. 그리고 아마도 그것은 한 번의 혁명으로 이룰 수 있는 것이 아니라, 수많은 사회 영역과 삶의 장에서 일어나는 변혁들을 연결하는 방식을 통해서만 이룰 수 있을 것입니다. 우리는 조급함을 버리고 보다 장기적인 전망과 희망을 가져야만 합니다. 삶과 문명의 총체적 전환이라는 더 원대한 꿈을 꾸면서도 기대는 적게 가져야 합니다. 당장 성공을 가져올 수 있는 임박한 혁명과 같은 환상을 버리고 보다 겸허하게 조금씩 나아가야 합니다. 한꺼번에 모든 것을 얻으려 하다가는 그러한 시도가 실패했을 때, 허무주의와 냉소주의에 빠지기 십상입니다. 우리는 한 걸음씩 전진해 나가는 실천 과정 속에서 그 성과를 누리면서도 거기에 안주하지 않고 거기에서 활력을 얻어 원대한 희망의 실현을 향해 다시금 전진을 계속해 나가야 합니다. 그러기 위해서 이제 우리는 삶과 문명의 대전환을 이루기 위해 필요한 원대한 전망과 그것을 실현하기 위한 새로운 문명의 패러다임에 대해 탐색을 시작해야만 할 것입니다.

3부 불이사상과 미래문명

일체 세계가 터럭만한 것에 들어가고 터럭만한 것이 일체 세계에 들어가며, 일체 중생의 몸이 한 몸에 들어가고 한 몸이 일체 중생의 몸에 들어가며, 말할 수 없이 긴 겁이 한 생각에 한 생각이 말할 수 없이 긴 겁에 들어가며, … 일체 생각이 한 생각에 들어가고 한 생각이 일체 생각에 들어간다.

<화엄경>

불이의 세계로

1980년대 말 사회주의 국가들의 붕괴는 맑스주의 및 사회주의에 대한 반성과 사회 변혁의 전망에 대한 새로운 모색을 촉구했습니다. 그리고 이러한 상황은 아직도 계속되고 있다고 할 수 있습니다. 아직까지 우리는 사회주의 역사를 비판적으로 검토하고 그 위에서 사회 변혁의 새로운 전망을 제시할 수 있기에 충분한 지점에 도달했다고 하기 어렵습니다. 이를 위해서는 어쩌면 앞으로도 많은 시간이 필요할지도 모릅니다. 그렇다고 해서 언제까지나 어정쩡하게 망설이고 있을 수만도 없습니다. 우리를 둘러싸고 있는 오늘날의 상황은 그만큼 급박합니다. 오늘날 수많은 사람들이 겪고 있는 고통과, 인류는 물론 전 지구가 처해 있는 심각한 위기 상황은 우리에게 한시 바삐 대안과 대책을 마련하라고 재촉하고 있습니다.

그 동안 우리 사회의 소외된 현실에 눈뜨고 이를 변혁할 수 있는 길을 미력하나마 학문적으로 모색해 온 저 역시 이런 문제를 공유하고 있었습니다. 왜곡된 자본주의의 모순과 분단으로 인한 민족 모순 등으로 인해 고통받고 있는 이 땅 민중의 한 사람으로서 저 역시 근본적인 사회 변혁의 새로운 전망을 놓고 많은 고심을 했습니다. 그 동안 사회철학적 탐구의 주제로 삼아 매달려 왔던 맑스와 맑스주의, 그리고 사회주의에 대해 나름대로 근본적인 재검토도 수행했습니다. 아울러 지금까지 어떤 면에서는 상당히 좁았다고 할 수 있을 만큼 주로 사회철학적 주제에 집중해 왔던 시야를 상대적으로 소홀히 해 왔던 다른 분야로 넓히는 작업도 진행해 왔습니다.

소외된 현실을 변혁하고 진정으로 인간답게 살아갈 수 있는 길을 찾기 위해서는 사회의 제도적 측면에만 초점을 맞추는 좁은 의미의 사회철학의 지평을 넘어서야만 합니다. 우리가 사회를 떠나 살 수는 없으며 그렇기 때문에 사회의 문제, 사회의 모순을 해결하고 극복하기 위해 노력해야 한다는 것은 당연한 말입니다. 그러나 사회의 문제를 해결해서 우리는 결국 어떻게 살자는 것인가? 우리는 어떤 존재인가? 어떤 게 어째서 진정으로 인간에게 문제가 되는 것인가? 진정으로 인간적인 사회는 어떤 것인가? 모순투성이인 사회를 변혁해서 우리는 어떤 사회를 만들어야 하는가? 나는 타자들과 어떻게 관계를 맺어야 하는가? 새로운 사회가 도래했다고 했을 때 우리는 무엇을 위해서 어떻게 살아야 하는가? 나는 무엇을 원하는가? 나는 무엇을 원할 수 있고, 원해야 하는가? 물론 이런 질문이 사회적 차원과 분리될 수 있는 것이 아님은 틀림없습니다. 그렇지만 여기에는 역시 사회적 차원으로만 환원해 버릴 수는 없는, 더 근원적인 존재론적이고 인간론적인 문제들도 얽혀 있다고 할 수 있습니다.

현실 사회주의의 붕괴로 촉발된 맑스주의 및 사회주의에 대한 반성과 새로운 변혁의 모색은 이런 문제들을 근본적으로 다시 생각해 볼 수 있는 계기를 가져다 주었습니다. 그러나 세계와 인생에 관해 보다 근원적으로 성찰하고 그에 바탕해서 진정 인간다운 삶의 전망을 획득하고자 하는 관심과 노력이 순전히 이런 이유에서 시작된 것만은 아닙니다. 저는 '사회' 철학도이기 이전에 철학도였습니다. 철학도의 한 사람으로서 저는 언제나 이 세계 전체와 그 속에서 살고 있는 우리들의 존재와 그 의미에 관한 근원적 물음들로 고뇌해 왔습니다.

물론 학문으로서의 철학을 하게 되고 사회철학 방면으로 공부의 초점을 맞추게 되면서, 상대적으로 다른 방면에 대한 폭넓은 탐구가 소홀했던 것은 사실입니다. 그렇지만 그 가운데서도 저는 늘 좁은 의미의 사회철학적 차원으로만 환원할 수는 없는 세계와 인생에 관한 더 근원적이고 심원한 문제가 여전히 남아 있다고 느껴 왔습니다. 앞에서 저는 '고독한 실존'으로부터 사회로의, 실존철학에서 사회철학으로의 전회라는 개인적 체험을 얘기한 적이 있습니다. 그리고 그 때 '인간은 사회적 관계의 총체'이므로 실존적 삶에 관한 추상적 물음을 구체적인 사회적 물음으로 바꿔야만 한다고 생각했음을 얘기했습니다. 그렇지만 사실 사회철학적 탐구를 계속하면서도, 다른 한편 그것만으로는 충분히 답할 수 없는 형이상학적이라고 해도 좋을 만한 인생과 세계에 관한 더 심원한 존재론적 문제로도 여전히 고민해 왔습니다. 어쨌건 현실 사회주의의 붕괴가 촉발한 기존의 사회철학에 대한 반성이 세계와 인생에 관한 더욱 폭넓은 성찰과 탐구를 새삼 긴요한 것으로 만들었음은 틀림이 없습니다.

이러한 상황을 계기로 저는 사회주의 실험의 실패와 맑스주의의 문제점에 대해 비판적 반성을 하는 한편, 불교와 도가철학 등을 비롯한 동양의 사상들과 생태학을 비롯한 서양의 수많은 사상들을 제 나름대로 섭렵하면서, 그 속에서 현재 당면하고 있는 문제를 돌파할 수 있는 어떤 통찰을 얻어내려고 분투했습니다.

앞서도 얘기했듯이 일찍이 불교학교를 다닌 인연으로 불교를 비롯한 동양 사상에 대해서도 많은 관심을 갖고 있었고, 언젠가는 이쪽의 공부를 본격적으로 해보아야겠다는 생각도 있었습니다. 대학 시절 교과과정에도 동양철학 강좌들이 비교적 많아서 그 때부터 불교와 도가철학 등 동양의 심원한 여러 사상들을 접할 수 있는 기회가 많이 있었습니다. 어설픈 수준이긴 했지만 친구들과 학술 동아리를 만들어 주로 동양사상을 같이 공부하기도 했었습니다. 그러나 아직 여러 면에서 철학적 소양이 부족했던 당시에는 별다른 묘미를 얻지 못했고, 주된 관심이 사회철학적인 것으로 향하고 대학원 진학 후 전공이 나누어진 다음부터는 동양사상을 본격적으로 공부할 수 있는 시간이 별로 없었습니다.

그렇지만 사회 변혁의 전망과 실천 문제에서 궁지에 처하게 된 저로서는 무언가 새로운 전기가 필요했습니다. 무엇보다도 철학도로서 세계와 인생에 관해 지금까지 제가 품어왔던 것보다는 훨씬 폭넓고 심원한 세계관과 인생관이 필요했습니다. 새로운 세계와 인생의 전망과 실천의 방향을 제시해 줄 수 있는 인식의 대전환이 필요했습니다. 제가 동양사상에 대해 다시 눈을 돌리게 된 것도 바로 이런 사상적·실천적 맥락 속에서였습니다.

물론 저는 서양철학과 지리적으로 구분하여 동양철학이라고 불러온 것 자체에 대해 특별한 관심을 가진 것도 아니요, 동양사상 속에서만 새로운 인식을 얻을 수 있다고 생각하는 것도 아닙니다. 새로운 세계와 삶에 대한 전망을 열어줄 수 있는 통찰을 얻을 수 있다면 동서를 따질 이유는 전혀 없습니다. 다만 현재 우리가 살고 있는 현대 소비자본주의 사회와 고도의 물질문명 세계가 무엇보다도 서구의 발전 논리가 초래한 결과라고 한다면, 그 문제점을 극복하고 그로부터 대전환을 이룩할 수 있는 논리는 동양의 지혜 속에서 발견하기가 쉽지 않겠는가 하고 생각할 수는 있습니다.

이런 생각에서 화엄철학을 비롯한 대승불교와 선불교, 노자와 장자, 주역 등을 중심으로 한 여러 동양사상을 제 것으로 소화해 보려 했습니다. 아울러 서양 쪽에서도 물질 문명을 이끌어 온 기존의 이론이나 사상과는 전혀 다른 인식을 제공해 줄 수 있는 이론틀을 탐색하려고 했습니다. 또한 참선과 같은 개인적 수행과 나름의 생활상의 변화와 체험을 통해서 이론 방면에서의 새로운 인식의 전환만이 아니라 구체적인 삶의 태도와 방식의 전환도 모색해 왔습니다. 그러는 가운데서 저는 동서고금의 모든 위대한 가르침들을 관통할 수 있는 세계와 인간에 관한 보다 근원적인 통찰을 얻고, 그를 통해 새로운 사회 변혁과 인간다운 삶의 전망을 얻으려고 노력해 왔습니다.

그 결과 이제 제가 세계와 인생에 대한 근원적 통찰이라고 믿고 있는 '불이사상'에 눈뜨게 되었습니다. 이것은 이 우주 속에 있는 모든 것의 존재와 관계에 대한 근원적인 통찰입니다. 이것과 저것, 하나와 여럿, 있음과 없음, 우주와 나, 사회와 나, 너와 나, 삶과 죽음 등 이 세상 모든 것이 둘이 아니라는 생각입니다. 저는 이러한 불이사상이 인간을 포함한 이 세상 모든 존재에 대한 근본적인 존재론적 설명을 제공해 줄 뿐 아니라, 우리를 보다 평화롭고 행복한 새로운 세계로 이끌어갈 삶의 지침도 제공해 줄 수 있으리라 생각합니다. 불이사상이 모든 것을 해결해 줄 수 있는 만병통치약이라는 뜻은 물론 아닙니다. 다만 우리의 개인적 삶과 사회 제도, 더 나아가 우리의 문명 전체를 불이사상의 통찰이 제공해 주는 방향으로 변혁해 나갈 때 비로소 보다 평화롭고 행복한 세계를 열어나갈 수 있으리라는 것입니다.

이제 저는 오늘날 우리 인류가 처해 있는 위기 상황을 다시 냉정히 분석하고, 우리로 하여금 이러한 상황에 이르게 만든 논리와 가치를 드러내고, 어떻게 해서 불이사상이 이런 상황으로부터 빠져나올 수 있는 새로운 전망과 논리 및 가치를 제공해 줄 수 있는지를 얘기해 보려고 합니다.

1 현대 문명과 갈라진 세상

오늘날 우리 인류는 총체적 위기에 처해 있습니다. 인류를 비롯해 살아 있는 모든 것의 생존을 위협할 지경에 이른 생태계의 파괴, 여전한 세계 곳곳의 기아와 심화되는 빈부격차 및 실업 등의 경제적 어려움, 흉포해져 가는 폭력과 범죄의 증가, 격화되어 가기만 하는 경쟁 체제 속에서 쌓여 가는 스트레스와 긴장 그리고 소외감, 천박한 유물주의와 소비문화 속에서 느끼는 공허함과 무의미성 등등. 우리가 마주하고 있는 위기의 목록은 무수히 많습니다.

어떤 사람들은 물질 문명이 제공하는 달콤한 사탕발림에 현혹되어 오늘날 우리가 당면하고 있는 이러한 심각한 문제들을 느끼지 못하고 모든 것이 잘 되어 나가고 있다고 생각할는지도 모릅니다. 그러나 이런 사람들은 타자의 고통을 도외시하고 타자의 희생 위에서 자기만의 이득을 누리고 있는 소수의 기득권 세력의 일원이거나 현재 세계에서 벌어지고 있는 일들에 대해 무관심하거나 무지한 사람이라고 볼 수밖에 없습니다. 고통의 해결은 고통을 느끼고 인식하는 데서부터 출발합니다. 석가모니 부처의 위대한 깨달음과 중생 구제도 인생이 고라는 자각으로부터 시작되지 않았습니까? 우리가 물질주의적 쾌락이나 이기적 관심에 사로잡혀 우리 주변에 만연해 있는 고통의 신음소리에 대해 귀를 막는 한, 고통의 해결은 요원합니다. 그러나 오늘날 이 지구상에서는, 귀 어두운 자 아니라면 누구라도 수많은 고통의 신음소리를 들을 수 있습니다. 우리는 인류가 처해 있는 위기와 인류가 겪고 있는 고통을 뼈저리게 통감한 연후라야 비로소 그것을 극복하고 해결하려는 의지를 가질 수 있습니다.

(1) 인간과 자연의 분리

오늘날 인류를 포함한 지구 생태계 전체가 심각한 위험에 처해 있다는 것은 맹목적인 성장제일주의자가 아니라면 누구나 알 수 있는 분명한 사태입니다. 불교에서는 흔히 인간의 몸이 땅, 물, 불(에너지), 바람(공기)이라는 사대(四大)로 되어있다고 하는데, 무릇 지구상에 존재하는 것 치고 그렇지 않은 것이 어디 있겠습니까? 그런데 오늘날에는 지구상의 모든 존재의 근원이 되는 이들 사대(四大) 모두가 오염되거나 고갈되어 죽어가고 있으며, 그 때문에 결국 지구상의 모든 존재도 죽어가고 있습니다.

땅은 인간을 비롯한 모든 생명체의 삶의 원천이자 터전입니다. 그러나 오늘날에는 급격한 인구증가와 무분별한 개발에 따라 토지를 과도하게 이용하고, 수목을 함부로 베어 없애고, 농경지를 확대하는 과정에서 이 소중한 토양이 급격하게 유실되어 가고 있습니다. 최근의 유엔보고서에 의하면 이러한 토양 유실과 기후적 요인으로 전 세계적으로 해마다 6만㎢의 토지가 사막화되고 있으며, 세계 경작지의 3분의 1 정도가 토양 유실로 생산력이 감소하고 있다고 합니다. 그리고 이로 인해 엄청난 양의 비료와 농약 사용에도 불구하고 오늘날 지구상의 곡물 생산량은 감소 추세를 나타내고 있습니다.

유실되지 않은 토양이 아직 많이 남아 있다고 해도 문제는 심각합니다. 각종 생활 폐기물이나 산업 폐기물, 농경지에 살포되는 비료나 살충제 같은 화학물질, 빗물에 섞여 내리는 유독성 대기오염물질 등으로 인해 남아 있는 토양마저도 심각하게 오염되어 있기 때문입니다. 이처럼 유실되고 오염됨으로써 우리 삶의 터전인 땅은 죽어가고 있습니다.

　모든 생명의 근원인 물도 마찬가지입니다. 오늘날 세계에서는 물이 마르고 오염되어 인간을 비롯한 많은 생명체들이 마실 물조차 없는 고통을 겪고 있습니다. 유엔이 후원하는 '21세기 세계 물 위원회'가 2000년에 낸 보고서에 따르면, 세계 60억 인구 중 40억 명 가까이가 물이 모자라 고통을 겪고 있으며, 더러운 물을 사용함으로써 얻는 질병으로 날마다 5천여 명의 어린이가 숨지고 있습니다. 보고서는 또한 오는 2025년에는 지구 인구가 80억으로 늘어날 것이고, 앞으로 20여 년 동안에 세계의 물 수요가 약 40% 증가할 것이며, 여기에 늘어나는 인구를 위한 작물재배에 17% 이상의 물 수요가 늘어날 것이기 때문에 인류는 심각한 물 위기에 직면할 것이라고 경고합니다. 이미 전 세계에서 20여 개 국이 물 기근 국가로, 10여 개 국이 물 부족 국가로 분류되고 있고, 많은 나라들에서는 마실 물과 농업용수의 부족 등으로 심한 곤란을 겪고 있습니다. 유엔의 국제 인구행동연구소(PAI)에서 발표한 바에 따르면, 우리나라는 이미 1995년에 물 부족국가로 분류되고 있습니다. 앞으로 적극적으로 물 소비량을 줄이지 않는다면, 우리나라도 물 기근 국가로 전락할 위기에 처해 있습니다.

　수질오염도 물 부족 문제 못지 않게 심각합니다. 1999년 제7회 유엔환경계획(UNEP)이 발표한 보고서에 따르면, 세계에서 연간 530만 명이 오염된 물 때문에 숨지고 있습니다. 또한 수질오염으로 인해 어린이만 해도 8분당 1명 꼴로 숨지고 어종의 5분의 1이 멸종 위기에 처해 있으며, 개발도상국 인구의 절반을 비롯한 연간 33억 명이 오염된 물이나 물에 오염된 음식으로 콜레라·설사 등 질병에 감염되고 있습니다.

예로부터 우리나라는 물 좋기로 소문난 곳이었습니다. 제가 태어난 곳은 충청도의 한 산골 마을입니다. 지금도 그 곳에는 외할머니와 외삼촌 두 분이 살고 계셔서 자주 다니러 가곤 합니다. 그런데 그 곳의 김치 맛이 얼마나 시원하고 좋은지 말로는 도저히 설명할 수가 없습니다. 예전에 저는 그 맛이 외할머니의 김치 담그는 솜씨 탓이려니 하고만 생각했습니다. 그러나 그 뒤 그 곳에서 다른 사람이 담근 김치를 맛보고서 그 맛이 그 곳 물맛임을 알게 되었습니다. 예로부터 우리나라는 물 맛 좋기로 유명한 곳이었습니다. 그래서 옛날에는 우리나라 어디서나 그런 물로 담근 맛있는 김치를 먹을 수 있었습니다. 그러나 이제 우리나라에서는 웬 만큼 깊은 산골이 아니면 그런 맛을 도저히 볼 수가 없게 되었습니다. 온 나라의 물이 오염되어 마음놓고 먹을 물마저 부족한 판국에 이런 김치 맛 타령은 어쩌면 심한 타박을 받을 얘기나 아닌지 모르겠습니다.

우리나라의 경우 이미 4대 강을 비롯한 전국의 거의 모든 하천이 수돗물로 사용하기에 힘들 정도로 오염되어 있습니다. 이처럼 깨끗하지 못한 강물을 이용하는 수돗물에 대한 국민들의 불신은 이미 극에 달해 많은 사람들은 수돗물을 먹는 물로 사용하지 않습니다. 그러나 많은 사람들이 이용하는 지하수마저도 안전하지 못하기는 마찬가지입니다. 우리나라에서는 수자원의 마지막 보루라고 할 지하수마저 급속도로 오염되어 가고 있습니다. 어찌 강과 지하수뿐이겠습니까? 온갖 오염물질을 언제까지나 너그러이 받아줄 것 같던 그 넓은 바다도 이미 심각히 오염되어 몸살을 앓고 있습니다. 해양 오염 현상을 단적으로 보여주는 적조의 피해는 우리나라에서만 해마다 수백억 원대에 이르고 있는 형편입니다.

지구상의 인류는 지금까지 줄곧 불(에너지)을 사용해 왔습니다. 인류를 포함해서 지구상의 모든 생명체가 사용하는 에너지는 사실 태양으로부터 온 것입니다. 우리가 얻는 에너지는 햇빛을 받아들여 저장하는 식물로부터 옵니다. 오랫동안 인류는 나무라는 재생 가능한 에너지를 사용해 왔습니다. 그러나 석탄과 석유라는 거대한 에너지 저장 창고를 발견한 이래 인류는 수천만 년 내지 수억 년에 걸쳐 형성된 이 엄청난 에너지를 사용함으로써 현대 문명의 급속한 발전을 이룩해 왔습니다. 그런데 현대 문명이 기초하고 있는 이 화석연료가 급속도로 바닥나고 있다는 데 심각한 문제가 있습니다.

『우리 문명의 마지막 시간들』[14])의 저자인 톰 하트만에 따르면, 현재 전 세계 석유 매장량은 현재의 소비율을 기준으로 하여 앞으로 약 45년, 현재의 석유 소비율 증가를 고려에 넣는다면 불과 30년을 쓸 수 있을 정도밖에 되지 않습니다. 또한 지난 89년 이후에는 새로운 유전이 거의 발견되지 않고 있어서 인류는 곧 심각한 에너지 위기에 봉착할 것으로 보입니다. 그리고 석유 자원이 고갈되는 시점에 이르렀을 때 인류가 직면하게 될 상황은 상상하기조차 두려운 것이 될지 모릅니다. 그렇다고 해서 다른 지하 에너지 자원이 풍족하냐 하면 그것도 그렇지 못합니다. 많은 전문가들은 석탄이나 천연가스 등도 길게 잡아야 몇십 년에서 백 수십 년 정도 밖에는 쓸 수 없을 것이라고 보고 있습니다. 어떤 사람들은 원자력, 태양력, 조력, 풍력, 수소 에너지 등의 대체 에너지 개발로 얼마든지 문제를 해결해 나갈 수 있으리라고 낙관적 전망을 하기도 하지만, 그러한 에너지의 개발 자체를 위해서도 역시 엄청난 에너지와 비용이 든다는 점을 감안한다면 에너지 공급 전망은 그리 밝다고 할 수 없습니다. 결국 지금과 같은 엄청난 인구와 소비생활을 지탱하기에는 지구의 에너지 자원이 절대적으로 부족하다고 하지 않을 수 없습니다.

공기 오염도 심각합니다. 굳이 구체적인 수치를 들이대지 않더라고 우리가 체감하는 공기오염은 실로 심각합니다. 숨쉬기 힘든 도심의 공기, 평상시에는 안개가 낀 것처럼 뿌옇다가 비 온 뒤에나 잠깐 볼 수 있는 맑은 하늘, 이제는 너무나 보기 힘들어진 무지개 등, 주변에서 우리는 공기의 오염을 온 몸으로 느끼고 있습니다. 이전에 우리 모두가 누렸던 맑은 바람도, 밝은 햇빛도, 고운 별빛도 이제는 찾아보기 힘듭니다.

어렸을 적 고향 마을의 여름이면 우리는 동네 앞 냇물 위에 놓인 다리 둑으로 나가 여름밤의 그 싱그러운 바람을 맞으며 별구경을 하곤 했습니다. 살랑이며 살갗을 스치고 지나가던 그 부드럽고 청량한 바람의 감촉은 이루 말할 수 없이 감미로웠습니다. 다리 위에 자리를 펴고 하늘을 향해 반듯이 누워 가을에 가지가 찢어질 듯이 열려 있는 감들처럼 금방이라도 쏟아져 내릴 것 같은 수많은 별을 헤고 있노라면, 마치 내가 하늘로, 저 먼 미지의 별나라로 빠져 들어가는 듯한 환상적인 느낌에 젖어 들곤 했습니다. 그러나 이제 그 맑던 바람도 그 고운 별빛도 아련한 하나의 추억거리가 되고 말았습니다.

우리가 어렸을 적에는 무지개도 자주 볼 수 있었습니다. 비가 갠 뒤에는 으레 맑은 하늘에 그림 같은 무지개가 걸려 있곤 했습니다. 그러던 것이 언제부터인가 우리나라에서는 무지개를 보기가 몹시 힘들어졌습니다. 몇 년 전인가 퇴근길에 낙동강 너머 서쪽 하늘에 걸려 있는 무지개를 본 적이 있습니다. 오랜만에 보는 그 모습이 너무 좋아 가파른 언덕길을 뛰어 올라가 어머니께 무지개가 떴으니 빨리 나가 보시자고 손을 끌고 나와 보니 어느새 사라져 버렸던 적이 있습니다. 그 뒤로는 우리나라에서 내 눈으로 직접 무지개를 본 적이 없습니다.

그 무지개를 몇 년 전 여름에 친구와 함께 배낭 여행을 하던 몽골의 고비 사막에서 만난 적이 있었습니다. 더위에 시달리면서 끝없이 펼쳐진 메마른 초원 지대를 달려 한 게르 캠프에 도착했을 때입니다. 찬 음료를 사러 가려고 차를 멈췄을 때 갑자기 소나기가 내리기 시작하더니 음료를 사 가지고 나왔을 때는 벌써 비가 그쳐 있었습니다. 그 때 우리는 그 너른 들판 전체를 아치형으로 수놓은 환상적인 쌍무지개를 보았습니다. 친구와 나 그리고 몽골 안내인 세 사람은 20여 분이 넘게 그 광경을 넋을 잃고 바라보았습니다. 그 때 그 몽골 안내인은 무지개를 가리키며 '솔롱고'라고 하더니 또 우리를 가리키며 '솔롱고스'라고 몇 번이나 외쳤습니다. '솔롱고'는 무지개라는 뜻이고, '솔롱고스'는 무지개의 나라라는 뜻입니다. 몽골인들은 우리나라를 이처럼 아름다운 무지개의 나라라고 불러 주었습니다. 그런데 그 아름다운 무지개의 나라 '솔롱고스'에는 이제 무지개가 없습니다. 그 동안 우리는 조금 나아진 생활의 대가로 아름다운 것들을 너무나도 많이 상실해 버렸습니다.

수천 명의 목숨을 직접 앗아간 런던 스모그 사건이 상징적으로 나타내는 것처럼, 산업화 이래 인류는 스스로가 오염시킨 공기로 인해 도처에서 고통을 당해 왔습니다. 공기오염은 그 자체로 사망이나 질병 등의 직접적인 폐해를 가져올 뿐 아니라 지구 온난화, 산성비, 오존층의 파괴와 같은 것들을 초래함으로써도 커다란 문제를 불러일으킵니다.

우리는 지구가 얼마나 더워졌는지를 몸으로 직접 실감하고 있습니다. 어렸을 적 우리 고향에는 겨울이면 산과 들이 늘 눈으로 뒤덮이고 논에는 언제나 얼음이 꽁꽁 얼어 있었습니다. 그 때 겨울 추위는 지금과 비교가 되지 않을 정도로 매서웠습니다. 그래도 우리는 그 살을 에는 듯한 추위 속에서 동상에 걸리는 줄도 모른 채 하루종일 눈싸움이나 썰매타기를 즐기곤 했습니다. 그 덕분에 저 같은 경우에는 고등학교를 졸업할 때까지도 발과 귓불에 걸린 동상이 남아 있기도 했습니다. 그러나 요즈음 우리나라에서는 겨울에 그만한 추위를 찾아보기가 힘듭니다. 웬만해선 강이나 논에 얼음도 얼지 않고 눈도 예전에 비해 훨씬 적습니다. 부산을 비롯한 남부 지역이 더 이상 온대 기후가 아닌 아열대 기후로 바뀐 지도 이미 한참이 되었을 정도니, 우리나라에서 이처럼 지구온난화를 피부로 느끼는 것은 당연한 일입니다.

지구온난화가 미치는 영향으로는 해수면 상승과 이로 인한 해안 지대의 침수, 각종 질병의 창궐과 확산, 식량 생산의 감소, 불안정한 기후와 기상 이변, 사막화 추세의 가속화, 생물종의 다양성 감소 등 수없이 많습니다. 최근에는 우리나라에서도 계절마다 반복되는 이상 고온, 게릴라성 폭우나 지역적으로 나타나는 심한 한발 등과 같은 기상 이변을 경험하고 있지만, 오늘날 전 세계는 지구온난화로 인한 홍수, 가뭄, 태풍 등의 기상이변으로 인해 엄청난 피해를 겪고 있습니다. 또한 급속한 지구온난화는 육상생태계를 심각하게 교란하는 원인으로 작용하기도 합니다. 기온의 급격한 상승에 쉽게 적용할 수 없는 많은 식물들이 지구온난화에 따라 멸종하고 있으며, 그에 의존하는 동물들도 이에 영향을 받음으로써 지구의 생태계는 심각한 혼란에 직면하고 있습니다.

공기 오염은 산성비로 인한 피해를 불러일으키기도 합니다. 산성비는 토양을 오염시켜 땅에서 자라는 식물에게 피해를 주고, 삼림을 황폐화시키며, 하천이나 호수를 오염시켜 물고기를 떼죽음에 이르게 하는 등 수중 생물에도 엄청나게 파괴적인 영향을 미칩니다. 우리나라의 경우에도 서울 등 대도시의 산성비는 심각한 수준이어서 대책이 시급한 것으로 드러나고 있습니다.

또한 공기오염은 오존층을 파괴함으로써 또 다른 피해를 주기도 합니다. 공기오염으로 오존층이 파괴되면 지표면에 도달하는 자외선과 같은 유해광선의 양이 많아집니다. 이것은 엽록체를 파괴하여 농작물의 수확량을 감소시키고, 어류의 먹이인 플랑크톤을 감소시켜 해양생태계를 파괴하고, 피부암이나 백내장 등과 같은 질병들을 야기하고, 면역능력을 감퇴시키며 심지어는 유전자를 구성하는 디엔에이(DNA)를 변형시키고 파괴하기도 합니다. 그런데 오늘날 오존층의 파괴 현상은 심각할 정도로 계속되고 있습니다.

오늘날 지구상의 생물에게 심각한 위협이 되고 있는 또 다른 환경 문제로는 흔히 환경호르몬이라 부르는 내분비교란물질 문제가 있습니다. 내분비교란물질은 '생명체의 정상적인 호르몬 기능에 영향을 주는 화학물질'을 가리킵니다. 내분비교란물질은 우리가 흔히 사용하는 드라이크리닝 세제, 젖병 등의 플라스틱 제품, 전기제품의 피복제, 벽지 재료, 접착제, 컵라면 용기, 일부 화장품 등, 생활 구석구석까지 침투해 있습니다. 이러한 내분비교란물질이 인체에 흡수되면 심각한 이상을 야기하게 되는데, 생식기능의 저하, 성기의 변형, 행동의 변화 등이 대표적인 것입니다.

미국 환경호르몬 권위자인 테오 콜본 등이 공동 집필한 『도둑 맞은 미래』15)는 이런 내분비교란물질의 심각성에 대해 엄중한 경고를 하고 있습니다. 이 책에 따르면 환경호르몬은 먹이 사슬을 거슬러 올라갈 때마다 기하급수적으로 증가하여 체내에 축적됨으로써 치명적인 영향을 끼치게 됩니다. 그러므로 이들은 내분비교란물질에 의해 먹이 사슬의 꼭대기에 위치해 있는 수많은 동물과 인류가 종말을 맞을 수도 있다는 매우 섬뜩한 가설을 제시하기도 합니다.

이처럼 지구상의 모든 존재의 존재 근거인 땅, 물, 불, 바람을 비롯한 지구 환경의 총체적인 오염과 파괴, 그리고 계속되는 무분별한 개발로 인해 지구상에서는 수많은 생명체들이 이미 멸종했고 지금도 멸종해 가고 있습니다. 과학자들은 지난 6억 년 동안 지구에 출현한 생물종의 95% 이상이 이미 멸종했다고 추측하고 있습니다. 이 중에는 물론 자연적인 멸종도 많은 부분을 차지하고 있습니다. 그러나 문제는 인간의 환경 파괴로 인한 생물종의 멸종입니다. 인류가 열대 우림을 포함한 생물서식지들을 파괴함으로써 일으키는 멸종의 속도는 자연적 멸종의 속도보다 1천 배나 빠르다고 합니다. 현재 지구상에서는 무분별한 개발로 열대 우림이 급속히 사라지고 있습니다. 이런 속도라면 열대 우림은 21세기가 끝나기 전에 사라질 것이며 지구의 모든 생물 종 가운데 50%가 함께 멸종될 것이라고 합니다.

그 동안 인류는 자신들의 물질적 풍요를 위해 무분별한 개발과 성장을 추구해 왔습니다. 그 과정에서 인류는 자신을 낳아 길러 준 어머니인 자연을 정복과 지배의 대상으로 다루어 왔습니다. 본래는 둘이 아닌 자연과 인간을 둘로 나누고, 자연과 대립하면서 자연을 이용하고 착취하기만 했습니다. 그 결과가 바로 오늘날 인류의 생존은 물론 지구 생명체 모두의 존립을 위협하기에 이른 생태계의 파괴입니다. 이제 이러한 인간과 자연의 분리, 인간과 자연의 대립을 지양하여 인간과 자연의 화해와 공존을 모색하지 않는다면 우리에게 희망은 없습니다.

(2) 인간과 인간의 분리

빈곤, 기아, 실업

한편 사회적인 측면에서 우리의 삶은 어떻습니까? 일찍이 제레미 리프킨을 비롯한 많은 학자들은 전 세계에서 계속되는 빈부격차의 확대로 21세기는 20대 80의 사회가 될 것임을 경고한 바 있습니다. 그러나 톰 하트만에 따르면 실제로는 1980년대 말에 세계 인구 가운데 가장 부유한 20%가 전 세계 재화의 82%을 차지한 반면, 가장 가난한 20%는 1.4%만을 소유하고 있어 20대 80의 사회가 이미 도래했음을 증명하고 있습니다. 1990년부터 매년 인간개발보고서를 내고 있는 유엔개발계획의 1999년 보고서는 세계적인 빈부격차 문제에 심각한 경종을 울리고 있습니다. 보고서에 의하면, 세계화와 디지털 혁명이 진행되면서 국가 간 빈부격차가 크게 벌어지고 있습니다. 상위 20% 부자국가의 일인당 국민소득과 하위 20% 국가의 일인당 국민 소득이 1960년 30대 1에서 1990년엔 60대 1이 되었으며 1997년엔 74대 1로 그 차이가 더 벌어졌습니다.

국제적으로만 그런 것이 아닙니다. 세계 각 국의 국내 빈부격차도 날이 갈수록 커지고 있습니다. 세계 경제를 좌우하고 있는 미국의 경우만 해도 지난 90년대 말 상위 부유층 20%의 평균 소득은 하위 빈곤층 20%의 소득의 10배를 넘고 있으며, 정부가 정한 최저생계비에도 미치지 못하는 소득으로 살아가는 국민이 4천6백만 명으로 전체인구의 17%에 이른 것으로 알려져 있습니다. 사회주의 국가인 중국도 개혁개방정책 이후 주민들 사이의 빈부격차가 점점 심각해지고 있습니다. 우리나라의 경우에는 특히 아이엠에프(IMF) 체제 이후 빈부격차가 심각해지고 있습니다. 2000년도에 우리나라 상위 20%가 차지하는 소득은 하위 20%의 5.2배에 달해 97년 외환위기 직전의 4.5배보다 격차가 훨씬 심화된 것으로 나타났습니다.

이처럼 국제·국내적 빈부격차가 심화되고 있는 가운데, 지구상에서는 수많은 사람들이 기아로 고통을 받고 있습니다. 유엔식량농업기구(FAO)에 따르면, 전 세계의 곡물 생산량은 소비량을 초과하고 있음에도 불구하고 8억 명이 넘는 사람들이 기아선상에서 허덕이고 있으며, 연간 1천2백여 만 명이 굶주림으로 죽어가고 있습니다. 또한 현재 지구상에서는 전체 인구의 75%가 기아상태에 빠져 있는 소말리아를 비롯한 18개 아프리카 국가와 북한, 몽골, 아이티, 방글라데시 등의 여러 나라가 기아 문제로 심각한 곤란을 겪고 있습니다. 우리 동포들이 살고 있는 북한만 하더라도 지난 몇 년간 수많은 사람들이 식량부족으로 굶어 죽은 것으로 알려지고 있습니다.

전 세계에 만성적으로 구조화되어 있는 실업도 커다란 사회적 문제가 되고 있습니다. 지난 1998년도에 국제노동기구(ILO)는 전 세계의 실업자 수를 1억5천만 명에 달하는 것으로 추정하고 세계경제 위기의 영향으로 앞으로도 실업이 급격히 증가할 것으로 예상한 바 있습니다. 전 세계의 거의 모든 지역에서 실업 문제는 장기적이고 구조적인 사회 문제가 되고 있습니다. 발달한 선진제국들이 몰려 있는 유럽만 하더라도 지난 10여 년 가까이 평균 10%가 넘는 구조적인 만성 실업에 시달리고 있는 형편입니다. 우리나라의 경우에는 특히 아이엠에프 체제 이후 수백만 명이 일자리를 잃었고 지금도 실업자 수가 백만 명이 넘고 있으며, 일자리를 얻고자 하는 수많은 젊은이들이 졸업과 동시에 실업자로 내몰리고 있는 형편입니다. 거기다가 일하고 있는 노동자들마저도 절반이 훨씬 넘는 수가 신분이 불안정하고 대우가 형편없는 비정규직으로서 착취를 당하고 있습니다.

이처럼 전 세계에서 수많은 사람들이 굶어죽고, 실업자로 생활고를 겪는 가운데 빈부격차는 갈수록 심화되어 못 가진 자들의 불만은 터질 듯이 팽배해지고 있습니다. 그러나 다른 한편 가진 자들은 이런 것에 아랑곳없이 왜곡된 소비생활을 즐기고 있습니다. 더구나 이런 가운데서도 오늘날 전 세계에는 오직 승자(1등)만이 살아남을 수 있고 또 그래야 마땅하다는 경쟁 지상주의적인 신자유주의 논리가 지배하여, 모든 사람을 무한 경쟁체제 속으로 몰아대면서 가난하고 힘없는 사람들을 보호하기는커녕 오히려 무능력한 인간으로 매도하는 비인간적인 모습을 적나라하게 드러내고 있습니다.

소비문화의 발달

총체적으로 파괴되어 가는 생태계, 빈곤과 빈부격차와 실업 같은 경제적 어려움, 갈수록 격화되어 가는 경쟁체제 속에서 받는 정신적 육체적 긴장과 피로감, 공동체의 상실과 고도로 분업화된 노동, 산업화와 도시화 속에서 느끼는 소외감 등과 같이 냉혹하고 각박한 현실 속에서 현대인들은 인간적인 삶의 의미와 바람직한 삶의 방향을 상실한 채 방황하게 됩니다. 현대인들이 이런 상황에서 벗어나기 위한 돌파구로 택하는 것은 낭비적인 소비문화입니다.[16] 오늘날의 총체적 난국 속에서 많은 사람들은 그것과 맞서 진정으로 가치 있고 의미 있는 인간다운 삶의 양식과 방향을 모색하기보다는 지극히 낭비적인 소비문화가 제공하는 중독적인 즐거움에 탐닉하면서 현실의 괴로움이나 삶의 공허함과 무의미성을 잊어버리려는 헛된 시도에 몰두하게 됩니다.

소비문화의 발달에 대해서는, 입장의 차이에 따라 생산 부문의 발달이 그것을 주도했다고 보는 견해가 있는가 하면, 소비자가 능동적으로 추구하는 소비활동이 그것의 발달을 선도했다고 주장하는 사람도 있습니다. 또한 소비문화의 발달 시기에 대한 설명도 다양합니다. 그러나 우리는 이러한 견해 차이를 서로 배타적인 것으로 해석할 필요는 없습니다. 소비문화의 발달은 오히려 이들 여러 요인이 복합적으로 작용하여 여러 세기에 걸쳐 오랫동안 진행되어 온 과정이라고 보는 것이 옳습니다.

생산 부문의 역할을 강조하는 관점에 따르면, 소비문화의 발달은 자본주의적 상품 생산의 확대에 필연적으로 뒤따르는 것입니다. 자본은 속성상 시장을 확대하려는 경향을 갖고 있으며, 특히 상대적 잉여가치의 실현을 위해 인간의 소비욕구를 끊임없이 자극합니다. 대중적 소비문화가 발달하게 되는 것은 바로 이 때문입니다. 19~20세기에 자본주의의 생산 능력은 급속도로 발전했습니다. 그리고 이는 그에 상응하는 소비의 증대도 요구하게 되었습니다. 만약 그렇지 않으면 자본주의 체제는 위기를 맞게 됩니다. 이러한 문제를 해결하기 위해서 팽창하는 자본주의는 소비를 촉진하고 조장하는 소비문화를 창출해 내야만 했습니다.

생산력의 발전에 맞춰 소비 생활을 하도록 삶의 방식을 바꾸는 사회적 조절은 저절로 이루어지지 않습니다. 그것은 자본주의 사회가 부단히 노력해 이루어 낸 결과이며, 시간이 경과하고 상황이 바뀜에 따라 그 방식도 변화해 왔습니다. 20세기 초부터 지금까지 자본주의 사회의 재생산을 위해 작동해 온 사회적 조절양식은 조절학파의 이론에 따라 포디즘과 포스트포디즘으로 설명할 수 있습니다.

20세기 초에 출현해서 2차 세계대전 직후에 성숙한 자본주의의 지배적 축적 체제는 포디즘이었습니다. 포디즘은 컨베이어 벨트라는 일괄 작업대를 사용하여 유례 없이 강도 높은 노동을 통해 대량생산을 가능하게 함으로써 상대적 잉여가치의 증대를 가져와 지속적인 경제성장을 이룩했습니다. 또한 포디즘은 축적 체제를 안정적으로 발전시키기 위해 노동자에게 이전보다 상대적으로 많은 임금을 보장해 주고, 대량 소비를 유도했습니다. 그리고 이 때 대량 소비를 위한 소비심리를 불러일으키는 데 결정적인 역할을 한 것이 바로 광고였습니다.

1920년대 이후부터 라디오와 텔레비전 등 각종 대중 매체의 발달과 더불어 광고는 급속히 확산되었습니다. 이렇게 확산된 광고는 단지 특수한 상품을 선전하는 역할만 한 것은 아니었습니다. 요컨대 광고는 근본적으로 사람들의 생활양식을 소비 중심적인 것으로 유도하는 중요한 역할을 했습니다.[17] 그런데 포디즘에서 추구한 자본 축적의 중요한 두 근본 영역인 생산과 소비 영역이 안정적으로 접합될 수 있었던 것은 2차 세계대전 이후의 일입니다. 이 때 비로소 자본과 노동 기구 사이의 연합과 생산과 소비 영역 사이의 안정적 접합이 효과적으로 달성되어 지속적인 경제 성장이 가능해졌던 것입니다. 이때부터 1970년대 초까지 유례 없이 안정된 경제 성장이 이루어졌습니다.

한때 안정된 성장을 계속하던 자본주의 경제 체제는 1970년대 초부터 일련의 위기에 직면했는데, 그것은 바로 축적체제로서 포디즘의 위기였습니다. 1970년경부터 선진 자본주의 국가의 주요 산업 분야에서 이윤율 하락과 인플레이션 등 여러 가지 문제가 나타났으며, 여기에다 석유파동까지 겹쳐 포디즘 체제는 흔들리게 됩니다. 포디즘이 지닌 최대의 약점은 경직성 때문에 변화하는 환경에 신속하게 대응하지 못한다는 점이었습니다. 포디즘의 이러한 문제점을 해결하기 위해 새로이 등장한 축적체제가 바로 포스트포디즘이었습니다.

포스트포디즘 체제의 특징은 유연성입니다. 포스트포디즘의 유연한 축적체제는 포디즘의 경직성에 대응하고자 하는 것입니다. 이것은 노동과정·노동시장·제품·소비패턴 등의 유연성을 골자로 합니다.[18] 컴퓨터·로봇 등 새로운 생산기술이 도입되고, 새로운 조직형태가 등장함에 따라 생산의 회전시간이 엄청나게 단축되었습니다. 그러나 소비의 회전시간이 짧아지지 않는다면 생산의 회전시간이 아무리 빨라져도 소용이 없습니다. 따라서 발빠른 패션 변화, 필요 유발 기술의 동원, 문화적 변화 등을 유도함으로써 유연 축적은 소비 측면에서도 보조를 맞추게 되었습니다. 포스트포디즘의 새로운 소비 촉진 전략은 시장을 생활 스타일에 따라 잘게 나누어 공략하는 것입니다. 이는 취향·태도·생활 양식 등에 따라 소비자를 분류하거나 그런 것들을 매체를 통해 인위적으로 묶어 내어 소비를 촉진하는 방식을 취합니다. 이러한 방식으로 생산과 소비의 순환을 촉진하는 포스트포디즘은 오늘날 자본주의적 관계의 재생산을 가능케 하는 조절양식으로서 효과적으로 작용하고 있습니다.

이처럼 생산 부문의 주도적 역할을 강조하는 입장에서는, 이윤 획득을 위해 끊임없이 확대 재생산을 추구하는 자본주의가 체제의 안정적 재생산을 위해 여러 전략을 동원해 소비적인 생활 방식을 부추기고 유도함으로써 오늘날의 소비문화가 발달했다고 주장합니다.

그러나 이와 다른 입장에 서 있는 사람들은 소비자들의 적극적이고 능동적인 소비 행위가 현대의 소비문화를 발달시켰다고 주장합니다. '과시적 소비' 개념을 사용하는 베블렌이 그러한 입장을 대표합니다. 그에 따르면 유한 계급은 여가 활동에서 소비재의 사용을 통해 공공연히 그 지위를 증명하려 합니다. 즉 이 계급은 그들의 사회적 권위를 드러내기 위해 물질적 재화를 사용합니다. 그 이후 많은 이론가들은 여기서 더 나아가 지배적인 위치에 있는 계급뿐 아니라 중간 계급이나 하위 계급도 경쟁을 통해 지위를 과시하기 위한 소비 게임에 합류한다고 주장하게 되었습니다.

지위를 과시하기 위한 사회 집단들의 소비 게임에 대해서는 짐멜이 주장한 트리클다운 이론을 이용해 설명할 수 있습니다.[19] 이에 따르면 모방 원리를 따르는 하위집단은 상위집단의 소비 유형을 채용함으로써 새로운 지위를 확립하려 합니다. 그런 반면 차별 전략에 따르는 상위집단은 새로운 소비 유형을 채용하는 것으로 이에 대응합니다. 그들은 낡은 지위 표식을 하위 집단에 넘기고, 새로운 지위

표식을 선택합니다. 그러나 이것은 다시 하위집단의 모방을 불러일으킵니다. 이렇게 상위집단과 하위집단은 서로를 자극합니다. 그리고 그것이 무한히 계속되는 소비 유형 변화의 사이클을 확립하게 됩니다.

부르디외는 여러 사회 집단의 그와 같은 경쟁적 소비 활동에 대해 가장 상세하게 분석했습니다.[20] 그는 다양한 사회적 장에서 차지하고 있는 계급의 다양한 위치에 따라 각 계급 구성원들의 아비투스가 형성되고, 그들은 그에 따라 사회적 행위를 해나간다고 파악합니다. 아비투스는 일정한 집단에 속하는 사람들의 지속적인 습성과 성향을 의미합니다. 서로 다른 계급 분파에 속하는 사람들은 서로 다른 아비투스를 체득하고 있으며, 그에 따라 그들의 취향과 소비에 대한 선호 및 생활 양식은 각기 다릅니다. 그런데 각각의 계급 분파는 이러한 것을 자신의 계급적 지위를 유지하거나 상승시키는 데 이용합니다. 지배적인 상위 계급은 자신의 취향·소비 활동·생활 양식 등을 통해 자신을 다른 계급과 구분함으로써 자신의 지위를 유지하려 합니다. 반면 그보다 하위에 있는 계급은 상위 집단의 취향이나 소비 활동을 모방함으로써 지위 상승을 꾀하고, 자기보다 더 하위의 집단과는 자신을 구별하고자합니다.

부르디외는 이처럼 지위 경쟁을 위한 소비 활동에서 문화적 중간계급들이 특히 중요한 역할을 한다고 주장합니다. 그들은 주로 상징적 재화를 생산·판매·유포·서비스하는 일에 종사합니다. 그들은 그들이 주로 다루고 있는 상징적 재화와 문화적 재화를 사용하여 자신이 처해 있는 불안정한 계급 위치로부터 벗어나려고 하기 때문에, 다른 어떤 계급보다도 더욱 더 가시적이고 전시적인 소비활동을 하게 됩니다.

　소비자들의 능동적인 활동에 의해 소비문화가 발달했다는 주장은 생산 부문의 역할만을 강조하는 관점이 간과했던 소비문화의 촉진 요인에 주목할 수 있게 해준다는 점에서 의미가 큽니다. 그러나 이는 자칫하면 현대의 소비자를 과거로 투사하는 잘못을 범할 수도 있습니다. 일찍부터 소비자가 자발적으로 수많은 상품을 끊임없이 요구해 왔다고 가정하는 것은 현대 소비문화의 중심적 특징들이 이전부터 있었다고 가정하는 것과 다르지 않습니다. 또한 이는 자칫하면 현대 자본주의 사회에서 이윤 획득과 축적이라는 과제를 해결하기 위해 끊임없이 인위적인 소비욕망을 만들어 내고 소비적 생활 방식을 부추기는 막강한 자본의 영향력을 무시하고, 단지 소비자의 능동성만 강조하는 잘못에 빠질 수도 있습니다.

　이렇게 볼 때 결국 현대 소비문화의 발달은 어느 한 요인만으로는 설명할 수 없으며, 생산과 소비의 여러 측면이 복합적으로 작용하면서 오랜 기간에 걸쳐 형성된 것으로 간주하는 것이 타당할 것입니다. 따라서 오늘날 우리가 직면하고 있는 소비문화의 모습은 여러 세기에 걸쳐 다양한 요인의 영향을 받으면서 변화해 온 것으로 보아야 할 것입니다.

소비문화와 현대인의 주체성

현대인들이 탐닉하는 오늘날의 소비문화는 끊임없이 확대 재생산을 요구하는 자본주의의 논리, 과시적 소비를 통해 계급간의 지위 경쟁에서 유리한 고지를 획득하고 유지하려는 여러 계급의 전략, 소외된 현실 속에서 별달리 진정한 자아 실현의 기회를 찾을 수 없는 사람들이 소비 활동에 몰두하게 되는 상황 등이 한데 어우러져 만들어 낸 결과입니다. 그 때문에 현대 소비문화에는 자연히 그러한 요인들의 작용이 반영됩니다.

오늘날 소비문화가 갖는 가장 큰 특징은 무엇보다도 그것이 자본주의 문화라는 것입니다. 자본주의 사회에서 소비는 상품 소비라는 형태를 취하며, 시장을 통해 이루어집니다. 사람들은 일반적으로 오직 시장에서 소비자에게 팔기 위해 생산된 재화와 서비스를 소비합니다. 그리고 이런 소비문화가 갖는 특색 가운데 하나는 우리가 우리의 고유하고 근원적인 욕망의 충족과 상관없이 교환가치의 획득을 위해 생산된 상품을 유도된 욕망에 따라 끊임없이 소비한다는 것입니다. 이윤 극대화를 추구하는 자본주의 논리는 되도록 시장을 넓히는 데 유리한 상품을 생산하고 판매하려 합니다. 이러한 자본의 논리에 가장 적합한 소비 유형은 개인적·사적·수동적이며, 소외된 유형[21]이기 때문에 현대의 소비문화는 점점 이런 방향으로 전개되어 갑니다.

현대 소비문화의 또 다른 특징 중의 하나는 지위를 위한 소비 또는 경쟁적 소비입니다. 오늘날 사회적 정체성은 개인이 스스로 만들어 가야 합니다. 왜냐하면 그것은 더 이상 옛날처럼 소속된 신분이나 집단에 의해 개인에게 주어지거나 고정되어 있지 않기 때문입니다. 이러한 상황 아래서 소비는 지위와 정체성을 확립하고 표현하는 데 결정적입니다. 오늘날 어떤 사람의 소비 양식은 그 사람의 사회적 지위를 전시하는 것으로 이해되며, 재화에 대한 그 사람의 열망은 더 높은 지위를 가진 집단의 소비 양식을 모방하려는 열망으로 이해됩니다. 재화는 그 의미 때문에 사회적 상향 이동, 사회적 구성원 의식, 사회적 배제 등을 위한 도구입니다. 그 기본 성질은 '구별짓기'입니다.[22] 그런데 재화가 주로 상징으로서 작용하고 모든 사람이 집단 내에서 다른 사람과 자신을 구분하거나 다른 집단 구성원과 자신을 구분하기 위해 재화를 사용한다면, 원칙적으로 소비에는 아무런 한계도 없습니다. 여기에서는 어떠한 소비도 궁극적인 것일 수 없습니다. 지위를 경쟁적으로 유지해야만 하기 때문에 지위를 유지하고자 하는 욕망은 완결될 수 없습니다. 따라서 여기에서는 생활 양식의 끊임없는 변화와 새로운 소비재 추구가 계속될 수밖에 없습니다.

새로운 소비재에 대한 물릴 줄 모르는 추구가 현대 소비문화의 또 다른 특징입니다. 현대 소비문화를 이끄는 원동력은 결코 만족할 줄 모르는 쾌락주의적 욕망, 새로움과 변화에 대한 끊임없는 요구입니다. 자본의 논리에 따라서든 경쟁의 논리에 따라서든 일단 어떤 소비재를 구입하여 사용하게 되면, 그것은 그에 어울리는 또 다른 소비재의 구입과 사용을 강제하는 경향을 갖습니다. 이에 따라 사람들은 그에 어울리는 소비재를 구입하게 되고, 이것은 또 다시 또 다른 소비재의 구입을 유도하게 됩니다. 이러한 과정을 통해 현대의 소비문화는 결코 만족할 줄 모르는 끝없는 상승적 소비 운동으로 나타납니다. 그 속에서 살아가는 현대인은 언제나 충만한 행복감을 느끼지 못하고, 더 많은 소비가 약속하는 새로운 즐거움을 찾아 나서게 되지만 또 다시 실망하는 악순환을 계속할 뿐입니다.

또한 현대의 소비생활은 다양하고 급격하게 변화하는 이미지와 스타일 중심의 문화 상품을 소비한다는 특징을 두드러지게 나타냅니다. 그런 의미에서 현대의 소비문화는 깊이를 상실한 채 표면과 외관을 찬양하고, 파편화된 경험의 직접성·일회성·강렬함 등을 추구하는 정신 분열적인 문화입니다. 이는 조금이라도 낡은 것은 가치 없는 것으로 가차없이 폐기처분하고, 끊임없이 새로운 것만을 추구하는 광란적인 질주의 문화라고 할 수 있습니다.

이상과 같은 여러 특징을 갖고 있는 현대의 소비문화를 한마디로 표현하자면 그것은 곧 '소비의 문화'입니다. 이 말은 정체성·희망·가치·의미 등, 현대인의 삶의 모든 것이 각자가 하고 있는 일이나 맡은 역할과 같은 사회적 차원들보다는 소비에 의해 규정된다는 것을 표현하고 있습니다. 즉 그것은 인간의 모습과 삶이 총체적으로 소비 생활에 의해 규정되고 있음을 가리키는 것입니다. 그런 의미에서 오늘날의 문화는 총체적인 소비문화라고 할 수 있습니다.

이러한 소비사회·소비문화의 발달과 더불어 현대인의 주체성은 점점 더 소비주의적으로 되어가고, 삶 역시 점점 더 소비주의적으로 변했습니다. 그러므로 현대인의 주체성이 나타내는 가장 뚜렷한 특징은 소비주의적인 것이라 할 수 있습니다. 그리고 이러한 소비주의적 정체성으로 인해 현대인은 인생의 모든 문제를 상품의 구매와 소비로 해결하려는 소비주의적 삶의 방식을 취하게 됩니다.[23] 이제 현대인은 삶의 모든 기쁨·사랑·정열·흥분 등을 상품의 소비를 통해서만 체험하게 됩니다.

소비주의적 주체는 내적이고 윤리적인 가치나 인격적 특질이라는 관점에서 이해되는 자기 정체성 감각에서 벗어나 점점 더 소비활동을 통해 드러나는 이미지·외관·스타일 중심의 자기 정체성 감각을 갖게 됩니다. 자본주의에 의해 형성된 거대 도시라는 상황도 이러한 이미지와 스타일 중심의 소비 생활을 중요하게 만드는 배경으로 작용합니다. 이렇게 해서 결국 소비 자본주의의 동력학, 소비문화의 영향력, 그리고 도시라는 삶의 환경이 현대인들로 하여금 피상적인 인상과 이미지로 이루어진 자아상을 중시하고, 그에 집착하도록 만드는 것입니다. 이제 중요한 것은 훌륭한 인격이나 능력 또는 아름다운 마음씨가 아니라 남에게 보이는 이미지입니다. 이처럼 이미지를 중시하는 현대인은 타인에 비추어 자신을 잴 뿐 아니라 타인의 눈을 통해 자신을 봅니다. 이러한 타자 지향적인 현대인의 주체성은 타자의 견해를 채택하고 내면화하여 구성되는 자아입니다.

그런데 역설적이게도 끊임없이 타인의 시선에 매달리는 타자 지향적 자아는 동시에 자기에 집착하는 '자기 도취적 자아'이기도 합니다.[24] 소비 활동을 통해 드러나는 이미지와 스타일로 타인의 승인과 갈채를 받는 개인은 그러한 자신의 외관과 이미지에 도취됩니다. 그는 바깥 현실과의 객관적인 관계나 진정한 소통에는 관심이 없고, 오로지 타자의 선망의 대상이 되는 자신의 모습에만 극도로 몰두하고 집착할 뿐입니다. 그런 현대인은 더 이상 역사적이고 사회적인 문제들에 대해서는 관심을 기울이지 않습니다. 그 대신 사회 역사적 실천으로부터 물러나 순전히 개인적인 생존과 생활에만 전념하며, 현재의 순간적 쾌락을 추구하며 살아갑니다.

다른 어떤 것에 대해서도 무감각하고 무감동하면서, 자기 자신에게만 사로 잡혀 있는 자아 도취적 주체는 오직 자신의 쾌락만을 추구하게 됩니다. 이러한 주체는 인간적인 목표나 전망을 상실한 채 현재의 순간적인 쾌락만을 추구하는 쾌락주의적 삶의 양식을 좇습니다. 그런데 근원적인 인생의 목표나 가치와 같은 더 넓은 전망과의 연관을 상실한 채 추구하는 쾌락은 필연적으로 순간적이고 파편적인 것일 수밖에 없습니다. 그러므로 현대의 쾌락주의적 주체는 이상적 목표나 가치를 지속적으로 일관되게 추구하는 것이 아니라, 감각적 경험이 주는 쾌락의 직접성·순간적임·강렬함을 좇아 끊임없이 움직이는 파편화된 분열증적 주체가 됩니다.

경우에 따라서 소비는 인간의 능력을 증대시키고 진정한 인간의 욕구를 충족시키는 합리적 활동이며 삶을 고양하는 활동일 수도 있습니다. 그러나 다른 한편으로는 상품의 사용과 향유로서의 '소비'와, 소비재의 소유와 사용에 전념하는 삶의 방식으로서 '소비주의'도 구분해야 합니다. 삶의 방식으로서 소비주의는 상품 물신성의 희생물일 뿐입니다. 오늘날 소비문화 속에서 현대인은 나름대로 더 가치 있고 의미 있다고 여기는 것들을 실천을 통해서 성취하는 것이 아니라, 소비용품을 소비함으로써 타인과 다르거나 비슷한 삶을 영위하려고 합니다. 이런 상황에서 사람들은 진정으로 바람직한 생활에서 오는 만족을 얻는 것이 아니라 상대적인 부와 그로부터 생기는 만족감에 사로잡힙니다. 그러므로 소비문화는 끊임없이 더 많은 욕구를 만들어 내고, 개인을 영원히 만족할 줄 모르는 욕망의 구렁텅이 속으로 밀어 넣습니다.

사실 근대 자본주의가 성립한 이후 인간들은 무한정한 이윤 획득, 무한 경쟁에서의 승리, 자연과 타인에 대한 완전한 지배 등을 추구해 왔습니다. 그러나 이는 진정으로 가치 있고 의미 있고 보람 있는 일을 성취하고, 서로 돕고 사랑함으로써 인간다운 삶을 영위해 나가려는 주체성과는 거리가 먼 것이었습니다. 그런데 오늘날에는 엄청나게 발달한 소비 자본주의가 인생의 모든 문제를 상품의 선택과 소비 문제로 바꾸도록 유도함으로써 진정한 인간적 주체성의 정립과 실현을 더욱 어렵게 만들고 있습니다. 소비 자본주의 구조 속에서 현대인은 진정한 주체성과 창조성을 상실하고 점점 더 소비주의적으로 살아가고 있으며, 표면적인 이미지와 스타일 중심의 자아상과 자기 도취적 자아에 사로잡히고, 끊임없이 순간적인 쾌락을 좇아 달려가는 파편화된 분열증적 삶을 살아가고 있습니다.

현재 우리가 직면하고 있는 이 모든 위기(생태계의 위기, 사회적 위기, 인간 삶과 주체성의 위기)는 결국 우리의 현대 문명이 낳은 필연적인 귀결입니다. 이 모든 것은 우연히 나타난 것이 아닙니다. 그것은 지금껏 우리가 추구해 온 논리와 가치가 필연적으로 가져올 수밖에 없었던 것들입니다. 그런데 이 모든 것의 밑바닥에 깔려 있는 가장 근본적인 논리는 나와 타자를 분리하여 나와 타자는 본래 필연적으로 결합해 있는 것이 아니기 때문에 서로 경쟁할 수밖에 없는 존재이며, 그렇기 때문에 어떻게 타자를 누르고 승리를 쟁취할 수 있는가 하는 것만이 문제라는 분리와 경쟁과 정복과 지배의 논리입니다. 현대 문명을 막다른 위기 상황으로 몰아온 것은 바로 이러한 현대 문명의 논리와 가치관입니다.

현대 문명의 건설과정에서 인류는 자연과 타인을 자신과 동떨어져 있는 자신의 대상으로, 자신의 생존과 이익을 위한 정복과 지배의 대상으로 다뤄 왔습니다. 인류가 자연을 정복과 지배의 대상으로 착취해 온 결과가 바로 우리를 포함한 생태계의 총체적 파괴입니다. 인류가 타인을 이기고 지배하기 위해 투쟁해 온 결과가 바로 지금도 계속되고 있는 기아와 실업과 빈부격차, 되풀이되는 폭력과 전쟁과 범죄입니다. 현대 자본주의 문명의 상징이랄 수 있는 세계무역센터 쌍둥이 빌딩이 폭력 테러에 의해 허망하게 붕괴된 것을 보십시오. 이는 가장 부유하면서도 더 많은 이익을 차지하기 위해 다른 나라들을 악착같이 지배하려는 강대국의 패권주의적 지배 논리와 잘못된 폭력적 방법으로 그것을 깨트리려는 폭력 테러리즘이 초래한 가공할 결과입니다. 또한 진정으로 인간적인 삶과는 거리가 먼 지극히 낭비적이고 과시적인 소비문화와 현대인의 삶도, 타인과 자신을 구별짓고 자신을 뽐내려는 경쟁과 지배 논리가 초래한 왜곡된 모습입니다.

그러나 이제 우리는 이러한 현대 문명이 파국에 이르렀음을 보고 있습니다. 우리가 보고 있는 현대의 위기는 '우리 문명의 마지막 시간'이 도래했음을 알리고 있으며, 우리가 거대한 '전환점'에 서 있음을 말해주고 있습니다. 오늘 우리는 극적인 문명의 전환을 필요로 하고 있습니다. 만약 우리가 이러한 극적 전환을 이루지 못한다면 우리의 문명은 지구상에서, 아니 어쩌면 지구와 더불어 영원히 사라지고 말지도 모릅니다. 과연 인류에게 새로운 미래의 문명이 가능할 것인가는 우리가 파국으로 이끌어 온 현대 문명을 극복할 수 있는 새로운 문명의 패러다임을 발견하고 그것을 실천해 나갈 수 있는가 하는 것에 달려 있습니다. 이것이 우리가 '미래문명'에 대해 얘기하게 되는 이유입니다.

2 새로운 패러다임 : 불이사상

(1) '하나'와 '여럿'은 둘이 아니다

현대 문명을 파국으로 몰아온 분리·경쟁·정복·지배의 논리를 극복하고 새로운 미래문명을 건설하기 위한 패러다임을 우리는 '둘이 아님'이라는 불이사상(不二思想)에서 발견할 수 있습니다. 불이사상은 이 우주 속에 있는 모든 것의 관계에 대한 근원적인 통찰입니다. 불이사상은 이것과 저것, 하나와 여럿, 있음과 없음, 우주와 나, 자연과 나, 사회와 나, 너와 나, 삶과 죽음 등 이 세상 모든 것이 둘이 아니라는 통찰에 기초해서 공생과 상생의 문명을 건설해 나가기 위한 새로운 패러다임을 제공해 줍니다.

앞에서 얘기한 것처럼 일찍이 저는 실존과 인생의 문제로 고심하다가 우리의 삶을 규정하고 있는 사회 현실을 분석하고 비판하면서 더 나은 삶의 방향과 방안을 모색하는 작업에 몰두해 왔습니다. 그 과정에서 결국 오늘날 우리 사회와 문명이 처해 있는 비참하고 위험하며 비인간적인 상황을 벗어나 평화롭고 아름다운 새 세상을 열어가기 위한 논리는 불이사상에 있다는 생각에 이르렀습니다. 이 불이사상에 도달함으로써 자신의 철학을 수립하기 위해 분투하는 한 사람의 철학도로서 저는 비로소 감히 제 나름으로 세계와 인생을 볼 수 있는 틀을 마련했다고 말할 수 있습니다. 이 때부터 저는 '둘이 아님'이라는 이 불이사상을 세계와 인생에 관한 모든 문제를 해명하고 풀어나가는 인식과 실천의 틀로 삼고 있습니다.

시건방지게 불이사상이 나만의 것이라고 말할 생각은 전혀 없습니다. 동서고금의 위대한 가르침들과의 만남이 없었다면, 수많은 위대한 스승들과의 정신적 교류와 소통이 없었다면, 분명 이러한 생각을 얻을 수는 없었을 것입니다. 그래도 물론 불이사상은 수많은 스승들의 가르침 속에서 받아들인 자양분을 내 나름대로 소화하고 체화하여 나 자신의 인식과 실천의 틀로 만든 것임에는 틀림없습니다. 그런 의미에서 불이사상도 역시 그러한 가르침들과 둘이 아니라 할 수 있겠습니다. 그렇기 때문에 저는 '둘이 아님'이라는 생각을 동서고금의 수많은 심원한 철학적·종교적인 사상이나 가치관 또는 많은 현자들의 삶 속에서 끄집어내어 풀어 보이려 합니다. 그리고 그 가운데서 불이사상이 함축하고 있는 거대한 문명사적인 의미를 드러내 보이고자 합니다.

둘이 아닌 장엄한 화엄세계

이 세계 속에 오직 하나의 것만이 존재한다면 아무런 사건도, 아무런 문제도 생겨나지 않습니다. 이 세상의 모든 사건과 문제는 인간과 자연의 관계, 나와 타인들의 관계처럼 이것과 저것의 관계, 이(또는 저) 하나와 다른 여럿의 관계에서 발생합니다. 따라서 철학의 근본 문제는 이것과 저것, 하나와 여럿의 관계 문제입니다. 흔히 철학의 근본 문제라고 얘기하는 물질과 정신의 문제, 유물론이냐 관념론이냐 하는 문제도 실은 그 한 부분에 지나지 않습니다. 그런데 우리는 이것과 저것의 관계, 하나와 여럿의 관계를 근본적으로 불이(不二)적이라 할 수 있습니다. 이것을 우리는 일다불이(一多不二, 하나와 여럿은 둘이 아님), 불일불이(不一不二, 하나도 아니요, 둘도 아님), 불일불이(不一不異, 하나도 아니요 다르지도 않음) 등 여러 가지로 표현할 수 있습니다. 그리고 이것을 한마디로 하자면 불이(不二)라고 할 수 있습니다.

　불이(不二)라는 말은 '둘이 아님'이라는 뜻입니다. 이 세상 모든 것의 관계, 이것과 저것, 이것과 다른 것들의 관계는 그것들을 하나라고 할 수도 없고 둘이라고 할 수도 없으므로 불이라고 표현할 수밖에 없는 그런 관계입니다. 무릇 이 세상에 존재하는 모든 것은 저 혼자 독립적으로 존재할 수 없습니다. 모든 것은 다른 것들과 맺는 관계의 그물망 속에서만 존재할 수 있습니다. 이 세상 모든 것은 관계의 총체입니다. 저 들판에 피어 있는 아름다운 꽃 한 송이를 생각해 보십시오. 그 꽃은 땅 속의 자양분과 물 없이는 살 수 없습니다. 그 꽃은 아득히 떨어져 있는 저 태양이 없다면, 신선한 공기를 불어 넣어주는 바람이 없다면, 그렇게 아름답게 존재할 수 없습니다. 이 세상 모든 것, 돌멩이 하나, 들꽃 한 송이, 우리들 자신, 더 나아가 이 지구와 태양, 그 어떤 우주 공간의 까마득한 별조차도 그 어떤 것들로부터 형성되있고 어떤 것들과의 관계 속에서만 존재하고 있습니다. 따라서 이 세상 모든 것의 관계는 이것이 있으므로 저것이 있고, 저것이 있으므로 이것이 있는 상호의존적 관계라고 할 수 있습니다. 그렇기 때문에 불교에서는 이 세계를 연기의 세계라고 부릅니다. 그런데 어떤 것들이 서로 간의 관계 속에서만 존재한다면 그것들은 서로 다르지 않으면서도 동시에 또한 같지도 않아야 합니다. 만약 그것들이 전혀 다른 것들이라면 서로 관계를 맺으면서 존재할 수 없습니다. 물리적인 관계를 맺으려면 관계를 맺는 것들이 다같이 물리적 성질을 지니고 있어야 합니다. 서로 사랑하거나 미워하는 등 정신적 관계를 맺으려면 관계 당사자들이 다같이 그런 정신적 능력을 공유하고 있어야 합니다. 그게 어떤 것이든 서로 관계를 맺으려면, 관계를 맺을 수 있는 접점, 즉 같은 점이 있어야만 합니다. 따라서 그것들은 서로 전혀 다른 둘이 아닙니다. 만약 둘이라고 하면 그것들이 서로 다르지 않음을 표현할 수가 없습니다. 그러나 그렇다고 해서 그것들이 서로 완전히 같은 것이라면 애당초 이것과 저것의 구분도 없고 아무런 관계도 있을 수 없습니다. 따라서 그것들은 완전히 똑같은 하나도 아닙니다. 만약 하나라고 하면 그것들이 같지 않음을 표현할 수 없습니다. 그렇기 때문에 그것들의 관계는 불이라고 밖에는 표현할 수가 없습니다.

세상 만물은 각기 다른 무엇으로도 대체할 수 없는 독특한 존재요, 그렇기 때문에 소중한 존재입니다. 석가모니 부처는 세상에 태어나자마자 '하늘 위와 아래에서, 나 홀로 높다(天上天下 唯我獨尊)'고 했다 합니다. 이 말은 여러 가지로 해석할 수 있습니다. 맹목적 신앙에 빠져 있는 사람은 이 말을 심지어 부처님 자신이 누구보다도 고귀하고 높은 존재임을 선언한 것이라고까지 해석하기도 합니다. 그러나 누구보다도 아상과 아집을 경계하는 부처님이 태어나자마자 한 말이 그렇게 제 자랑이나 하는 말일 리는 없습니다. 넓게 해석해 보면 이 말은 무엇보다도 세상에 태어나 존재하게 된 모든 것은 독특한 존재로서 존엄성을 갖고 있음을 선언한 말이라 할 수 있습니다. 이 세상의 어떤 것도 다른 것과 완전히 똑같은 것은 없습니다. 모든 것은 그만의 독특한 모습과 성질을 갖고 있습니다. 그렇기 때문에 이 세상 모든 것은 무엇하고도 바꿀 수 없는 소중한 것입니다. 그렇지만 다른 한편으로 세상 만물은 다른 것들의 작용에 의해서, 다른 것들과의 관계에 의해서 만들어지고, 그 속에서만 존재합니다. 이 세상에 독불장군은 없습니다. 모든 것은 다른 것으로부터 영향을 받고 다른 것에 영향을 주면서 존재합니다.

이처럼 불이관계에 있는 세상 만물은, 그 각각이 다른 무엇으로도 대체할 수 없는 독특한 존재(天上天下 唯我獨尊)이면서도, 서로 영향을 주고, 서로서로 포섭하고 포섭되며, 서로를 반영하는(同時互入, 同時互攝, 同時頓起) 총체성의 세계, 중중무진(重重無盡)의 장엄한 화엄세계를 이룹니다.

신라의 의상대사가 화엄사상의 정수를 간추린 「법성게」(「화엄일승법계도」 또는 「법계도」라고도 합니다)라는 글이 있습니다. 의상대사는 당나라에 건너가 당시 화엄종의 대가인 지엄에게서 배웠습니다. 전해져 오는 말에 따르면, 의상이 배움 끝에 깨우친 바를 글로 써서 지엄에게 보이고 나서 만족스럽지 못한 부분이 있어 불에 태웠으나 타지 않고 남은 글자가 있어 이를 간추려 엮은 글이 「법성게」라 합니다. 「법성게」는 일곱 글자 서른 개의 구로 이루어진 짧은 글입니다. 그런데 이 「법성게」야말로 그 어떤 글보다도 엄청난 화엄사상의 골자를 멋들어지게 표현하고 있습니다.

「법성게」에서 의상대사는 장엄한 화엄세계의 모습을 이렇게 표현했습니다.

법의 성품 둥글어 두 모습 없고, 모든 것은 움직임 없이 본래 고요해.
이름과 모양 다 끊어버리니, 깨달아 안 바 다른 경지 아닐세.
참 성품은 깊고도 미묘해. 자성이 어디 있나, 연 따라 이뤄지지.

하나 안에 일체 있고, 여럿 안에 하나 있네. 하나가 곧 일체요, 여럿
이 곧 하나일세.
한 티끌 속에 온 세상이 들어있고, 모든 티끌 역시 그러해.
한없이 먼 시간도 곧 한 생각이요, 한 생각이 곧 한없는 시간이라.
구세와 십세가 서로 부합하지만, 뒤섞이는 일 없이 떨어져 서 있네.
(法性圓融無二相, 諸法不動本來寂. 無名無相絶一切, 證智所知非餘
境. 眞性甚深極微妙, 不守自性隨緣成. 一中一切多中一, 一卽一切多
卽一. 一微塵中含十方, 一切塵中亦如是. 無量遠劫卽一念, 一念卽是
無量劫. 九世十世互相卽, 仍不雜亂隔別成)25)

「법성게」의 이 구절은 이 세상 만물이 공간·시간적으로 서로 걸
림이 없이(무애) 상즉·상입(相卽·相入)하는 불이적 존재임을 잘 표현
하고 있습니다. 의상은 우선 이것을 총괄하여 "하나 안에 일체 있고,
여럿 안에 하나 있네. 하나가 곧 일체요, 여럿이 곧 하나일세(一中一
切多中一 一卽一切多卽一)."라고 했습니다. 그런 뒤에 그는 한 사물
이 공간적으로 걸림이 없이 다른 모든 사물을 포섭하면서 동시에 다
른 모든 사물에 포섭되는 관계를 "한 티끌 속에 온 세상이 들어 있고,
모든 티끌 역시 그러해(一微塵中含十方 一切塵中亦如是)."라고 표현
했습니다. 이 세상에 존재하는 모든 것은 개개의 고유한 존재자로서
존재합니다. 하나의 고유한 존재자로서 존재하지 않는다면 우리는
그것을 '하나'라고 부를 수도 없습니다. 그렇지만 다른 한편으로 이
세상 모든 것은 그물망 속의 그물코와 같습니다. 이 세상에 존재하는
모든 것들은 다른 모든 것들과의 관계 속에서 만들어지고 존재합니
다. 이처럼 모든 것이 온 우주의 모든 존재자들과의 연관 속에서만

만들어지고 존재하는 것이기 때문에 작은 하나의 티끌 속에도 온 우주가 들어 있다고 할 수 있습니다. 그렇기 때문에 모든 것은 각각 고유한 특성을 지닌 개별적 존재자이면서도 다른 모든 것을 그 속에 포함하고 있으며 그러한 것들과 독립적이지 않은 불이적 존재입니다. 이것을 의상은 이처럼 멋지게 표현하고 있는 것입니다.

또한 의상은 한 순간이 시간적으로 영원한 시간을 포섭하는 동시에 영원 속에 포섭됨을 "한없이 먼 시간도 곧 한 생각이요, 한 생각이 곧 한없는 시간이라. 구세와 십세가 서로 부합하지만, 뒤섞이는 일 없이 떨어져 서 있네(無量遠劫卽一念 一念卽是無量劫 九世十世互相卽 仍不雜亂隔別成)."라고 표현했습니다. 영원한 시간 속 매 순간의 현재는 무한한 과거의 시간들을 담고 있으며, 또한 미래에 펼쳐질 무한한 시간도 그 속에 품고 있습니다. 현재는 무한한 과거가 응축된 점이며, 무한한 미래가 그로부터 펼쳐져 나가는 기점입니다. 따라서 매 순간은 다른 순간과 동떨어져 독립적으로 존재하는 것(다른 것)이 아닙니다. 그러나 그렇다고 매 순간이 똑같은 것도 아닙니다. 과거 현재 미래, 구세 십세의 모든 시간들은 똑같지도 않고 다르지도 않습니다. 그렇기 때문에 그 관계도 역시 서로 부합하면서도 뒤섞이지는 않는 불이적 관계라고 할 수밖에 없습니다. 이것을 의상은 역시 이토록 압축적으로 표현하고 있는 것입니다.

세상 만물이 공간적으로 서로 상즉·상입하면서 장엄한 화엄세계를 이루고 있음을 우리는 의상과 함께 지엄의 제자였으며 중국 화엄종의 대성자인 법장이 제시한 환상적인 예를 통해 더욱 뚜렷하게 이해할 수 있습니다. 츠앙이 『화엄철학』에서 소개하고 있는 이 예는 매우 인상적입니다. 법장은 모든 존재가 융통·융섭하는 법계의 신비를 드러내 줄 실례를 들어 달라는 측천무후를 거울로 도배된 방으로 데려갔습니다. 그리고 나서 그는 불상을 하나 꺼내 횃불과 함께 방의 한 가운데 놓은 다음 방안에 있는 모든 거울이 다른 거울 속의 불상을 무한히 반사하고 있는 모습을 통해 세상 만물이 서로 융통·융섭하는 원리, 다중일(多中一)·일중다(一中多)의 원리를 보여주었습니다. 더 나아가 그는 작은 수정 공을 꺼내 방안의 온 세계가 그 속에 들어 있음을 보임으로써 큰 것이 작은 것을 포함하고 작은 것이 큰 것을 포함한다는 것을 뚜렷하게 보여 주었습니다.26)

우리 아파트 엘리베이터 안에는 양쪽에 큰 거울이 마주보고 붙어 있습니다. 엘리베이터 안에 다른 사람이 아무도 없을 때 저는 종종 몸을 한 옆으로 붙인 다음 팔을 쭉 뻗고 손바닥을 펼쳐 이리저리 뒤집으며 거울 속에서 환상적으로 물결치는 것처럼 나타나는 그 모습을 보며 아이처럼 즐거워하곤 합니다. 한 쪽 거울은 다른 거울에 비친 모습을 비추고, 다른 쪽 거울은 반대편 거울 속에 비친 그 모습을 다시 비춥니다. 이 과정은 무한히 계속되기 때문에 양 쪽 거울 속에는 무한히 많은 거울이 들어 있습니다. 그 때문에 손바닥을 이리저리 뒤집으면 그 모습이 무한히 이어지고 있는 거울 속에 비추어져 말할 수 없이 환상적인 장면이 연출됩니다. 그런데 사방이 거울로 되어 있는 깜깜한 방 속에 횃불을 켰을 때 나타났을 그 환상적인 모습을 상상해 보십시오. 또 사방팔방으로 무한히 퍼져 나가는 그 환상적인 모습을 하나의 수정공이 담아 내고 있는 모습을 상상해 보십시오. 상상만으로도 그 아름다운 광경은 우리를 사로잡습니다.

이 우주는 전체가 연결된 둥근 거울로 둘러싸여 있는 방과 같습니다. 그리고 불이적 연관성 속에 있는 이 세계의 모든 존재는 거울의 방 속에 있는 수정공과 같습니다. 각각은 이 우주의 모든 것을 자신 속에 담아 비추고 있으며, 이 우주는 다시 그 모습을 자신 속에 담아 비추고 있습니다. 그리고 이러한 반사과정은 일회로 그치는 것이 아니라 서로가 반사하고 있는 것을 서로 다시 반사하는 무한한 과정입니다. 이처럼 세상 만물은 서로가 서로를 포함하면서 서로를 무한히 반사하는 상즉·상입의 불이 세계를 이루고 있습니다.

우리는 종종 한순간에 지나온 인생을 주마등처럼 돌아본다거나 온갖 상념을 떠올리는 체험을 하곤 합니다. 그 때 우리는 한순간 속에 엄청나게 긴 순간이 담길 수 있다는 사실을 깨닫게 됩니다. 이처럼 우리는 한 순간의 생각 속에 무한한 시간을 담을 수 있다는 체험을 통해서 존재하는 모든 순간이 다른 모든 시간(영원)과 걸림 없이 상즉·상입하면서 영원한 현재를 이루고 있음(同時頓起)을 인식할 수 있습니다. 그러나 이것을 법장이 제시한 '거울의 방'처럼 생생한 예를 통해 설명하기란 쉬운 일이 아닙니다.

그런데 놀랍게도 우리는 이것을 서양의 매우 영적인 저자 중의 한 사람인 닐 도날드 월쉬에게서 발견할 수 있습니다. 그는 바위와 시디 롬(CD-ROM)의 비유로 이것을 훌륭하게 묘사하고 있습니다. 그가 말하는 바위의 비유는 이렇습니다.

거시 관점에서 보면 어떤 분리도 없습니다. 저 멀리서 보면 만물의 모든 미립자들이 그냥 하나인 듯이 보이는 거죠. 발치에 놓인 바위를 쳐다볼 때, 당신은 바로 그 순간 그 자리에서 그 바위를 온전하고 완전하고 완벽한 것으로 보지만, 당신이 바위를 의식하는 그 한 찰나의 순간에도 바위 속에서는 많은 일이 진행되고 있습니다. 놀라운 속도로 움직이는 바위 미립자들의 엄청난 운동이 있는 거죠. 그리고 그때 그 미립자들이 하는 일은, 존재하는 그대로의 바위를 만들어 내는 겁니다. 아무리 당신이 그 바위를 자세히 들여다봐도, 당신에게는 이 과정이 보이지 않습니다. 설사 개념으로는 그것을 알고 있다 해도, 당신에게는 그 모든 게 지금 벌어지고 있는 거죠. 바위는 바위가 되어 가는 게 아니라, 바로 지금 여기서 바위입니다. 하지만 당신이 바위 속 한 아분자 미립자의 의식이라면, 당신은 처음에는 여기 있다가 다음에는 저기 있으면서, 광란의 속도로 움직이는 자신을 체험할 것입니다. 그래서 바위 바깥의 어떤 목소리가 당신에게 '그 모든 것이 한꺼번에 일어나고 있다'고 말한다면, 당신은 그를 거짓말쟁이나 협잡꾼이라 부르겠죠. 하지만 바위에서 떨어져서 보면, 바위의 일부가 다른 부분과 분리되어 있고, 게다가 그것이 광란의 속도로 돌고 있다는 발상 쪽이 되려 거짓으로 보입니다. 그 거리에서는, 그 안에서는 보이지 않던 것, 즉 모두가 하나이며, 그 모든 운동을 가지고도 무엇 하나 움직일 수 없다는 사실을 볼 수 있는 거죠.[27]

이 비유에 따르면, 거시적 관점에서 바라보는 지금 현재 눈앞에 있는 바위는 하나이고 아무런 변화도 없이 존재하고 있는 것으로 보이지만, 그 속의 미립자들의 활동을 고려한다면 바위는 놀라운 속도로 움직이는 무한한 미립자들의 무한한 움직임을 포함하고 있는 것입니다. 따라서 우리가 바위를 의식하는 찰나의 순간에도 바위 속에서는 수많은 일이 진행되고 있습니다.

이와 비슷한 생각을 그는 시디 롬의 비유로도 표현합니다.[28] 지금 여기에 존재하고 있는 시디 롬은 그 속에 수많은 선택지가 있는 오랜 과정의 복잡한 사건들을 포함하고 있습니다. 그 속에 들어가서 그 사건들을 따라가노라면 긴 시간이 걸리겠지만 사실 그것들은 이미 지금 여기에 존재하고 있는 것이기도 합니다. 지금 여기에 존재하고 있는 한 장의 시디 롬이 엄청나게 길고 복잡한 사건들을 포함하고 있다는 예를 통해서, 한 순간의 존재가 이전의 모든 과거 시간과 미래 시간을 함축하고 있고, 한 순간의 생각이 무한한 시간과 사건을 포함할 수 있다는 것을 우리는 생생하게 그려낼 수 있는 것입니다.

이 밖에도 우리는 불교에서 하나와 여럿, 개별과 전체가 불이임을 나타내는 수많은 표현들을 만날 수 있습니다. 색(色)과 공(空)이 둘이 아니며, 이치와 사물, 사물과 사물들이 서로 둘이 아님을 말하는 법계삼관(眞空觀, 理事無碍觀, 周遍含容觀),[29] 이 세상 모든 것이 서로 둘이 아니라는 사사무애를 표현하는 십무애 또는 십현문(그중에서도 특히 同時具足相應門, 一多相容不同門, 十世隔法異成門, 主伴圓明具德門 등),[30] 무릇 독립적으로 존재하는 듯이 보이는 것이 실제로는 다른 것들과의 인연에서 생기는 것이므로 서로 불이적 관계임을 나타내는 삼상(遍計所執相, 依他起相, 圓成實相)과 삼무성(相無性, 生無性, 勝義無性),[31] 개별과 전체, 생성과 소멸이 서로 불이적임을 잘 나타내는 육상(總中別, 別中總, 總卽別, 別卽總. 同中異, 異中同, 同卽異, 異卽同. 成中壞, 壞中成, 成卽壞, 壞卽成)[32] 등이 그것입니다.

현대의 뛰어난 선승 가운데 한 사람인 틱낫한도 세상 만물이 서로 뗄 수 없는 불이적 관계에 있음을 아름답게 표현하고 있습니다.

만일 당신이 시인이라면 당신은 이 한 장의 종이 안에서 구름이 흐르고 있음을 분명히 보게 될 것입니다.

구름이 없이는 비가 없으며, 비 없이는 나무가 자랄 수
없습니다. 그리고 나무가 없이 우리는 종이를 만들 수가
없습니다. 종이가 존재하기 위해서는 구름이 필수적입니다. 만일
구름이 이곳에 없으면 이 종이도 여기에 있을 수 없습니다.
그러므로 우리는 구름과 종이가 서로 공존하고 있다고 말할 수
있습니다.

… (중략) …

만일 우리가 이 종이 안을 더욱 더 깊이 들여다보면 그 안에서
햇빛을 보게 됩니다. 햇빛이 그 안에 없다면 숲은 성장할 수
없습니다. 사실은 아무것도 자랄 수가 없습니다. 그러므로
햇빛이 이 종이 안에 있음을 우리는 봅니다. 종이와 햇빛은 서로
공존하고 있습니다. 우리가 또 계속하여 바라보면 우리는 그
나무를 베어 그것이 종이가 되도록 제재소로 운반해 간 나무꾼을
봅니다. 그리고 우리는 밀가루를 봅니다. 그 나무꾼이 빵을 매일
먹지 않고는 살 수 없음을 보게 됩니다. 그러므로 그 빵을
만드는 밀가루를 이 종이 안에서 봅니다. 그리고 그 나무꾼의
아버지와 어머니가 그 안에 있음을 봅니다. 우리가 이런 식으로
바라볼 때 이 모두가 없이는 이 한 장의 종이가 존재할 수
없음을 보게 됩니다.

더욱 더 깊이 들여다보면 우리들이 그 안에 있음을 봅니다.
그렇게 보는 것이 어렵지 않으니, 우리가 그 종이를 보고 있을
때 그 종이는 우리 시각의 일부인 것입니다. 당신의 마음과 내
마음이 이 안에 있습니다. 그러므로 모든 것이 이 종이와 함께
있다고 우리는 말할 수 있습니다.[33)]

시 한 수 적으려고 종이를 꺼내 물끄러미 바라보다가 구름·비·햇빛, 나무꾼·노동자·농민, 그들의 부모와 조상, 우리들, 그리고 온 우주를 그 속에서 발견하는 이런 경지가 바로 '하나와 여럿은 불이'이며 이 세상은 둘이 아닌 장엄한 화엄세계임을 통찰한 경지가 아니겠습니까?

만물은 한 곳간에

불이사상은 불교에서만 발견할 수 있는 사상이 아닙니다. 동양의 또다른 심원한 사상 중 하나인 도가철학도 이러한 생각을 공유하고 있습니다. 노자는 곳곳에서 유와 무, 어려움과 쉬움, 길고 짧음, 높고 낮음, 앞과 뒤, 화와 복, 바른 것과 기이한 것과 같이 서로 상반되는 것처럼 보이는 것들이 사실은 서로 의지하고 있음을 밝힘으로써 세상 만물이 근원적으로 불이적 관계에 있음을 보여주고 있습니다.

> 있음과 없음은 서로를 낳고, 어려움과 쉬움은 서로를 이루며, 길고 짧음은 서로 비교하며, 높고 낮음은 서로 바뀌고, 소리와 울림은 서로 어울리고, 앞과 뒤는 서로를 따른다(有無相生, 難易相成, 長短相較, 高下相傾, 音聲相和, 前後相隨).(『도덕경』 2장)[34]

> 화여 복이 그에 의지하며, 복이여 화가 엎드려 있구나. 누가 그 끝을 알겠는가? 그 바름이 없으니, 바른 것은 다시 기이한 것이 되고, 착함은 다시 요사함이 된다(禍兮福之所倚, 福兮禍之所伏. 孰知其極. 其無

正. 正復爲奇, 善復爲妖).(『도덕경』 58장)35)

마찬가지로 『장자』 곳곳에서도 우리는 이러한 통찰과 얼마든지 만날 수 있습니다. 『장자』의 '제물론(齊物論)'은 상대 대립하는 이 세상 만물이 근원적으로 불이적 관계임을 '이것과 저것'의 불이 관계를 통해 훌륭히 설명해 주고 있습니다.

> 사물은 저것 아닌 것이 없고 이것 아닌 것도 없다 … 그러므로 저것은 이것에서 생겨나고, 이것 또한 저것에서 비롯된다고 한다 … 이것이 저것이고 저것 또한 이것이다. 또 저것도 하나의 시비이고 이것도 하나의 시비이다. 과연 저것과 이것이 있다는 말인가. 과연 저것과 이것이 없다는 말인가. 저것과 이것이 그 대립을 없애 버린 경지, 이를 도추라 한다(物无非彼,物无非是…故曰彼出於是,是亦因彼…是亦彼也, 彼亦是也. 彼亦一是非, 此亦一是非. 果且有彼是乎哉? 果且无彼是乎哉? 彼是莫得其偶, 謂之道樞).36)

'제물론'에 나오는 너무나도 유명한 '나비의 꿈' 얘기도 매우 상징적인 방식으로 주객불이(主客不二)의 경지를 보여주고 있습니다.

> 언젠가 장주는 나비가 된 꿈을 꾸었다. 훨훨 날아다니는 나비가 된 채 유쾌하게 즐기면서도 자기가 장주라는 것을 깨닫지 못했다. 그러나 문득 깨어나 보니 틀림없는 장주가 아닌가. 도대체 장주가 꿈에 나비가 되었을까? 아니면 나비가 꿈에 장주가 된 것일까? 장주와 나비에는 (겉보기에) 반드시 구별이 있(기는 하지만 결코 절대적인 변

화는 아니)다. 이러한 변화를 물화(만물의 변화)라고 한다(昔者莊周夢爲胡蝶,栩栩然胡蝶也,自喩適志與! 不知周也. 俄然覺,則蘧蘧然周也. 不知周之夢爲胡蝶,胡蝶之夢爲周與? 周與胡蝶,則必有分矣. 此之謂物化).37)

또한 '천지(天地)' 편에서는 세상 만물의 불이관계를 "만물이 한 곳간에 있고 죽음과 삶이 한 모양이 된다"(萬物一府, 死生同狀)고 표현하고 있습니다. 동학에서는 흔히 '한울님'이라는 표현을 쓰는데 이를 빌리자면 , '만물이 한 곳간에 있다'는 말은 만물이 곧 한울님이라고 할 수 있겠습니다. 이처럼 세상 만물의 불이, 주객불이라는 통찰을 바탕으로 장자는 이 커다란 하나의 세계와 융합함, 만물과 하나됨, 위대한 도와 하나됨을 으뜸가는 도의 경지로 간주하고 있습니다.

모습과 형체까지도 커다란 하나의 세계에 융합되었고 그렇게 하나가 되었으므로 자기라는 것이 없다. 자기가 없는데 사물이 있겠는가(頌論形軀,合乎大同,大同而无己. 無己,惡乎得有有).(『장자』, '재유'편)38)

저만 잘났다고 자기를 고집하지 않고 다른 모든 개개의 사물도 가려 분별하지 않으면서 온 우주와 하나되는 대동 세상에 이르는 것, 이것이야말로 유장한 도가의 경지라 할 수 있습니다. 그리고 이것은 온갖 분별심을 떠나 우주 전체와 크게 통해 하나되는 경지를 나타내는 좌망에 대한 설명에서도 잘 드러나 있습니다.

"무엇을 좌망이라 하느냐?" 안회가 대답했다. "손발이나 몸을 잊고,

귀와 눈의 작용을 물리쳐서, 형체를 떠나 지식을 버리고 저 위대한 도와 하나가 되는 것, 이것을 좌망이라 합니다." 중니는 말했다. "(도와) 하나가 되면 좋다 싫다(하는 차별 따위)가 없어지고, (도와 하나가 되어) 변하면 한 군데 집착하지 않게 된다. 너는 정말 훌륭하구나. 나도 네 뒤를 따라야겠다."(「何謂坐忘?」 顔回曰:「墮肢體,黜聰明,離形去知,同於大通,此謂坐忘.」 仲尼曰:「同則無好也,化則無常也. 而果其賢乎! 丘也請從而後也.」)(『장자』, '대종사'편)39)

우주는 시스템

어찌 동양뿐이겠습니까? 서양에서도 이 세상 만물이 서로 불이적 관계에 있다는 사실에 대한 통찰은 곳곳에서 나타나고 있습니다. 동양과 마찬가지로 서양에서도 지배와 정복 문명이 발달하기 이전의 구문화권에 속하는 사람들은 거의 모두가 이러한 불이적 관점을 체득하여 자연스럽게 생활로 실천하고 있었습니다. 이것은 자연을 대하는 구문화인들의 태도 속에 잘 드러나 있습니다.

구문화는 예외 없이 우리 인간은 자연과 다르지도 않고, 자연에서 분리되지도 않으며, 우리가 자연을 책임지는 것도 자연보다 뛰어난 것도 아니라는 믿음을 가장 기본개념으로 지닌다. 우리는 자연의 일부여서, 우리가 자연에게 하는 모든 행위가 결국 우리 자신에게 하는 행위이고, 우리가 자신에게 저지르는 모든 행동이 세상에게 하는 행동이라는 것이다. 이들에게는 자연이란 개념이 따로 없다. 그 모두가 우리고, 우리가 그 모두다.40)

톰 하트만은 이러한 구문화의 관점을 두 가지로 요약합니다.

i 우리는 이 세상의 일부다. 우리와 다른 동물들은 같은 육신으로 만들어졌다. 우리와 그들은 같은 식물을 먹는다. 우리는 이 지상의 다른 모든 생명체들과 공기, 물, 흙, 음식을 함께 나눈다. 우리는 다른 포유동물과 똑같은 방식으로 세상에 태어났으며, 우리도 그들처럼 죽고 나면 흙으로 변해 미래 세대를 윤택하게 할 것이다.
ii 다른 창조물들과 협력하는 것이 우리의 운명이다. 이 거대한 생태계 속에서 모든 생명체에게는 각기 나름의 목적이 있으니, 그 모두가 존중되어야 한다.[41]

그러나 그 후 서양에서는 오래 동안 인간과 자연, 몸과 마음을 비롯한 이 세계의 온갖 것을 고립된 원자와 같은 것으로 간주하는 관점이 지배했습니다. 그리고 그러한 관점의 영향은 오늘날에도 여전히 사회 곳곳에 계속해서 미치고 있습니다. 그렇지만 양자역학과 상대성 이론을 필두로 해서 발달한 서양의 현대 물리학은 종래의 데카르트-뉴튼의 요소론적이고 기계론적인 세계상으로부터 벗어나 우주를 상호 연관된 관계의 망으로 보는 관점을 정립했습니다. 카프라에 따르면 현대 물리학은 우주가 분해될 수 없고 역동적인 전체이며, 이 전체의 각 부분은 본질적으로 상호 관련되어 있고 우주적 과정의 모형으로만 이해될 수 있다고 하는 견해에 의해서 기계적 우주상을 초월했습니다.

이러한 현대 물리학의 관점에서 본다면 세계는 서로 독립적으로 존재하는 물질들 사이의 우연적인 관계에 의해 기계적으로 움직이는 것이 아닙니다. 이 세계의 모든 부분은 서로의 관계 및 전체와의 관계 속에서만 존재할 수 있으며, 그 때문에 각 부분이 다른 모든 부분을 포함하고 있고, 모든 부분 속에 각 부분이 들어 있는 일다불이(一多不二)의 세계를 이루고 있습니다. 톰 하트만은 이러한 관점에서 진정한 세계는 전체가 각 부분에 내포되어 있는 홀로그램과 같은 일반 원칙에 따라 구성되어 있는 것으로 보고 있습니다.

현대 물리학의 이러한 세계관으로부터 자라난 시스템 이론은 세계를 관계와 통합의 관점에서 보는 불이적 견해를 나타내는 현대 서양의 대표적인 이론입니다. 시스템 이론은 세계를 모든 현상의 상호 연관과 상호 의존으로 파악하며, 이 기본 구조에서는 그 특성이 그것을 형성하고 있는 부분으로 환원될 수 없는 통합된 전체를 시스템이라고 부릅니다.[42] 시스템 이론의 관점에서는 이 우주 전체를 여러 중층적 체계로 결합되어 있는 거대한 시스템으로 간주할 수 있습니다.

예를 들면 인간의 세포는 그 자체가 복잡한 구조를 지닌 하나의 체계입니다. 그러나 그것은 동시에 그것의 상위 체계인 어떤 조직의 일부이며, 그 조직은 다시 어떤 기관이라는 또 다른 체계의 부분입니다. 인간 유기체는 그러한 기관들의 유기적 결합으로 이루어진 고도의 시스템입니다. 또한 그런 인간은 다른 인간들과 유기적으로 결합한 사회라는 체계의 일부입니다. 더 나아가 인간 사회는 지구상의 다른 생물이나 무생물도 포함하는 지구 생태계라는 더 큰 시스템의 일부이며, 이 지구도 태양계라는 거대한 체계의 일부이고, 이 태양계는 그보다 더 큰 은하계의 일부이고, 그 은하계도 결국은 그것을 포섭하는 더 큰 우주 체계의 일부입니다. 이처럼 온 우주는 각각의 하위 체계들이 그것만으로 닫혀 있는 원이 아니라, 점선으로 이루어진 원과 같이 열려 있는 체계를 이루면서 그것을 포섭하는 상위 체계에 유기적으로 통합되어 있는 장엄한 하나의 세계를 이루고 있는 것입니다.

우리는 서양 근대 철학의 거장인 헤겔에게서도 천변만화하는 우주 만물의 흐름이 절대정신이라는 존재에 통합되어 있는 것이며, 그렇기 때문에 이 세계의 모습은 하나와 여럿이 불이라는 사상을 발견할 수 있습니다. 소외론의 전개에 대해 설명할 때에도 이미 말한 바 있지만, 헤겔은 우주의 태초에는 절대정신만이 존재하고 있었다고 주장합니다. 이 절대정신은 정신이기 때문에 생각을 하려 합니다. 그러나 생각은 항상 그 무엇에 대한 생각입니다. 생각의 대상이 되는 것이 아무것도 없다면 생각은 불가능합니다. 그런데 태초에 존재하는 것은 절대정신뿐이고 다른 것은 아무 것도 없기 때문에 절대정신이 생각을 하려면 자신을 대상으로 생각하는 수밖에 없습니다. 그러나 자기를 대상으로 생각한다는 것은 그 전에 먼저 자신을 대상이 되는 타자로 만들지 않고서는 불가능합니다. 따라서 생각을 하려는 절대정신은 자신을 외화시켜 스스로의 대상으로 변화해 갑니다. 이것을 앞에서 절대정신의 자기소외라고 얘기한 바 있습니다. 헤겔의 입장에서 보면, 결국 이 우주는 생각을 위해 어떤 형체와 성질을 지닌 구체적 존재로 분화하여 변화해 가는 절대정신의 자기전개일 뿐입니다.

절대정신은 구체적인 존재로 분화하여 전개해 가는 과정에서 점차 고도의 의식을 산출해 내어 결국은 우주 전체를, 즉 절대정신 자기 자신을 인식하는 단계에까지 도달하게 됩니다. 이것은 앞에서 절대정신의 자기소외 극복 과정이라고 부른 바 있습니다. 이렇게 해서 절대정신은 자신의 본질, 자신을 생각하고 자신을 인식하려던 자신의 의지를 실현하는 것입니다. 그리고 헤겔은 이런 절대정신의 이러한 우주적 전개과정을 개념적으로 인식하는 것이야말로 철학의 궁극적 도달점이라고 간주하고 있습니다. 이런 헤겔의 관점에서 보자면, 장구한 역사 속에서 생성 소멸하는 수많은 존재들의 흐름이라는 것도 사실은 절대정신이라는 하나의 운동과 둘이 아닌 것입니다.

우리는 현대 서양의 많은 저자들에게서도 온 세상 만물이 일다불이(一多不二)적 결합관계에 있다는 통찰들을 발견할 수 있습니다. '유기체철학자' 화이트헤드는 누구보다도 이러한 통찰을 뚜렷이 보여주고 있는 사상가입니다. 화이트헤드가 볼 때 존재한다는 것은 인과적 영향을 받으면서 동시에 인과적 영향을 발함을 의미합니다. 화이트헤드는 우주 속의 모든 것은 다른 모든 것과 인과관계를 맺음으로써 존재하기 때문에 모든 것은 다른 모든 것을 자신을 구성하는 데 필요한 구성요소로서 포함한다고 주장합니다.

이러한 화이트헤드의 "보편적 상대성"의 원리는 화엄사상의 우주관과 기본적으로 유사합니다. 이 원리에 따르면 세계 속의 모든 단위적 존재자에는 우주의 모든 존재자가 스며들어 있으며, 동시에 그 존재자는 세계 전체 속으로 스며들고 있습니다. 그리하여 각 단위는 일체를 포용하는 전 우주를 나타내는 하나의 소우주이며, 어떠한 두 개의 것도 서로 분리될 수 없습니다. 이 세상의 모든 것들은 다른 모든 것들 속에 내재하거나 현재합니다. 이 세상 하나하나는 모든 것 속의 모든 것입니다. 화이트헤드는 이처럼 이 세계 속의 모든 것들의 상호융섭을 밝히는 것을 철학의 과제로 삼고 있습니다. 그러나 화이트헤드는 그러면서도 새로이 생겨나는 모든 것은 그것이 통일하고 있는 모든 다른 존재자와 다른 새로운 존재자라는 것을 강조합니다. 이러한 화이트헤드의 관점은 근본적으로 이 세상 만물이 각기 독특하면서도 서로 포섭하고 포섭되는 불이적 관계에 있다는 화엄사상과 상통하는 것입니다.

앞에서도 언급한 바 있는 월쉬도 그의 저서에서 만물의 불이적 관계에 대한 이러한 통찰을 분명하게 보여줍니다.

> 이 우주의 어떤 것도 다른 것과 분리되어 존재하지 않는다는 궁극의 진리만이 유일한 해결책이다. 만물은 애초에 서로 연결되어 있으니, 돌이킬 수 없게 서로 의존하고 상호 작용하면서, 삶 전체라는 직물 속으로 짜 넣어진다.[43]

그리고 이러한 입장에 서있는 그는 "나란 나 아닌 다른 것과의 관계에 지나지 않는다"고 하면서, 나는 "다른 사람들, 장소들, 사건들과의 관계를 통해서만 존재할 수 있다"고 주장합니다. 그리고 또한 그도 역시 '이 세상에 존재하는 것들은 모두 어떤 것도 대신할 수 없는 그 나름의 특성을 지니고 있는 유일한 것들이면서도, 다른 모든 것들과 상호 연관성과 상호 의존성 속에서 조화 있는 하나의 전체를 이루고 있다'는 통찰을 보여줍니다.

> 우주와 그 속의 모든 것이 유일한 형상으로 존재하니, 그것과 정말로 똑같은 다른 건 없다.[44]
> 모든 것이 유일하지만 모든 것이 하나다.[45]

이런 입장에서 윌쉬는 불교나 도가사상과 마찬가지로 우리가 이 세상에서 체험할 수 있는 최고의 경지를 "존재 전체와 하나가 되는 체험"이라고 말하고 있습니다.

지금까지 우리는 이 세상 만물의 관계는 불이라고 표현할 수밖에 없는 관계라는 것과 이런 사태에 대한 근원적인 통찰은 불교를 비롯한 동서고금의 위대한 수많은 사상들 속에서 발견할 수 있다는 것을 보았습니다. 그런데 이 모든 경우에서 드러나는 불이사상의 핵심은 일(一)과 다(多), 개별과 총체, 그 어느 쪽에도 치우치지 않는 것입니다. 세상 만물이 모두 같다는 것을 중시하고 그 총체성만을 강조한다면 자칫 만물이 서로 같지 않음을 무시하는 잘못, 즉 만물이 갖고 있는 독특성을 무시하고 개별적인 것들을 하찮은 것으로 여기는 잘못을 저지를 염려가 있습니다. 그것은 전체주의라는 잘못입니다. 반면에 각 사물이 서로 다르다는 것을 중시하고 그 개별성만을 강조한다면 자칫 만물이 서로 다르지 않음을 무시하는 잘못, 즉 개별에 집착해 전체성(총체성)을 무시하고 파괴하는 잘못을 저지를 염려가 있습니다. 그것은 개체주의라는 잘못입니다. 그렇기 때문에 불이사상의 핵심은 이 양극단 어느 쪽에도 치우치지 않는 중도에 있습니다. 이것을 원효대사의 말로 표현하자면 "둘이 아니되 하나를 고집하지도 않는다(不二而不守一)"[46]라고 할 수 있습니다. 또한 십현문의 얘기로 하자면 이것은 "하나와 여럿이 서로를 받아들이되 같지는 않음(一多相容不同門)"이라 할 수 있을 것입니다.

(2) '있음'과 '없음'은 둘이 아니다

공의 세계

무릇 존재하는 것은 저 홀로 독립적으로 존재하는 것이 아니라 다른 것들에 기대어 다른 것들과의 관계 속에서만 존재합니다. 그러므로 이 세상에 존재하는 모든 것들은 독립된 실체가 아니며, 그만의 고정적인 독립적 성질(自性)을 갖고 있지 않습니다. 즉 모든 존재는 무아(無我)이며 무자성(無自性)입니다. 그렇기 때문에 또한 모든 존재는 결국 공(空)입니다. 그런데 여기서 공이라고 함은 유무불이(有無不二)인 상태를 의미합니다. 유무불이는 있음과 없음이 둘이 아님을 말합니다. 공(空)은 유무불이이므로 있음과 없음의 양극단을 떠난(또한 그 가운데에도 고착되지 않는) 것입니다. 세상 만물은 고정된 자성이 없고 여러 가지의 관계(인연)에 따라 일시적으로 성립된 것에 불과하기 때문에 사실은 그 자체로 존재하고 있는 것도 아니요, 그렇다고 전혀 존재하지 않는 것도 아닙니다. 동시에 또한 그것은 존재하고 있음과 동시에 존재하지 않는 것이기도 합니다.

이것을 불교의 『반야심경』에서는 "색은 공과 다르지 않고, 공은 색과 다르지 않다. 색은 곧 공이요, 공은 곧 색이다(色不異空, 空不異色, 色卽是空, 空卽是色)"라는 유명한 말로 설명하고 있습니다. 무릇 존재하는 모든 것은 인연에 따라 모였다가 인연이 다하면 흩어져 버리므로 꿈 같고 환영 같고 거품 같고 그림자 같고 이슬 같고 번개 같은 허망한 것입니다. 모든 형상은 일시적으로 머물다가 사라지는 허망하고 무상한 것입니다.

『금강경』에서는 각각의 형상에 사로잡히지 않고 모든 형상이 허망함을(형상 아님을) 보면 곧 진리를 깨달은 여래라고 했습니다. 이것을 깨닫지 못한 중생들은 나라는 상(我相), 사람이라는 상(人相), 중생이라는 상(衆生相), 목숨이라는 상(壽者相) 등 갖가지 형상에 사로잡혀 그것에 집착함으로써 온갖 고통을 만들어 냅니다. 그러나 사실 모든 것들이 고정된 성질을 갖고 있다면 이 세상의 모든 변화는 존재할 수가 없게 됩니다. 만약 있음(有)은 있음(有)이고 없음(無)은 없음(無)에 불과하다면 어떠한 사건이나 변화도 존재할 수가 없게 됩니다. 있던 것(있음, 有)이 없어지고(없음, 無), 없던 것(없음, 無)이 있게(있음, 有) 되는 것이 변화인데, 이것은 유(有)와 무(無)가 상통하는 불이적인 것이어야만 가능합니다. 유무불이인 공(空)의 이치가 있기 때문에만 세상의 모든 존재와 사건은 성립할 수가 있게 됩니다. 있음과 없음이 둘이 아니어서 이 세상 모든 것이 끊임없이 흘러가는 것인데, 이것을 모르고 아상·인상·중생상·수자상처럼 어떤 것에 집착해 그것이 영원하기를 바라는 것은 어리석은 일입니다.

사실 만물만 유무불이적인 것일 뿐 아니라 만물의 근원 그 자체도 유무불이적인 것(空)입니다. 그렇지 않으면 만물이 그로부터 나올 수가 없습니다. 만약 만물의 근원이 한정된 성질을 지닌 유(有)라면 무한한 만물을 낳을 수 없으며, 그렇다고 무(無)라면 아무 것도 낳을 수 없을 것입니다. 그러므로 만물의 근원은 유무불이(空)일 수밖에 없습니다. 이러한 생각 역시 불교와 도교 등의 동양사상뿐만 아니라 서양의 여러 심원한 사상 속에서도 폭넓게 나타납니다.

유와 무 양극단 어느 쪽에도 치우치지 않으면서 가운데에도 집착하지 않는 중도와 불이 사상은 불교의 핵심적인 사상입니다. 방금 본 것처럼 반야심경에서는 존재하는 모든 것이 공(空)한 것(五蘊皆空)이라고 합니다. 그리고 "색은 공과 다르지 않고, 공은 색과 다르지 않다. 색은 곧 공이요, 공은 곧 색이다(色不異空, 空不異色, 色卽是空, 空卽是色) 色不異空, 空不異色, 色卽是空, 空卽是色)."라고 그것의 실상을 표현하고 있습니다. 또한 공(空) 속에는 무명(無明)에서 늙음과 죽음(老死)에 이르는 모든 연기하는 것들이 없으면서도 동시에 있는 (다함이 없는) 것이라고도 얘기하고 있습니다.

그런 까닭에 공 가운데는 색도 없으며, 수·상·행·식도 없고, 안·이·비·설·신·의도 없고, 색·성·향·미·촉·법도 없고, 안계도 없고, 나아가 의식계까지도 없다. 무명도 없고, 무명이 다함도 없으며, 노·사도 없고, 노·사가 다함도 없으며, 고·집·멸·도도 없고, 지혜도 없고, 얻음도 없다(是故 空中無色 無受想行識 無眼耳鼻舌身意. 無色聲香味觸法 無眼界 乃至 無意識界. 無無明 亦無無明盡 乃至 無老死 亦無老死盡 無苦集滅道 無智亦無得). (『반야심경』)[47]

또한 반야공 사상의 대표적인 논서인 용수의 『중론』도 있다는 견해(有見)나 없다는 견해(無見) 중 어느 한 쪽에 치우친 부파불교의 잘못된 견해를 격파하고 공사상을 선양하는 것을 근본적인 목표로 하고 있습니다. 『중론』은 불생불멸(不生不滅), 불상부단(不常不斷), 불일불이(不一不異), 불래불거(不來不去)라는 소위 팔불(八不)을 가지고 불이사상을 표명하고 있으며, 곳곳에서 유무를 떠난 중도와 유무불이라는 공(空)의 입장에서 유무 어느 쪽에도 치우치지 말아야 함을 강조하고 있습니다. 예를 들면 『중론』에서는 다음과 같이 말합니다.

만일 유(有)나 무(無)를 보거나 자성(自性)이나 타성(他姓)을 보는 사람이 있다면, 이런 사람은 불법의 참된 의의를 보지 못한다(若人見有無, 見自性他性, 如是則不見, 佛法眞實義).48)

이에 대한 청목(靑目)의 소(疏)는 이렇습니다.

만일 어떤 사람이 모든 사물에 대해 깊이 집착하면, 반드시 그것들이 있다(有)는 견해를 내고야 만다. 그래서 자성(自性)을 논파하면 곧바로 타성(他姓)을 보게 되고 타성(他姓)도 논파하면 있음(有)을 보고 그 있음(有)도 논파하면 없음(無)을 보게 된다. 또 그 없음(無)도 논파하면 미혹에 빠지고 만다. 그러나 근기(根機)가 뛰어나고 집착하는 마음이 희박한 사람은 온갖 견해가 사라진 고요한 경지를 잘 알기 때문에 (위에서 말한) 네 가지 희론(戱論)을 내지 않는다. 이런 사람이야말로 불법의 참된 뜻을 보는 사람이다.49)

그 밖에 『중론』의 다른 많은 구절들에서도 우리는 이런 입장을 확인할 수 있습니다.

가전연을 교화하던 경전에서 설하신 바 유(有)도 떠나 있고 무(無)도 역시 떠나 있다고 하신 것과 같이 부처님은 능히 유(有)와 무(無)를 진멸(鎭滅)시키신다(佛能滅有無, 如化迦旃延, 經中之所說, 離有亦離無).50)

결정적으로 존재한다는 것은 항상됨에 집착하는 것이고 결정적으로 존재하지 않는다는 것은 단멸(斷滅)에 집착하는 것이다. 그러므로 지혜로운 사람은 있다거나 없다는 데 집착해서는 안 된다(定有則著常, 定無則著斷, 是故有智者, 不應著有無).51)

불생불멸(不生不滅), 불상부단(不常不斷), 불일불이(不一不異), 불래불거(不來不去)라는 『중론』에서 말하는 팔불(八不)의 의미는 앞에서 우리가 말한 하나와 여럿은 둘이 아니라는 것과 있음과 없음은 둘이 아니라는 것을 인식할 때에만 이해할 수 있습니다. 일다불이, 유무불이라는 인식에 따르면 어떤 개별 사물도 온 우주 만물과 둘이 아니며 있는 것도 없는 것도 아니면서 동시에 있으면서 없는 것입니다. 그렇기 때문에 개별 사물은 생겨났다거나 소멸했다든지, 항상 존재하거나 완전히 끊어져버렸다든지, 하나라거나 서로 다르다든지, 왔다거나 갔다고 말할 수 없다는 것입니다.

불성에 대해 말하고 있는 『열반경』에서도 유무불이라는 생각은 잘 나타나 있습니다.

불성은 있는 것도 아니며 없는 것도 아니며, 또한 있는 것이며 또한 없는 것이니 있는 것과 없는 것이 합하는 까닭에 중도라고 한다(衆生佛性, 非有非無,…亦有亦無,…有無合故, 卽是中道).52)

불교의 화엄철학(법장의 「화엄오교지관」)에서 말하는 차정(遮情)과 표덕(表德)에 관한 얘기도 유무불이 사상을 잘 표현하고 있습니다. 차정이라고 하는 것은 연기하는 존재의 유무를 무조건 부정하는 입장으로써 이렇게 설명할 수 있습니다.

정을 막는다고 하는 것은, 연기가 있는 것인가 물으면 아니라고 답한다. 그것은 공하기 때문이니, 연기법은 자성이 없어서 곧 공이다. 그러면 연기는 없는 것인가 물으면 아니라고 답한다. 곧 있기 때문이니, 연기법은 곧 무시 이래로 있기 때문이다. 그러면 또 있기도 하고 없기도 한 것인가 물으면 아니라고 답한다. 공과 유가 서로 원융하여 하나로서 둘이 아니기 때문이다. … 있는 것도 아니고 없는 것도 아닌가 하고 물으면 아니라고 답한다. 양쪽이 존재함을 방해하지 않기 때문이니, 연기법은 공과 유가 서로 빼앗으며 동시에 성립한다(言遮情者, 問緣起是有耶, 答不也. 卽空故. 緣起之法無性卽空. 問是無耶, 答不也. 卽有故. 以緣起之法卽由無始得有故. 問也亦有亦無耶, 答不也. 空有圓融一無二故…問非有非無耶, 答不也. 不礙兩存故. 以緣起之法空有互奪同時成也).53)

반면에 표덕은 연기법의 존재 유무에 대한 물음에 대해 무조건 긍정적으로 설명하는 것입니다.

덕을 드러낸다고 하는 것은, 연기는 있는 것인가 물으면 그렇다고 답한다. 환상적인 유가 없지 않기 때문이다. 연기는 없는 것인가 물으면 그렇다고 답한다. 연기는 자성이 없어 공허하기 때문이다. 있기도 하고 또한 없기도 한 것인가 하고 물으면 그렇다고 답한다. 양쪽이 존재함을 방해하지 않기 때문이다. 있는 것도 아니고 없는 것도 아닌가 하고 물으면 그렇다고 답한다. 서로 빼앗아 쌍으로 사라지기 때문이다(二表德者. 問緣起是有耶. 答是也. 幻有不無故. 問是無耶. 答是也. 無性卽空故也. 問亦有亦無耶. 答是也. 不礙兩存故. 問非有非無耶. 答是也. 互奪雙泯故).54)

그러나 결국 유무에 관한 올바른 관점은 이 둘을 포괄하는 차표

원융(遮表圓融)의 입장이라고 화엄철학에서는 주장합니다. 차표원융의 입장은 이러한 것입니다.

> 연기하기 때문에 유요, 연기하기 때문에 무요, 연기하기 때문에 유이기도 하고 또한 무이기도 하며, 연기하기 때문에 유도 아니고 무도 아니다. … 이처럼 부정과 긍정이 원융무애한 것은 연기가 자재한 까닭이다(又以緣起故是有. 以緣起故是無. 以緣起故是亦有亦無. 以緣起故是非有非無…遮表圓融無碍皆由緣起自在故也).55)

그리고 이러한 차표원융의 입장은 곧 유무불이의 입장이라는 것이 명백합니다.

원효의 『금강삼매경론』에서도 유무불이라는 사상은 가장 기본적인 것으로 드러납니다. 『금강삼매경』에서는 유무불이임을 이렇게 강조하고 있습니다.

> 내가 있다는 집착에 사로잡힌 자라면 존재한다는 견해, 즉 유견(有見)을 없애게 하라. 또 내가 없다는 집착에 사로잡힌 자에게는 그 없다는 견해 즉 무견(無見)을 없애게 하라(若有我者, 令滅有見. 若無我者, 令滅無見).56)

> 보살아, 만약 중생이 법이 생겼다고 볼 때에는 무견(無見)을 없애게 하고, 법이 없어졌다고 볼 때에는 유견(有見)을 없애게 하라. 만약 이러한 견해들을 없애기만 하면 법의 진공함을 깨달아 결정성에 들고 그렇게 되면 마음의 생멸이 없게끔 되는 것이니라(菩薩, 若有衆生,

見法生時, 令滅無見. 見法滅時, 令滅有見. 若滅是見, 得法眞源無, 入決定性, 決定無生).57)

그리고 원효는 이러한 생각의 핵심을 찔러 "그러므로 유무의 두 치우침(二邊)을 떠났으되 중간에 매달려 있는 것이 아니다."58)라고 말합니다.

유무불이 사상이 불교의 근본적인 사상임은 수많은 선사들의 말에서도 확인할 수 있습니다. 중국 선종의 육조 혜능은 임종 무렵에 이렇게 말했습니다.

만약 어떤 사람이 너희들에게 뜻을 물을 때 유를 물으면 무로써 대하고 무를 물으면 유로써 대답하며 평범을 물으면 성스러움으로써 대답하고 성스러움을 물으면 평범으로 대답하라. 두 도는 서로 원인이 돼서 중도가 성립한다. 한 번 물으면 한 번 대답하고 나머지 물음도 한결같이 이렇게만 하면 곧 이치를 잃지 않으리라(若有人問汝義 問有將無對. 問無將有對. 問凡以聖對. 問聖以凡對. 二道相因中道義. 如一問一對. 餘問一依此作 卽不失理也). (「육조대사법보단경」 중에서)59)

이처럼 있음과 없음의 어느 쪽에도 사로잡히지 않고 그 중간에도 사로잡히지 않는 견해가 진정한 불법의 경지라는 유무불이적 관점은 선종의 기본적인 공통적 인식이었다고 할 수 있습니다.

참선을 하는 사람들이 화두로 참구하는 유명한 공안 중에 조주 선사의 무자(無字) 공안이 있습니다. 제자가 조주 선사에게 '개에게도 불성이 있습니까'하고 질문을 던졌습니다. 이 우문에 대해 조주 선사는 한마디로 '없다(無)'고 답했습니다. 여기서 그 제자는 혼란에 빠졌습니다. 분명히 부처님께서는 만물에 불성이 있다고 했는데, 어째서 개에게 불성이 없단 말인가? 무자 공안이 화두가 되는 까닭은 이 의문 때문입니다. 그런데 이 무자 공안이야말로 바로 있음이나 없음에 집착하는 편벽된 견해를 단번에 베어버리는 유무불이의 칼이라 하겠습니다.

도의 세계

만물의 근원에 대해 사색했던 많은 심원한 동서양의 사상들은 공통적으로 그 근원의 본질적 모습이 유무불이라는 데 대해 견해를 같이 하고 있습니다. 우리는 이것을 역시 동양의 또 하나의 위대한 사상인 도가철학 속에서 확인할 수 있습니다. 노자에 따르면 만물의 근원인 도는 아무런 형태가 정해져 있지 않은 것입니다. 노자는 이것을 이렇게 표현합니다.

> 보아도 볼 수 없으므로 이(夷)라고 하고, 들으려해도 들을 수 없으므로 희(希)라고 이름하며, 잡으려 해도 얻지 못하므로 미(微)라고 부른다. 이 세 가지는 따져서 캐물을 수 없으므로 섞여서 하나이다(視之不見, 名曰夷, 聽之不聞, 名曰希, 搏之不得, 名曰微. 此三者, 不可致詰, 故混而爲一). (『도덕경』, 14장)[60]
> 그렇기 때문에 만물의 근원은 뭐라고도 이름 붙일 수 없는 존재

이며, 그래서 오히려 무(無)라고 하는 쪽이 더 알맞은 그런 것입니다. 그러므로 노자는 『도덕경』의 제일 첫머리에서 도는 뭐라고 규정할 수 없는 것이며(道可道, 非常道, 名可名, 非常名), 한정할 수 없는 무명(또는 무)이 천지의 시작이고, 그것을 한정하는 어떤 것(有名 또는 有)이 만물을 낳는 것이라고(無名天地之始, 有名萬物之母) 말하고 있습니다. 무한한 만물을 낳는 근원은 무엇이라고 한정할 수 없는 것입니다. 따라서 그것에는 이름을 붙일 수 없습니다. 그렇기 때문에 그것은 심지어 도라고 규정해서도 안 된다는 것입니다.

그는 도덕경 2장에서도 서로 대립하는 것들이 불이적 관계에 있음을 말하는 가운데 유무(有無)도 서로를 낳는 것임을 분명히 얘기하고 있습니다. 또 6장에서는 만물을 낳는 근원적 시원의 모습을 시적으로 묘사하여, "골짜기의 신은 죽지 않으니 이것을 현빈이라고 한다. 현빈의 문은 천지의 뿌리라고 하는데 겨우겨우 이어지는 듯하면서도 쓰는 데 힘들이지 않는다(谷神不死, 是謂玄牝, 玄牝之門, 是謂天地根. 綿綿若存, 用之不勤)"[61]고 하고 있는데, 이에 대한 왕필의 해석은 그 시원의 본질이 유무불이적인 것임을 잘 보여주고 있습니다.

> 만물이 그것으로 인해서 이루어지되 그 형상을 보이지 않으니 이는 지극한 존재이다. … 있다고 말하려고 하면 그 형상을 볼 수 없고, 없다고 말하려고 하면 만물이 그것으로 인해 생겨난다. 그러므로 겨우겨우 끊임없이 이어진다고 했다(<物>以之成而不見其形, 此至物也…欲言存邪, 則不見其形, 欲言亡邪, 萬物以之生. 故綿綿若存也).[62]

왕필은 그의 「노자지략」에서도 만물의 시원이 갖는 이와 같은 모습을 다음과 같이 훌륭하게 묘사한 바 있습니다.

저 물(物)이 생겨나고 공(功)이 이루어지는 소이는 반드시 무형에서 생기고 무명에서 말미암으니 무형하고 무명한 것이 만물의 종주다. 뜨겁지도 않고 차갑지도 않으며, 궁(宮)음도 아니고 상(商)음도 아니다. 들으려해도 들을 수 없고, 보려 해도 드러나지 않고, 몸으로 느껴보려고 해도 알 수 없으며, 맛을 보려고 해도 맛볼 수 없다. 그러므로 그 물(物)은 뒤섞여서 이루어져 있고, 상(象)은 모양이 없고, 음은 소리가 들리지 않으며, 맛은 볼 수가 없다. 그러므로 능히 만물의 종주가 될 수 있고 천지를 관통하여 지나지 못하게 할 수 있는 것이 없다(夫物之所以生, 功之所以成, 必生乎無形, 由乎無名. 無形無名者, 萬物之宗也. 不溫不涼, 不宮不商. 聽之不可得而聞, 視之不可得而彰, 體之不可得而知, 味之不可得而嘗. 故其爲物也則混成, 爲象也則無形, 爲音也則希聲, 爲味也則無呈. 故能爲品物之宗主, 苞通天地, 靡使不經也).63)

장자도 있음과 없음이 둘이 아님을 분명하게 인식하고 있었습니다. 이것을 「소요유」편은 분명히 보여줍니다.

시작이 있으면 그 앞에 '아직 시작되지 않음'이 있고, 또 그 앞에 '아직 시작되지 않음의 이전'이 있다. '있다(有)'가 있고 '없다(無)'가 있으면, 그 앞에 '있다 없다의 이전'이 있고, 또 그 앞에 '있다 없다 이전의 이전'이 있다. (사물의 기원을 좇으면 끝이 없지만 현실 세계에서는) 갑자기 '있다 없다'의 대립이 생기게 된다. 그리고 그 '있다 없다'의 대립은 (결국 상대적이므로) 어느 쪽이 '있다'이고 어느 쪽이

'없다'인지 알 수 없다."(有始也者,有未始有始也者,有未始有夫未始有 始也者.　有有也者,有无也者,有未始有无也者,有未始有夫未始有无也 者. 俄而有无矣,而未知有无之果孰有孰无也).(64)

이러한 생각은 장자가 무에서 만물이 나옴을 설명하는 다음과 같 은 글귀에서도 또한 잘 드러나 있습니다.

천지의 시초(태초)에는 무가 있었다. 존재하는 것이란 아무것도 없고 이름도 없었다. 여기서 일이 생겨났는데, 일은 있어도 아직 형체가 없었다. 만물은 이 일을 얻음으로써 생겨나는데 그것을 덕이라 한다. 아직 형체는 없지만 (내부에서) 구분이 생겨 차례로 만물에 깃들면 서 조금도 틈이 없다. 이것을 운명이라 한다. 일은 유동하여 사물을 낳는데 사물이 이루어져 사리가 생긴다. 이를 형체라 한다. 형체는 정신을 지키고 각기 고요한 법칙이 있다. 이것을 본성이라 한다. 본 성이 잘 닦여지면 본래의 덕으로 돌아가고, 덕이 지극한 데에 이르 면　태초의　상태와　같아진다(泰初有无无有无名.,一之所起,有一而未 形. 物得以生,謂之德. 未形者有分,且然无間,謂之命.,留動而生物,物成 生理.謂之形.,形體保神,各有儀則,謂之性. 性修反德,德至同於初).(65)

만물의 근원

우리는 만물의 근원이 본질적으로 유무불이적인 것임을 서양의 여러 철학자들도 인식하고 있었음을 볼 수 있습니다. 일찍이 만물의 원질 을 탐구했던 그리스 자연철학자 중의 한 사람인 아낙시만드로스는 만물의 근원이 되는 것은 한정된 성질의 것일 수는 없기 때문에 그 형상이나 성질을 전혀 규정할 수 없는 것(무한정자)임을 주장했습니다. 이것은 만물의 시원에 대한 불교와 도가 철학의 생각과 기본적으로 같은 것입니다.

잘 알려져 있듯이 아낙시만드로스의 스승 탈레스는 만물의 근원을 물이라고 주장했습니다. 물이 모든 생명체의 근원이라는 점에서 만물의 근원을 물이라고 한 탈레스의 견해도 일리가 없는 것은 아닙니다. 그러나 세상 만물 중에는 물과는 전혀 다른 성질을 띠고 있어서 도저히 물로부터 나왔다고는 설명할 수 없는 것들이 많습니다. 그렇다고 만물의 근원을 물 아닌 다른 특정한 것, 예를 들어 불이라든가 흙이라든가 하는 것들로 생각해도 결과는 마찬가지입니다. 이것은 무한히 다양한 성질의 만물을 낳은 근원을 어떤 한정된 존재로 규정하려는 데서 오는 문제입니다.

이러한 난점을 피할 수 있는 유일한 방법은 만물의 근원을 무규정적인 것, 무한정적인 것으로 간주하는 것인데, 아낙시만드로스는 이것을 간파하고 있었던 것입니다. 그런데 그 형상이나 성질을 전혀 규정할 수 없는 것은 사실 있다고 할 수도 없습니다. 우리가 어떤 것이 있다고 할 수 있는 것은 그것이 일정한 형상이나 성질을 지니고 있기 때문인데, 무한정자는 그러한 것이 전혀 없으므로 있다고 조차 말할 수 없습니다. 그러나 다른 한편으로 무한정자는 무한히 다양한 만물을 낳는 것이기 때문에 또한 없다고도 말할 수 없습니다. 그렇기 때문에 무한정자는 결국 유무불이적인 것이 아닐 수 없습니다.

마찬가지로 근대 서양철학의 태두이자 현대철학의 출발점을 이루는 헤겔도, 세상 만물의 변증법적 운동 법칙을 서술하는 『논리학』

에서, 세상 만물의 시원을 설명하면서 순수유와 순수무의 대립적이면서도 통일적인 모순적 관계에 의해서 생성이 이루어질 수 있는 것이라고 주장함으로써 세상 만물을 생성하는 근원은 유무불이적인 것이라는 생각을 나타내고 있습니다.

헤겔에 따르면 우주의 태초 근원을 이루는 절대적 존재는 모든 존재가 갖고 있는 제한성에서 벗어난 순수존재여야만 합니다. 그것은 아직 아무런 매개도 거치지 않은 직접적인 것이기 때문에 무규정적인 것이고, 그 때문에 장차 무엇으로도 될 수 있는 것입니다. 그러나 헤겔은 그 뒤를 이어 곧바로 이 순수한 존재는 무와 같은 것이라고 얘기합니다. 순수존재는 아무런 규정도 할 수 없는 존재입니다. 심지어 그것은 엄밀히 말하자면 있다고도 말할 수 없는 것입니다. 그렇기 때문에 그것은 무라고 할 수 있습니다. 헤겔은 이처럼 무와 유의 통일을 주장합니다. 그렇지만 그는 또 다시 유와 무의 구별, 즉 유는 무가 아니고 무는 유가 아니라는 것도 역시 옳다고도 주장합니다. 그는 이처럼 유와 무가 같으면서도 다른 것이고, 같지도 다르지도 않은 불이적인 것이기 때문에 만물의 생성이 가능하게 된다고 보고 있습니다.

둘을 융합하되 하나도 아니다

이처럼 동서양의 많은 심원한 사상들이 말해주듯이 만물과 만물의 근원의 본질이 유무불이이므로 우리는 있음과 없음 그 어느 쪽에도 치우치지 말아야 합니다. 우리가 존재하는 것들에 사로잡혀 있음만을 보고 그것이 근원적으로는 무상하고 허망한 것(무)임을 보지 못한다면, 우리는 그것에 집착함으로써 수많은 갈등과 고통을 겪을 수밖에 없게 됩니다. 반면에 우리가 없음에 사로잡혀 모든 것을 그저 허망하고 공허한 것이라고만 간주한다면, 우리는 허무주의에 빠짐으로써 생의 모든 의미와 목표와 가치를 상실해 버릴 것입니다. 사실 이 세상의 모든 문제는 끝까지 따져 보면 어떤 면에서는 모두 다 있음이 아니면 없음에 치우친 데서 생긴 것이라고 할 수도 있습니다.

그렇기 때문에 우리는 있음과 없음 어느 쪽에도 치우치지 않고 유무불이라는 확고한 중도의 입장을 취해야만 합니다. 원효는 『금강삼매경론』에서 『금강삼매경』의 대의를 얘기하면서 다음과 같이 표현한 바 있습니다.

무릇 일심(一心)의 원천은 유무를 떠나서 홀로 청정하며, 삼공(三空)의 바다는 진속(眞俗)을 융합하여 깊고 그윽하도다. 깊고 그윽하므로, 둘을 융합했으되 하나가 아니요, 홀로 청정하므로 양극을 떠났으되 중간도 아니로다. 중간이 아니나 양극을 떠났으므로 있지 않은 것이라고 곧 무에 머물지 않으며, 없지 않는 모양이라고 곧 유에 머무는 것이 아니로다. 하나가 아니나 둘을 융합했으니 진(眞) 아닌 사(事)가 아직 속(俗)이 된 것이 아니며, 속 아닌 이(理)가 아직 진이 된 것도 아니요, 둘을 융합했으되 하나가 아니니 진속의 성(性)이 서지 않는 바 없고 염정(染淨)의 상(相)을 갖추지 아니함이 없도다. 양극을 떠났으나 중간이 아니므로 유무란 법이 이뤄지지 않는 바 없고, 시비의 뜻이 미치지 않는 바 없도다. 그러므로 깨트림이 없으되 깨트리지 않음이 없으며, 세움이 없으되 세우지 않는 바가 없도다. 가히

무리지지리(無理之至理)며, 불연지대연(不然之大然)이라고 할 것이로다. 이는 이 경의 대의를 풀이한 말이다(夫一心之源 離有無而獨淨 三空之海 融眞俗而湛然 湛然 融二而不一 獨淨 離邊而非中 非中而離邊 故不有之法 不卽住無 不無之相 不卽住有 不一而融二 故非眞之事 未始爲俗 非俗之理 未始爲眞也 融二而不一 故眞俗之性 無所不立 染淨之相 莫不備焉 離邊而非中 故有無之法 無所不作 是非之義 莫不周焉 爾乃無破而無不破 無立而無不立 可謂無理之至理 不然之大然矣 是謂斯經之大意也).66)

그런데 여기에 나오는 "둘을 융합했으되 하나가 아니요(融二而不一)"나 "양극을 떠났으되 중간도 아니다(離邊而非中)"라는 말이야말로 우리가 유무를 대해야만 하는 올바른 태도를 나타내고 있다고 할 수 있습니다.

유무에 대해 이와 비슷한 태도를 우리는 천태지의의 『마하지관』에서도 찾아볼 수 있습니다. 거기서 지의는 유무불이를 보는 올바른 관점과 태도를 설명하기 위해 삼지삼관(三止三觀)을 논하고 있습니다. 연기에 의존하고 있는 무상한 존재들은 가상적인 것이므로, 우리는 그것을 깨달아 가(假)에서 공(空)으로 들어가야(從假入空) 합니다. 그러나 우리가 가에서 공에 들어가도, 우리는 공이라는 실체가 있어서 그것과 만나게 된다고 생각해서는 안 됩니다. 공이란 그러한 실체적인 사고를 초월하는 것이기 때문에 우리는 공에 들어가도 공에 머물러서는 안 됩니다. 공도 역시 공입니다. 이리하여 우리는 공도 역시 공이라고 관찰하고, 공의 진실도 역시 진실이 아니라고 하여, 공으로부터 가로 거꾸로 들어가야 합니다. 이것이 공으로부터 가로 들어가는 종공입가(從空入假)입니다.

그러나 우리는 다시 여기서 가에 머물러서는 안 됩니다. 그러므로 우리는 결국 종가입공에도 머물러서는 안 되며, 종공입가에도 머물러서는 안 됩니다. 공과 가 어디에도 구속되지 않고 항상 공가상즉(空假相卽)의 중도를 유지하지 않으면 안 됩니다. 이것을 중도제일의(中道第一義)라고 합니다. 이것이 바로 유무에 대한 올바른 관점인 삼관(三觀)입니다.[67] 이러한 관점을 체득하여 실천하는 방법을 지의는 삼지(三止)라고 하고 있습니다. 삼지란 체진지(體眞止), 방편수연지(方便隨緣止), 식이변분별지(息二邊分別止)를 말합니다. 여기서 체진지(體眞止)란 공인 진리를 체득하여 그곳에 머무르는 것을 의미합니다. 방편수연지(方便隨緣止)란 교묘한 방편으로써 현실(假)의 모든 모습에 따르며, 그곳에 머무르는 것을 의미합니다. 식이변분별지(息二邊分別止)란 공과 가의 양변을 분별하는 것을 멈추고, 어느 것에도 집착하거나 치우치지 않는 중도에 머무르는 것을 의미합니다.[68]

3 불이사상의 문명사적 의미

(1) 우주와 나는 둘이 아니다

둘이 아님과 사랑

현대 문명이 막다른 골목에 이르게 된 것은 분리와 경쟁과 정복과 지배의 논리 탓입니다. 우리는 이러한 현대 문명이 처한 총체적 난국으로부터 벗어나 새로운 미래문명을 건설할 수 있는 패러다임의 전환을 불이사상에서 발견할 수 있으리라 간주하면서 지금까지 불이사상을 살펴보았습니다. 지금까지 우리는 '하나와 여럿은 둘이 아님(一多不二)'과 '있음과 없음은 둘이 아님(有無不二)'으로 나누어 설명하면서 불이사상을 이 세계의 실상에 대한 올바른 존재론적 견해로 서술해 왔습니다. 그러나 불이사상은 이 세계에 대한 존재론적 설명에 그치는 것이 아닙니다. 그것은 파국에 이른 현대 문명으로부터 새로운 미래문명으로 우리를 이끌어 구원할 실천의 지침이 되기도 합니다. 이제부터는 불이사상이 세계문명사 속에서 갖는 실천적 의미를 살펴보도록 하겠습니다.

우리가 이미 보았듯이 이 세상은 둘이 아닌 세상이라는 것, 이 우주의 어떤 것도 다른 것과 분리되어 존재하지 않는다는 것, 모든 것은 불이적이라는 것이 우주의 궁극적 진리입니다. 모든 것은 그 나름의 독특성을 지니면서도 다른 모든 존재들을 포섭하고 또한 그것들에 포섭됩니다. 그런 의미에서 이 세상의 모든 존재는 그 자체가 우주 전체라고도 할 수 있습니다. 그러니 이 세상에 존재하는 것은 풀 한 포기 돌멩이 하나조차도 위대합니다. 우주 속의 모든 것은 서로 한 울타리 속에 있으면서 서로가 서로를 감싸안고 있는 한울님들입니다. 그러므로 이 세상에 존재하는 모든 것은 하나 하나가 무엇하고도 바꿀 수 없는 소중한 존재입니다. 이런 불이적 관점에 서면 우리는 이 세계의 모든 것 하나 하나를 하늘처럼(한울님으로) 공경하지 않을 수 없습니다.

요즈음 우리나라의 어린 학생들 사이에서 약한 학생을 집단적으로 따돌리고 학대하는 '왕따 현상'이 종종 문제가 되고 있습니다. 이야말로 정말 억장이 무너지고 통탄을 금할 수 없는 일입니다. 어떻게 인간이 인간을, 친구가 친구를 그토록 학대하고 괴롭힐 수 있단 말입니까? 나와 똑같은 생각과 감정을 지니고 있고 나와 한 반에서 생활하면서 뗄 수 없이 연결되어 있는 친구에게, 서로 얼싸안고 감싸줘야 할 소중한 한울님에게 그토록 잔인한 고통을 가한다는 것이 도대체 말이나 되는 소리입니까? 이것이야말로 우리 사회를 지배하고 있는 경쟁·승리·정복·지배의 논리가 인간성을 얼마나 황폐화하기에 이르렀는가를 단적으로 보여주는 일이 아니겠습니까?

불이적 관점에 서면 인간뿐 아니라 심지어 티끌에 이르기까지 세상 만물 모두를 하나같이 아끼고 존중하지 않을 수 없습니다. 그러나 그러면서도 우리는 또한 동시에 모든 것은 다른 모든 것과의 관계 속에서만 존재하는 것이기 때문에 그 개별성에만 고착되어서는 안 됩니다. 개별적 존재에 고착하고 집착하는 성질은 의식과 자기의식을 갖고 있는 인간에게 특히 심하게 나타납니다. 인간은 자기의식을 갖고 있기 때문에 자기와 자기 아닌 것을 나누고 자기 아닌 모든 것을 자기의 대상으로 인식하고 이것을 자기 필요를 위해 이용하고 지배할 수 있는 것으로 간주할 위험이 있습니다. 그리고 이러한 위험은 우리가 앞서 보았듯이 자연과 타인에 대한 지배와 정복을 추구해온 현대 문명의 병폐 속에서 분명히 드러났습니다.

의식적이고 자기의식적인 인간은 위대합니다. 인간은 이 우주 전체의 진리를 인식하고 깨칠 수 있는 위대한 영적인 존재입니다. 그러므로 인간은 어떤 존재보다도 진리에 가까이 도달해 있는 존재입니다. 그러므로 불교에서도 인간으로 태어나는 것은 지극히 만나기 어려운 행운의 기회라고 합니다. 깨칠 수 있는 의식을 가진 인간으로 태어났으니, 이 기회를 이용해서 생사윤회의 고통에서 벗어날 수만 있다면 이보다 큰 행운이 없다는 것입니다. 그렇기 때문에 인간은 위대하고 인생은 소중합니다.

그러나 영적인 존재로서 우리가 발견하는 위대한 진리는 바로 우리와 이 세계가 불이(梵我不二)라고 하는 사실입니다. 그러므로 우리의 의식은 세계와 우리를 분리시키고 세계를 지배하는 도구가 아니라 다른 모든 존재들과 화해하고 협력하는 공생과 상생을 위한 방편이어야만 합니다. 그렇지 못할 때 의식적 존재인 인간은 가장 위대하기는커녕 그 어떤 존재보다도 더 위험하고 흉측한 존재가 될 수도 있습니다. 사실 지금껏 인류가 달려온 길을 보면 인간의 모습은 아직까지 이런 모습에 더 가까운 것이 아닌가 싶습니다.

그러나 본래 우주와 불이적 존재인 인간의 기본 본능은 사랑입니다. 본래 서로 떨어질 수 없는 불이적 존재들은 서로 분리되려고 하고 서로 경쟁하고 지배하려고 하는 것이 아니라, 서로 합쳐 하나가 되고자 하는 것이 당연한 일입니다. 그렇기 때문에 근본적으로 둘이 아닌 우주의 모든 존재들 사이에 존재하는 기본적 성향은 사랑입니다다. 그러나 의식과 자기의식으로 인해 다른 존재들과의 분리를 느끼게 되는 인간의 경우에는 특히 더 그 존재의 저 깊숙한 본능 속에서 우주와의 본래적 통일상태(불이상태)를 회복하고자 하는 열망(사랑)이 클 수밖에 없습니다. 그 어느 것보다도 더 다른 존재들과 분리되어 있다는 인간의 상황이 인간으로 하여금 더욱 더 사랑을 추구하게 만드는 역설을 만들어 내는 것입니다.

실제로 다른 동물들보다도 인간에게서 더욱 강하게 나타나는 성적 욕망도 따지고 보면 이러한 사랑에 대한 인간의 뿌리깊은 갈망에서 유래하는 것이라 볼 수 있습니다. 일반적으로 발정기에만 성욕을 드러내는 다른 동물들에 비해 인간의 성적 욕망이 엄청나게 강한 것은 인간이 처해 있는 존재론적 상황과 깊은 관계가 있습니다. 다른 존재들과 달리 인간은 의식과 자기의식을 갖고 있습니다. 그런데 자기를 의식한다는 것은 이미 자기와 떨어져서 자기와 맞서 있는 대상·세계·타자를 전제로 해서만 가능합니다. 따라서 자기의식을 지닌 인간은 자기를 둘러싸고 있는 이 세계나 타자로부터 분리되어 있는 것이며, 그렇기 때문에 근원적으로 고독하고 불안한 존재론적 상황에 처해있다고 할 수 있습니다.

이러한 존재론적 상황에 처해 있는 인간은 타자와의 결합을 회복함으로써 그 고독과 불안을 해소하고자 하는 근원적인 열망을 갖게 됩니다. 그리고 여기서 성은 중요한 의미를 갖습니다. 성 관계는 서로 떨어져 있는 두 개체가 하나 되는 관계의 극치입니다. 두 몸이 하나가 되고, 두 개체의 일부가 서로 합쳐져 새로운 하나의 개체를 탄생시킬 수 있는 성 관계야말로 서로 분리되어 있던 존재들이 완벽하게 결합하는 위대한 행위일 수 있습니다. 어떤 면에서 인간에게 성적 욕망이 그토록 강한 이유는 바로 이러한 근원적인 인간의 존재론적 상황과 성이 맺고 있는 관계 때문이라 할 수 있습니다.

수많은 여성들과 성 관계를 맺으면서 성에 집착해 온 한 작가가 있었습니다. 그 사람이 어떤 계기가 있어 명상 수련을 하게 되었습니다. 어느 날 깊은 명상에 잠겨 있을 때 그는 아주 어렸을 적 자신의 울음소리를 들었습니다. 그 울음은 홀로 된 어머니가 그를 남겨두고 다시 시집을 가던 날의 울음소리였습니다. 그것은 어린 나이에 어머니와 분리된다는 것을 직감한 그가 그 불안과 고독감으로 인해 울고 있는 소리였습니다. 그 울음소리를 듣는 순간 그는 깨쳤다고 합니다. 자신이 그동안 그토록 여성과 성에 집착한 까닭은 바로 어린 시절에 느꼈던 그 근원적인 불안과 고독을 극복하고자 하는 몸부림이었다는 사실을 깨달았다는 것입니다. 그 후부터 그는 성에 대한 집착에서 벗어날 수 있었다고 합니다. 이 얘기는 성적 욕망이 근본적으로 분리된 타자와 결합하고자 하는 열망에서 유래한다는 것을 상징적으로 잘 드러내 주고 있습니다.

그런데 인간이 타자와 결합하여 분리를 극복하려는 관계 방식은 여러 가지가 있을 수 있습니다. 가학증과 피학증도 따지고 보면 그러한 방식의 일종입니다. 가학증은 폭력적으로 타자의 독립성을 파괴하여 내가 원하는 대로 타자를 복종시킴으로써 타자를 나에게 통합하여 타자와의 분리를 극복하는 방법입니다. 피학증은 그 반대입니다. 그것은 오히려 나의 독립성을 포기하고 타자의 의지에 전적으로 복종함으로써 타자와의 분리를 극복하려 합니다.

이러한 가학적이고 피학적인 관계 방식도 어떻든 일종의 분리 극복 방식이기 때문에 그 나름의 쾌락을 제공해 주기는 합니다. 그러나 이러한 관계는 이미 독립적으로 존재하고 있는 인간을 필연적으로 파괴하고 부정할 수밖에 없다는 점에서 결코 만족스러운 결합 방식이라고 할 수 없습니다. 그것은 왜곡된 결합의 방식입니다. 이미 자립하여 타자와 분리되어 있는 인간의 개성과 독립성을 강제로 부정한다고 해서 문제가 해결될 수는 없습니다. 그것은 결국 자기의식을 지닌 인간을 불행에 빠뜨리고 맙니다.

타자와의 분리를 극복할 수 있는 진정한 방법은 각자의 자립성을 존중하면서도 서로 하나가 될 수 있는 것이어야만 합니다. 이것이야말로 똑같지도 않으면서 다르지도 않은 불이적 존재들이 맺어야 하는 올바른 관계의 방식입니다. 그리고 이러한 방법은 사랑 밖에 없습니다. 사랑은 상대방을 소유하여 내 멋대로 지배하거나, 상대방에게 무조건 복종하고 의지하는 관계가 아닙니다. 그것은 서로가 갖고 있는 독특한 개성을 충분히 인정하면서도 몸과 마음을 모을 수 있는 것입니다. 이런 사랑이야말로 분리된 타자나 세계와 진정 올바로 결합할 수 있는 유일한 통로입니다.

분리되어 있는 인간들이 서로 결합하는 여러 가지 방식은 성적 관계에도 그대로 나타납니다. 세계와 타자로부터 분리되어 근원적인 불안과 고독을 느끼고 있는 인간들은 때때로 가학적이고 피학적인 성 관계를 통해서라도 그것으로부터 벗어나고자 합니다. 그러나 그 결과는 관계하는 당사자들의 파괴라는 비극적 파국일 수밖에 없습니다.

오시마 나기사라는 일본 감독의 영화 『감각의 제국』은 이것을 잘 보여주고 있습니다. 이 영화는 성적 감각의 쾌락에 몰두한 나머지 가학적이고 피학적인 성 관계를 극단적으로 추구하다가 결국은 여자가 남자를 살해하고 자신도 자살하고 만 실제 사건을 재현한 것입니다. 우리나라에서도 장선우 감독의 영화『거짓말』이 가학적이고 피학적인 성 관계를 다뤄 큰 관심을 끌었습니다. 이 두 영화는 동일한 주제를 다루고 있고, 흡사한 면이 너무나 많습니다. 그렇지만 성적 쾌락의 극대화만을 추구한 나머지 점점 더 극단으로 치닫다가 끝내는 파국을 맞을 수밖에 없는 가학증과 피학증의 논리를 훨씬 더 실감나게 그리고 있는 것은『감각의 제국』쪽입니다. 가학증과 피학증이라는 것은 본질적으로 남이나 나를 파괴하여 타자와 하나가 됨을 추구하는 것입니다. 이 때문에 이것은 결국 타자와 나 자신을 절멸시키는 극단적인 비극으로 끝나지 않을 수 없습니다.『감각의 제국』은 이것을 분명하게 보여주고 있습니다. 이에 비한다면『거짓말』은 약간 어정쩡한 상태로 끝나는 모습을 보이고 있습니다.

사실 사랑도 없이 성적 감각의 만족만을 위해 맺는 모든 성 관계는 본질적으로 진정한 교류와 결합을 위한 것이 아닌 가학적이거나 피학적인 것이라 할 수 있습니다. 그리고 오늘날에는 진부한 것처럼 들리기조차 하지만 사랑에 바탕하지 않은 성 관계는 결코 인간의 불안과 고독을 씻어주고 타자와의 진정한 화해와 결합을 가져다 줄 수 없습니다. 사랑 없는 성은 허망합니다.

그런데도 오늘날 우리 사회 속에는 쾌락주의적인 성 문화가 갈수록 퍼지고 있습니다. 지식인들 가운데서도 우리는 오직 감각의 지배만을 인정하고 찬양하는 '감각의 제국주의'가 횡행하고 있음을 볼 수 있습니다. 오늘날 특히 첨단 문화를 주도하는 많은 지식인들은 우리가 지금껏 '이성의 횡포'에 억눌려 왔다고 하면서, 이제는 그로부터 해방되어 자유롭게 감각과 쾌락의 흐름에 몸을 맡겨도 좋다고 주장합니다. 그들은 이것을 흔히 '탈주의 쾌락'이라 부릅니다. 이런 사람들은 흔히 『감각의 제국』이나 『거짓말』 같은 영화들이 묘사하는 가학적이고 피학적인 성 관계도 지금껏 금기시되어 왔던 성적 욕망의 충족방식을 보여줌으로써 성적 억압에서 벗어난 자유롭고 다양한 성 관계의 지평을 열어 준다고 찬양합니다.

이런 사람들은, 예컨대 우리가 그런 영화를 보고 '그래서 어쨌단 말인가? 어쩌란 말인가?'라고 그 의미를 캐고 들라치면, 바로 그렇게 의미를 따지고 판단하려는 태도야말로 바로 한물 간 이성 중심적인 억압적 태도라고 강변하면서, 그저 몸으로, 감각으로 느껴보라고 합니다. 이들은 가학적이고 피학적인 성 관계가 주는 색다른 감각과 쾌락을 즐길 뿐 그것이 의미하는 바가 무엇인지, 그것이 주는 쾌락이 어떤 것인지를 비판적으로 분석하려고 하지 않습니다. 그러나 이런 입장은 이성의 지배와 억압에 극단적으로 반대한 나머지 어떤 의미나 가치에 대한 질문이나 추구도 거부하면서 오직 감각의 지배만을 인정하는 '감각의 제국주의'라고 하지 않을 수 없습니다.

사랑에 기초하지 않는다면, 성 관계를 포함한 모든 인간 관계는 타자와의 올바른 결합 방식일 수 없습니다. 우리가 이 세상에서 느낄 수 있는 가장 강렬하고 고귀하며 완벽한 느낌은 사랑의 느낌, 다른 존재와 하나가 되는 느낌입니다. 우리는 연인과의 사랑 속에서, 친구와의 우정 속에서, 운동 경기를 통해 우리가 속한 집단과 하나됨으로써 종종 이러한 느낌을 체험합니다. 그러나 이러한 체험들은 자칫 잘못하면 다른 한편으로는 그들만의 배타성을 띠고 다른 것들과의 분리를 조장하는 편협한 것이 될 수도 있습니다. 우리는 역사 속에서 광신적 패거리주의·국수주의·종족주의 같은 것들이 얼마나 많은 해악을 끼쳐 왔는가를 잘 알고 있습니다. 오늘날에도 우리 사회에서 고향에 대한 사랑이 편협한 지역주의가 되어 우리의 정치 현실을 심각하게 왜곡하고 정의롭고 민주적인 사회의 건설을 가로막고 있음을 보고 있습니다.

그러므로 무엇보다도 완벽한 사랑의 체험은 존재 전체와 하나가 되는 체험입니다. 이것은 우리가 앞에서 말한 바 있는 만물과 하나되는 도의 경지라 할 수 있습니다. 그리고 이러한 완벽한 사랑의 체험, 도의 체험은 우리가 우주 전체와 불이임(梵我不二)을 깨달을 때에만 가능합니다. 지금껏 수많은 종교의 성인들이나 위대한 사상가들이 신과의 합일, 우주와의 합일을 인생에서 도달할 수 있는 가장 높은 궁극적 경지로 간주하면서 일생을 걸고 추구했던 것도 바로 이 때문입니다. 본래 우주와 둘이 아니었던 내가 그 우주와 다시 하나되는 이런 경지에 비추어 본다면 그 밖의 세속적인 어떤 행복도 어쩌면 하잘 것 없는 것이라고도 할 수 있을 것입니다.

자연과 나는 둘이 아니다

앞서 얘기한 것처럼, 현대 문명은 인간을 자연으로부터 동떨어지고 자연 위에 군림하여 자연을 소유하고 지배할 수 있는 존재로 간주하면서 인간의 물질적 욕망을 충족시키기 위해 무제한한 성장만을 추구해 왔습니다. 그러나 지속적 경제성장에 대한 맹목적 신앙은 인간의 이기적 욕망의 무한한 확장과 자기주장에 기초한 비뚤어진 신앙입니다. 우리는 그러한 왜곡된 신앙이 초래한 파국적 결과를 이미 보았습니다. 이제 우리에게는 방향 전환이 필요합니다. 우리에게 필요한 변화를 한 마디로 표현한다면, 이 세계 만물 전체와 우리를 분리된 존재로 보고, 우리 각자를 서로 분리된 존재로 보는 걸 멈추고, 우리를 포함한 온 우주가 불이적 관계에 있다는 것을 자각하고 생활해 나가는 것입니다.

물론 우리는 우리 자신을 존중하고 소중히 여기고 사랑하도록 해야 합니다. 그러나 자기를 소중히 여기고 사랑한다면 바로 그러한 자신의 존재를 지탱하고 있는 온 우주의 모든 존재들 하나 하나도 소중히 여기고 사랑해야 마땅합니다. 우리는 햇빛이요, 땅이요, 물이요, 공기입니다. 우리의 몸뚱어리 자체가 이들로부터 온 자양분으로 이루어져 있습니다. 우리를 이루고 있는 이 모든 것이 병든다면 우리 몸도 곧 병들지 않을 수 없습니다. 내 몸 속에 들어와 내 몸의 70 %를 이루는 강물이 어찌 내 몸이 아니겠습니까? 그 강물이 오염되어 죽어 갈 때, 어찌 내 몸이 온전하기를 바랄 수 있겠습니까?

사실 현대 문명 이전의 구문화권 속에 살았던 인간들 거의 모두는 자연을 정복의 대상이 아니라 어머니로 존경하고 사랑했습니다. 그들은 자신과 자연을 동일시했습니다. 그들은 먹고살기 위해서 어쩔 수 없이 사냥을 할 때조차도, 그들이 사냥해서 먹는 짐승들을 존경하고 찬양했습니다. 그들은 사냥한 짐승을 먹기 전에 그 짐승의 힘과 용기를 찬양하는 의식을 치렀습니다. 현대인들은 곧잘 이것을 그들이 미개했기 때문에 빠져 있었던 미신적 사고의 탓으로 돌리곤 합니다. 그러나 곰곰이 생각해 보면 그렇지 않습니다. 사람이 잡아먹는 짐승의 살과 피와 뼈는 곧바로 인간의 살과 피와 뼈가 됩니다. 그런 짐승이 병들었거나 약해 빠진 존재라면, 그것을 먹는 인간도 건강하지 못합니다. 이 때문에 구문화권의 사람들은 자신들의 먹이가 되는 짐승이 건강하고 강한 존재이기를 진정으로 바랬으며, 건강한 살과 피와 뼈를 자신들에게 주는 그에게 진정으로 고마움을 표하고 그를 찬양했던 것입니다.

그들의 이러한 태도는 현대인들과 전혀 다릅니다. 존 로빈스는 『육식, 건강을 망치고 세상을 망친다』라는 책에서 현대인들이 식용 동물들을 취급하는 충격적인 방식을 상세하게 묘사한 바 있습니다. 오늘날 인간의 먹이가 되는 닭, 돼지, 소 등의 식용 동물들은 비참하기 이를 데 없는 상황 속에서 길러집니다. 그들은 살아 숨쉬는 고귀한 생명체로서 마땅히 받아야할 배려를 전혀 받지 못한 채, 공장의 제품처럼 취급되고 있습니다. 부드럽고 연한 살을 더 많이 얻기 위해서 사람들은 그들을 움직이기도 힘들 정도로 좁은 우리에 가두어 놓고 키웁니다. 더 빠른 성장을 위해서, 열악한 환경에서 오는 질병을 막기 위해서, 그들에게는 항상 엄청난 양의 호르몬이나 항생제 및 소독약들이 투여됩니다. 그들의 삶은 이루 말할 수 없이 끔찍한 고통이며 공포입니다. 그들은 단지 인간의 먹이가 되기 위해서만 생존하는 그 짧은 기간을 끔찍할 정도로 비참한 상황 속에서 보냅니다.

그러나 현대인들은 더 빠른 시간에 더 많은 고기를 얻는 데에만 관심을 가질 뿐 이런 것에 별로 신경을 쓰지 않습니다. 현대인들은 먹이가 되는 짐승들이 건강하고 강인하며 존경할 만한가 그렇지 않은가에는 관심을 갖지 않습니다. 그 때문에 우리가 고기를 먹을 때, 우리는 건강하지 못한 그들의 몸뚱어리는 물론 그들의 공포와 불안과 고통과 분노도 함께 먹게 됩니다. 그리고 그 결과로 또한 우리 자신도 각종 질병과 불안과 분노 덩어리가 되는 셈입니다.

구문화권 사람들과 현대인들의 태도는 이렇게 다릅니다. 구문화권 사람들은 대부분 지배자가 아니라 협력자로서의 삶을 영위했습니다. 이것은 분리와 경쟁, 정복과 지배가 인간의 불가피한 본성이 아니며 오히려 서로 협력하고 하나됨을 추구하는 사랑이 인간의 더욱 기본적인 본능임을 말해 줍니다. 우리가 우리들 인간과 다른 존재들을 가르고, 인간이 다른 모든 것들보다 우월하며, 그 때문에 우리가 그것들을 지배할 권리가 있다는 오만한 생각을 버리고, 모든 것이 나름의 가치를 갖고 있고 이 땅에서 살 신성한 권리를 갖고 있다는 구문화의 관점을 받아들이기만 해도, 오늘날과 같이 심각한 생태계의 붕괴라는 위험에서 벗어날 수 있을 것입니다.

그러나 현대 문명은 이러한 구문화의 관점으로부터 멀리 벗어나 버렸습니다. 그리고 그 결과로 우리는 생태계의 총체적 파괴라는 위기에 직면해 있습니다. 이제 우리를 지도해야 할 원리는 우리 모두가 불이적 존재로서 통일되어 있다는 것입니다. 이런 관점에서 우리는 자연에 대한 인식과 자연과의 관계를 다시 정립해야만 합니다. 우리는 더 이상 자연을 단순히 죽어있는 물질 덩어리로 보아서는 안 됩니다. 우리는 그것을 그 자체로 살아 있으며 우리의 삶을 지탱해 주는 유기적 생명체로서 보아야 합니다. 이제는 자연을 지배와 착취의 대상으로 삼는 것이 아니라, 자연을 우리의 어머니로 보고 존중하며 자연과 더불어 협력하고 자연의 흐름에 순응하는 자연과의 화해가 필요합니다.

그러기 위해서 우리는 성장과 확대만을 지상의 가치로 여겨온 우리의 경제적 관념들을 근본적으로 다시 검토해야만 합니다. 양적으로 성장하고 확대되는 것을 무조건 좋은 것으로 간주하는, 거대한 것에 대한 숭배는 사실 자기 과시욕에 바탕하고 있는 것입니다. 이제 불이적 관점에서, 그리고 생태적 관점에서 경제적 관념들을 근본적으로 수정해야만 합니다. 되도록 짧은 시간에 많은 상품을 만들어 내는 것을 효율적이라고 하는 경제학적 효율성 개념은 문제가 많습니다. 사실 막대한 지구 자원을 엄청나게 빠른 속도로 고갈시켜 가면서 소수인의 낭비적 소비생활을 뒷받침하는 현재의 경제체제는 생태학적 관점에서 본다면 극히 비효율적인 것이라 하지 않을 수 없습니다.

카프라는 이런 관점에서 이익이라는 개념도 완전히 수정해야만 한다고 주장합니다. 지금까지 개인적 이익은 사회적, 환경적 착취로 인해 이루어지는 경우가 너무나 많았습니다. 그는 이러한 원가들이 전부 계산에 포함되어야 하며 그래서 이익의 개념이 진정한 부의 창출과 연관되어야 한다고 주장합니다. 그리고 그렇게 되면 오늘날 이익이 남게 생산되고 판매되는 많은 상품이 낭비적인 것으로 인정되므로 값이 비싸서 시장에서 쫓겨나게 될 것이라고 주장합니다.[69]

그러나 자연과의 관계에서 무엇보다도 중요한 것은 인간이 자연 위에 군림하지 않고 자연 앞에서 겸허할 줄 아는 것, 그리고 만족할 줄 모르는 무한정한 물질적 욕망을 추구할 것이 아니라 작은 것만으로도 충분히 만족할 줄 아는 것입니다. 이것은 럿셀이 노자의 핵심사상으로 얘기한 '소유 없는 생산(production without possession)'(生而不有), '자기주장 없는 행동(action without self-assertion)'(爲而不恃), '지배 없는 발전(development without domination)'(長而不宰)[70]과 상통하는 것입니다. 또한 이것은 장자가 「소요유」편에서 "뱁새가 깊은 숲 속에 둥지를 짓는다 해도 불과 나뭇가지 하나면 족하고, 두더지가 강물을 마신다 해도 그 작은 배를 채우는 데 불과하오."[71]라고 말하는 것처럼 자족할 줄 아는 태도와 상통하는 것입니다.

우리는 물론 먹고살기도 힘들 정도로 가난한 생활을 추구할 수는 없습니다. 그러나 그 반면에 우리는 지금껏 인류가 추구해 왔던 물질적 풍요가 우리의 이상이 될 수도 없다는 것을 깨달아야만 합니다. 모든 사람이 그렇게 살았으면 좋겠다고 바랄 수 없는 생활이라면 인류의 이상이 될 수 없습니다. 그런 의미에서 오늘날 인류가 꿈꾸고 있는 생활, 물질적 풍요가 넘치는 생활은 우리의 이상이 될 수 없습니다. 만약 인류 모두가 그런 생활을 한다면 우리의 생태계는 더 이상 유지될 수가 없습니다. 그렇다면 우리는 우리의 이상을 바꿔야 합니다. 우리의 이상은 가난도 아니지만 물질적 풍요여서도 안 됩니다. 우리의 이상은 검소하고 질박하면서도 생의 즐거움을 느낄 수 있는 생활이어야 합니다. 우리는 인류의 이상을 이런 방향으로 정립할 수 있도록 노력해야 합니다. 그리고 우리는 이러한 이상을 추구할 수 있도록 우리의 모든 사회 체계를 바꾸어 나가도록 노력해야 합니다.

인간이 인간으로서 존재하고 있는 이상, 인간이 갖는 특수성, 인간이 갖는 욕구와 필요를 무시하고 자연만을 중시할 수는 없습니다. 그러나 인간의 욕구와 필요의 충족만을 내세우는 인간 중심주의 역시 우리 생명의 모체이자 기반인 자연을 파괴하는 잘못된 이기적 관점입니다. 우리에게는 인간과 자연의 불이적 관계의 인식에 기초한 대자연적 태도와 행위가 절실히 요구됩니다.

너와 나는 둘이 아니다

불이적 세계관, 불이적 문명으로의 전환은 자연과의 관계에서만이 아니라 인간간의 관계에서도 필요합니다. 공동체적인 구문화가 붕괴된 이래 인간들은 타인을 이용하고 지배·착취함으로써 자신의 이익을 최대화하려는 경쟁과 투쟁에 몰두해 왔습니다. 그리고 앞서 본 것처럼 이것은 신분적 지배질서가 소멸된 근대 이후에도 변하지 않았으며, 단지 그 형태만을 달리 하면서 계속되고 있을 뿐입니다.

우리 사회에서는 여전히 협동적 행위보다는 경쟁적 행위가 강조되고 있습니다. 우리 사회 체계에서 높은 가치를 부여하는 태도와 능력은 타인과 경쟁해서 이길 수 있게 해 주는 것이지, 남들과 잘 협력하고 남을 도울 수 있게 해 주는 것이 아닙니다. 여전히 남을 정복하고 지배하는 데 성공한 강자와 승자만이 영웅으로 받들어지고, 남과 싸울 줄도 모르고, 남을 이길 줄도 모른 채 순박하고 착하게 살다가 희생만 당한 사람들은 바보요 패배자로 경멸을 받고 있습니다. 그러나 이러한 가치관 때문에 우리 사회는 탐욕과 이기심으로 뒤덮인 살벌한 경쟁 사회이자, 위험에 가득 찬 '위험사회'가 되었습니다.

멀리 갈 것도 없이 우리나라만 보아도 그렇습니다. 오늘날 우리 사회는 승자만이 살아남을 수 있는 살벌한 경쟁사회로 되어가고 있습니다. 현재 우리 사회를 지배하고 있는 가치는 무엇보다도 경쟁에서의 승리와 이익이라는 신자유주의의 가치라 할 수 있습니다. 모든 사람을 경쟁의 상대로 삼는 무한경쟁의 논리와 무슨 수를 써서라도 경쟁에서 승리를 거두는 것이 최고라는 승리 지상주의 논리가 우리 사회를 지배하고 있습니다.

물론 무한경쟁과 승리의 논리와 가치가 어제오늘에 생겨난 것은 아닙니다. 그렇지만 우리 사회에서는 아이엠에프(IMF) 사태를 극복하는 과정에서 이러한 논리와 가치가 급속도로 광범위하게 확산되었습니다. 대통령에서 평범한 소시민에 이르기까지 모든 사람이 입만 벙긋하면 경쟁력과 승리를 말합니다. 모든 사회 제도와 문화도 경쟁력을 강화하고, 경쟁력이 없는 사람은 살아남을 수 없는 방향으로 급격히 개편되고 있습니다. 살벌한 국제적 경쟁 사회 속에서 살아남기 위해서는 경쟁력을 갖춰야만 한다는 사정을 감안할 때, 이러한 사태는 일견 이해하지 못할 바도 아닙니다. 그러나 문제는 이러한 논리와 가치관이 지배하는 사회 속에서 나날이 메말라 가고 팍팍해지기만 하는 우리의 삶입니다. 모든 사람이 서로 무한히 경쟁하고, 일등만이 살아남을 수 잇는 사회는 결코 우리가 추구할 만한 행복한 사회가 아닙니다.

사회 구성원 모두가 각자 맡은 분야에서 최선의 노력을 다한다는 것은 사회 발전을 위해서 매우 중요한 일입니다. 이를 위해 실력 있고 노력하는 사람에게는 응분의 보상을 하고, 실력 없고 게으른 사람에게는 그에 상응하는 불이익을 주는 것은 어쩌면 당연한 일입니다. 그러나 문제는 맡은 바 임무를 묵묵히 성실하게 수행하고 있는 선량한 다수의 국민을 무능력한 사람으로 치부하게 만들고, 사회적 약자를 보호하기는커녕 심지어 경멸하게 만드는 무한경쟁의 논리입니다.

오늘날 우리 사회에는 모든 사회제도와 문화를 경쟁 체제로 바꾸어야 효율을 높일 수 있다는 인식이 팽배해 있지만, 많은 사람들은 정작 그것이 우리 자신에게 가져올 폐해는 생각지 못하는 듯 합니다. 모든 병원에서 경쟁체제를 도입해 병원 수입을 얼마나 올려줬느냐

하는 성과에 따라 의사들의 급료를 지급한다고 해봅시다. 실제로 '경쟁'이라는 요란한 구호 아래서 의사들의 연봉제와 계약제는 점차 확대되고 있는 추세입니다. 그런데 그렇게 되면 의사들은 많은 성과를 올려 더 많은 월급을 받기 위해서 안 해도 될 검사를 하고, 안 써도 될 비싼 약을 쓸 것은 뻔한 일이고, 그 폐해는 고스란히 일반 시민들에게 돌아오리란 것도 당연한 일입니다.

오늘날 우리 사회에서는 제 직업이기도 한 교수직이야말로 그 동안 경쟁의 무풍지대였다는 비판을 많이 받고 있는 듯합니다. 그래서 현 정부에서는 대학교수들에게도 성과에 따른 연봉제와 계약제 등 경쟁체제를 적용해 경쟁력을 강화하겠다고 팔을 걷어 부치고 나서고 있습니다. 그러나 교수들은 내버려두면 연구도 하지 않고 놀기만 하는 족속들이기 때문에 족쳐야 된다는 생각을 은연중에 밑바닥에 깔고 졸속하게 추진하는 이런 경쟁체제는, 형편없는 글이라도 무조건 많이 써내고 인기에 영합하는 강의를 일삼아 평가 점수만 높이려는 얼치기 학자와 선생만 만들기 십상입니다. 그리고 이랬을 때 그 폐해는 고스란히 교육을 받는 학생들과 우리 전체에 돌아올 것입니다.

이렇게 본다면 사회체제를 모조리 경쟁 위주로 바꾸는 것이 능사가 아닙니다. 모든 사람이 일등이 될 수는 없습니다. 모든 사람이 경쟁에서 승리자가 될 수는 없습니다. 모든 사람이 뛰어난 능력을 갖출 수도 없습니다. 그렇지만 또한 능력 있는 자, 승리자, 일등만이 존중 받아야 할 이유도 없습니다. 살 맛 나는 세상, 인간다운 세상은 언제나 '나의 경쟁 상대는 누구인가'에 신경을 곤두세우고, '일등 밖에는 아무도 기억하지 않는' 세상이 아닙니다. 언제나 '내가 도울 사람은 누구인가'를 묻고, '성실히 노력하는 이삼 등 모두를 소중히 하는' 사회가 살만한 세상입니다. 설령 능력이 부족한 약자라도 자기 힘껏 최선을 다한다면 충분히 보호받고 존중받을 수 있는 사회가 되어야 합니다. 무한경쟁과 승리의 논리가 아니라 모든 사람이 더불어 함께 살고, 서로를 살려주는 공생과 상생의 논리에 기초하는 방향으로 제도적 장치들을 바꾸어 나가고, 그러한 사회 문화적 풍토를 만들어 나가야 합니다.

앞서 보았듯이 소비 자본주의 사회 속에서 살아가는 현대인들은 인생의 모든 문제를 상품의 소비를 통해 해결하려는 지극히 낭비적이고 퇴폐적인 소비문화 속에서 살아가면서, 끊임없이 타인과의 차별성과 타인에 대한 우위와 지배를 추구해 나가고 있습니다. 이런 현대 세계 속에서 우리가 하려는 것은 기껏해야 남보다 우월하고 잘나고 다른 나를 과시하려는 것입니다. 이 때문에 우리 세계의 이상은 크게 왜곡되어 있습니다.

오늘날 우리 사회에서는 우주와 인생의 참된 진리를 깨닫고 그것을 실천하기 위해서 온 힘을 다하거나, 고결한 인품을 도야하고 타인을 위해 헌신하는 삶보다는, 기껏해야 화려한 무대 위에서 현란한 몸짓이나 노래 등으로 남의 이목을 끌거나, 남을 위해 하는 일도 없이 그저 푸른 잔디 위에서 자그마한 공이나 구멍 속에 처넣으면서 돈도 벌고 갈채도 받는 삶을 더 존경하고 선망합니다. 그래서 우리 사회는 교육자나 성직자들보다 연예인이나 스포츠맨들을 훨씬 더 존경하고, 그들에게 더 많은 돈을 지불합니다. 이는 분명히 왜곡되고 전도된 가치관입니다. 그러나 우리가 만약 남들과의 분리와 경쟁의식에서 벗어나 나와 남이 불이임을 깨닫게 된다면, 우리는 더 이상 진정으로 인간적인 삶에 도움이 되지 않는 쓸데없는 분야에서 무조건 남들보다 뛰어나게 보이려는 헛된 이상을 추구하지 않게 될 것입니다.

현대 사회에서 사람들이 무조건 남들보다 뛰어나려고 하는 중요한 이유는 돈입니다. 진정으로 인간적인 삶에 도움이 되지 않는 분야에서라도 남들보다 뛰어나면 돈이 됩니다. 작은 구멍 속에 누구보다도 공을 잘 집어넣기만 한다면, 가상적인 전투 게임에서 누구보다도 뛰어난 실력을 발휘하기만 한다면 엄청난 돈을 벌 수 있습니다. 우리 사회에서는 돈이 모든 가치를 흡수 통일해 버렸습니다. 가치들의 투쟁에서 다른 모든 가치는 돈이라는 전능한 가치 앞에 무릎을 꿇었습니다. 오직 돈만이 찬양되고 숭배되며, 모든 영광은 돈이라는 신에게 바쳐집니다. 명예·양심·행복도, 고상한 인품·용기·따뜻한 마음씨도, 그 어떠한 것도 돈이 되지 않는다면 쓸모가 없습니다. 가치 있고 쓸모 있는 것은 오직 돈뿐입니다.

오늘날 우리 사회에서는 경쟁력이라는 구호 아래 '돈 되는' 분야만 키우고, '돈 안 되는' 분야는 모조리 도태시켜야 한다는 논리가 널리 퍼져 나가고 있습니다. 돈 안 되는 진리와 가치를 연구하고 교육하는 지식인들은 한물 간 구닥다리로 치부되고, 돈 되는 분야에서 활약하는 '신지식인'만이 진정한 지식인으로 찬양되고 있습니다. 별로 돈도 안 되는 기업을 착실히 운영하기보다는 재빨리 떼돈을 벌 수 있는 '벤처' 기업에 뛰어드는 것이 적극적으로 장려되고 있습니다. 심지어 교육부문에서조차도 '수요자 중심 교육'이라는 구호 아래, 돈 안 되는 기초학문을 도태시키면서 지금 당장 돈이 될 수 있는 실용적 분야만을 집중적으로 육성하는 시장의 논리, 돈의 논리가 지배하고 있습니다.

이처럼 돈이라는 가치만이 지배하는 사회에서는 부정부패가 근절될 수 없습니다. 돈만이 최곤데 명예가 무슨 소용이며, 체면이 무슨 소용이고, 양심이 무슨 소용이겠습니까? 그러니 우리 사회에는 온갖 '게이트'라는 뇌물 비리 사건이 끊이지 않고 일어나는 것입니다. 모든 사람이 돈만을 소중하게 여기는 사회에서는 비리와 관련된 당사자들이 어쩌다 처벌을 받게 되어도 죄의식을 갖고 뉘우치기는커녕, 모두가 그런데 나만 재수 없이 걸렸다는 의식만을 갖게 됩니다. 오히려 못해 먹어 원통할 뿐이라는 판국이니 어찌 온갖 부정부패와 비리가 사라질 수 있겠습니까? 근원적으로 우리의 사회 체계 전체를 돈의 논리보다 인간적인 가치의 논리에 의해 움직일 수 있도록, 사회 각 부문들을 재편해 나가지 않으면 안 됩니다. 그러기 위해서는 당장은 '돈 안 되는' 것처럼 보여도 인간 삶에서 진정으로 가치 있고 의미 있는 것들을 탐구하고 창조하고 교류하는 활동들을 지원하고 장려해야 합니다.

우리가 남들보다 더 많은 돈과 권력을 갖고, 남들보다 더 좋은 소비용품들을 소유하고 소비하면서, 남들보다 우월한 삶을 살아가는 것을 더 나은 삶으로 정의하는 한, 우리는 우리 문명이 처한 곤경에서 벗어날 수 없습니다. 그리고 우리가 우리의 행복을 물질의 소유와 소비에서 찾는 한 우리는 결코 진정한 만족과 평안에 이르지 못할 것입니다. 우리가 우리 바깥에 있는 물질을 원하고 그것을 얻기 위해 매달릴수록 우리는 그것에 사로잡혀 물질과 욕망의 노예가 되고 맙니다. 우리가 우리의 내면으로 눈을 돌려 거기에 진정한 행복과 평화가 있음을 깨달을 때 비로소 진정한 대자유의 경지가 열립니다.

우리는 궁극의 진리, 즉 우리는 서로 둘이 아닌 존재라는 것(自他不二)을 깨달아야 합니다. 월쉬가 말하듯이, 우리가 남들에게 한 짓이 자신에게 한 짓이며, 우리가 남들을 위해 하지 못한 것이 자신을 위해 하지 못한 짓이고, 남들의 고통이 우리의 고통이고, 남들의 기쁨이 자신의 기쁨이어서, 우리가 그 중 일부를 부인한다면 우리는 자신을 부인하는 것이라는 궁극의 진리를 깨닫고 명백하게 하지 않는다면, 또 그렇게 할 때까지는, 여태껏 갈망해 왔고 언제나 꿈꿔 왔던 사회를 건설할 수 없을 것입니다. 고통이 너희 것일 뿐 아니라 우리 것이라고 할 때, 기쁨이 내 것일 뿐만 아니라 우리 것이라고 할 때, 그리하여 삶의 체험 전체가 우리 것이 될 때, 그 때서야 비로소 삶의 체험 전체는 진실로 말 그대로 온전한 삶의 체험이 됩니다. 타인과의 분리와 경쟁 의식에 기초한 인간관계가 아니라 너와 네가 둘이 아니라는 의식에 기초한 인간관계만이 새로운 공생과 상생의 공동체적 삶을 가능하게 할 것입니다.

(2) 삶과 죽음은 둘이 아니다

현대 문명의 온갖 병폐는 한 마디로 말하자면 나만을 위하고 내 것만 챙기려는 의식, 나와 내 것에 대한 집착, 아집에서 나온다고 할 수 있습니다. 그러나 앞에서 얘기한 것처럼 여러 가지 관계들이 모여서 (연기에 의해) 이루어지는 모든 존재는 공(空)한 것입니다. 이것을 금강경에서는 "모든 법은 꿈과 같고 환영과 같고 거품과 같고 그림자 같고 이슬과 같고 또 번개와 같네."라고 표현하고 있습니다. 이것은 나도 마찬가지입니다. 다른 존재들과 마찬가지로 사실은 내 몸도 공(空)하여 나도 없고 내 것도 없는 것입니다. 불교에서는 내 몸의 무상함과 허망함에 대해 말하면서 그것에 집착하지 말 것을 얘기합니다. 『유마경』에서 우리는 이러한 생각이 분명하게 표현되어 있음을 발견할 수 있습니다.

여러분 이 몸은 무상하여 강하지 못하고 힘도 없으며, 견고하지도 못합니다. 재빠르게 시들어 가는 것이므로 믿을 것이 못 됩니다. 괴로움이며, 근심이며, 온갖 병이 모이는 곳입니다. 여러분, 지혜가 밝은 사람은 이와 같은 몸을 의지하지 않습니다. 이 몸은 물방울과 같아서 잡을 수도 문지를 수도 없습니다. 또 이 몸은 물거품과 같아서 오래도록 지탱할 수가 없습니다. 이 몸은 불꽃과 같아서 사랑의 탐욕으로부터 생깁니다. 이 몸은 파초와 같아서 속에 굳은 것이 있지 아니하며, 이 몸은 환영과 같아서 미혹으로 해서 일어납니다. 이 몸은 꿈과 같아서 허망한 것이 진실인양 보이는 것이며, 이 몸은 그림자와 같아서 업연으로 해서 나타나는 것입니다. 이 몸은 메아리와 같아서 온갖 인연을 따라서 생기며, 이 몸은 뜬구름과 같아서 잠깐 사이에 변하고 소멸합니다. 또 이 몸은 번뇌와 같아서 한 순간도 머물러 있지 않습니다. 이 몸은 땅과 같아서 실체로서의 주체가 없으며, 이 몸은 불과 같아서 자아가 없으며, 이 몸은 바람과 같아서 생명으로서의 개체가 없고, 이 몸은 물과 같아서 실체로서의 개아가 없습니다. 이 몸은 영원히 변하지 않는 실체가 아니라 네 가지 구성요소로 되어 있어 이를 집으로 삼고 있습니다. 이 몸은 자아와 자아에 소속하는 것에서 떨어져 있으므로 공한 것입니다. 이 몸은 풀과 나무와 질그릇과 조약돌과 같아서 무지합니다. 이 몸은 지음이 없으므로 바람의 힘에 따라 흔들립니다. 이 몸은 깨끗하지 아니하여 더러운 것이 가득 차 있습니다. 그러므로 이 몸은 거짓인 것입니다. 설사 몸을 씻고 옷을 입으며 밥을 먹는다 하여도 반드시 닳아서는 없어지고 말 것입니다. 이 몸은 재앙입니다. 백 한가지 병으로 괴로워하고 있습니다. 이 몸은 낡은 우물과 같아서 늙음에 쫓기고 있습니다. 이 몸은 고정되어 있지 않으므로 언젠가는 반드시 죽어야 합니다. 이 몸은 독사와 같고 원수인 도둑과 같고 사람이 살지 않는 마을과 같아서 온갖 요소의 집적과 그 종류와 마음과 마음의 작용이 의지하는 곳에 의하여 이루어진 것입니다. 여러분, 이것은 괴로움이며 꺼려해야 할 것입니다. 그렇다면 마땅히 부처님의 몸을 구해야 할 것입니다. 왜냐하면, 부처님의 몸은 영원히 변하지 않는 진실한 모습 그 자체이기 때문입니다(諸仁者是身無常無强無力無堅 速朽之法不可信也 爲苦爲惱衆病所集 諸仁者如此身明智者所不怙 是身如聚水不可撮摩 是身如泡不得久立 是身如炎從渴愛生 是身如芭蕉中無有堅 是身如幻從顚倒起 是身如夢爲虛妄見 是身如影從業緣現 是身如響屬諸因緣 是身如浮雲須臾變滅 是身如電念念不住 是身無主爲如地 是身無我爲如火 是身無壽爲如風 是身無人爲如水 是身不實四大爲家 是身爲空離我我所 是身無知如草木瓦礫 是身無作風力所轉 是身不淨穢惡充滿 是身爲虛僞 雖假以澡浴衣食必歸磨滅 是身爲灾百一病惱 是身如丘井爲老所逼 是身無定爲要當死 是身如毒蛇如怨賊如空聚 陰界諸入所共合成 諸仁者此可患厭 當樂佛身 所以者何 佛身者卽法身也).[72]

어찌 보면 몸에 대해 너무 심하게 부정적으로 얘기하는 것으로 보입니다. 몸이 없다면 우리의 삶 자체가 불가능한 것인데 몸을 그렇게 비난하는 것이 과연 온당한 일이냐는 항의도 있을 법합니다. 옳은 얘기입니다. 모든 생명체가 소중한 존재라면 그 생명체를 있게 하는 몸도 소중하지 않을 수 없습니다. 하지만 문제는 몸에 대한 집착에 있습니다. 다른 모든 존재와 마찬가지로 고정된 자성이 있는 것이 아니라 여러 관계에 따라 일시적으로 성립되었다가 곧 사라져버릴 나에 대한 뿌리깊은 집착은 무엇보다도 욕망의 덩어리인 몸에 대한 집착에서 비롯됩니다. 갖가지 욕망에 사로잡힌 사람은 자연히 욕망의 충족기관인 몸에 대해서 깊은 집착을 갖기 마련입니다. 그리고 몸에 대한 이런 집착으로부터 나와 내 것에 대한 모든 집착이 유래한다고 할 수 있습니다. 이를 경계하기 위해서 불교에서는 몸의 무상함과 허망함을 극단적으로 표현하고 있는 것입니다.

이러한 인식은 도가철학에서도 공유하고 있습니다. 장자는 인생은 덧없는 한바탕 꿈과 같은 것이라고 보고, 내 몸도 내 것이 아니므로 이 세상의 아무 것도 소유할 수 없다고 얘기합니다.

> 꿈속에서 즐겁게 술을 마시던 사람이 아침이 되면 불행한 현실에 슬피 울고, 꿈속에서 울던 자가 아침이 되면 즐겁게 사냥을 떠나오. 꿈을 꿀 때는 꿈인 줄 모르고 꿈속에서 또한 그 꿈을 점치기도 하다가 깨어나서야 꿈이었음을 아오. (인생도 마찬가지요.) 크게 깨친 이후라야 인생이 한 바탕 큰 꿈인 줄을 아는 거요(夢飮酒者,旦而哭泣.,夢哭泣者,旦而田獵. 方其夢也,不知其夢也. 夢之中又占其夢焉,覺而後知其夢也. 且有大覺而後知此其大夢也). (『장자』,「제물론」)[73]

그가 볼 때 나의 몸은 내 것이 아니라 단지 천지의 기가 합쳐 생겼다가 때가 되면 다시 흩어져 천지의 기로 되돌아가는 것입니다. 그렇기 때문에 그것은 내가 소유할 수 있는 것이 아닙니다. 다른 모든 존재와 마찬가지로 인간도 천지 자연의 변화에 따라 생겨 잠시 머물다가는 곧 사라지는 것입니다. 그러니 이처럼 순식간에 사라지는 우리 육신에 집착하는 것은 어리석은 일입니다.

사람이 이 천지 사이에 사는 시간이란 마치 준마가 벽 틈을 지나가듯 순식간이오. 사물은 모두 자연의 변화에 따라 생겨나서 변화에 따라 죽소. 변화하여 생겨나는가 하면 다시 변화하여 죽는 거요. 이것을 생물이나 인간은 애달파하고 슬퍼하오. (그러나 죽음이란) 활집이나 옷 주머니를 끄르듯이 하늘에서 받은 형체를 떠나 육체가 산산이 흩어지고 정신이 이 형체를 떠나려 할 때 몸도 함께 따라 (무로 돌아)가는 것이며 (그것은 곧) 도로의 위대한 복귀요, 무형에서 유형이 생기고 유형이 무형으로 돌아감은 사람들이 모두 알고 있는 바이며 도에 이르려는 자가 애써 (추구) 할 일이 못 되오(人生天地之間, 若白駒之過郤, 忽然而已. 注然勃然, 莫不出焉., 油然漻然, 莫不入焉. 已化而生, 又化而死, 生物哀之, 人類悲之. 解其天弢, 墮其天**[失+衣], 紛乎宛乎, 魂魄將往, 乃身從之, 乃大歸乎! 不形之形, 形之不形, 是人之所同知也, 非將至之所務也). (『장자』, 「지북유」)[74]

그런데 이처럼 본디 내가 공(空)한 것임을 깨달으면 나와 내 것에 대한 집착이 없어져 다른 온갖 집착도 없어지고, 생사를 초월하고 온갖 두려움으로부터 벗어난 대자유의 경지가 열립니다. 일찍이 동양의 현자들은 나에 대한 집착에서 벗어남으로써 생사를 초월한 경지, 생사불이의 경지를 잘 보여주고 있습니다.

불교에서는 죽음을 개체가 태어나기 전의 본래의 근원적 자리로 돌아가는 것으로 보아 생사에 초탈한 태도를 보입니다. 실제로 불가의 많은 고승들은 생사가 본래 둘이 아니라는 통찰을 바탕으로 임종시에 생에 집착하지 않고 지극히 평안하게 죽음을 맞이하는 허허로운 모습을 보여주었습니다. 조선조의 부휴 선사는 다음과 같은 임종게를 통해 그런 모습을 보여주고 있습니다.

칠십여 년 꿈 같은 바다에 놀다가
오늘 이 몸 벗고 근원으로 돌아가네
본래 텅 비어 아무 것도 없으니
어찌 깨달음과 생사가 따로 있겠는가.
(七十餘年遊幻海 今朝脫却返初源
廓然空寂本無物 何有菩提生死根).75)

태우 화상의 임종게도 그렇습니다.

인생은 타향살이
죽음은 고향가는 길
흰 구름처럼 오고 가는데
일상에 무슨 변화가 있으리
(生來寄他界 去也歸吾鄕
去來白雲裡 且得事平常).76)

장자는 자기 아내가 죽었을 때, 삶과 죽음이라는 것은 단지 기와 형체가 모였다가 흩어지는 자연스런 흐름에 불과할 뿐이라고 하면서, 삶과 죽음을 대립하는 것으로만 파악할 것이 아니라 불이적인 것으로 파악해야 마땅하다는 것을 잘 보여주었습니다.

장자의 아내가 죽었을 때 혜자가 문상을 갔다. 장자는 마침 두 다리를 뻗고 앉아 질그릇을 두들기며 노래를 부르고 있었다. 혜자가 "그대는 아내와 함께 살면서 자식을 기르고 함께 늙었소. 이제 아내가 죽었는데 곡조차 하지 않는다면 그것도 무정하다 하겠는데 질그릇을 두들기고 노래까지 하다니 심하지 않소!"하고 말했다. 장자는 대답했다. "아니 그렇지 않소. 아내가 죽은 당초에는 난들 어찌 슬프지 않았겠소. 그러나 그 근원을 살펴보니 본래 삶이란 없었던 거요. 삶이 없었을 뿐 아니라 본래 형체도 없었소. 비단 형체가 없었을 뿐 아니라 본시 기도 없었소. 그저 어떤 것이 흐릿하고 황홀한 가운데 섞여 있다가 변해서 기가 생기고, 기가 변해서 형체가 생기고, 형체가 변해서 생이 된 거요. 그리고 이제 그것이 다시 변해서 죽어 가는 거요. 이는 춘하추동 네 철이 되풀이해 돌아감과 같소. 아내는 지금 천지라는 커다란 방에 편안히 누워 있소. 그런데 내가 소리를 지르며 따라 울고불고 한다면 하늘의 운명을 모르는 거라 생각해 울기를 그쳤소."(莊子妻死,惠子弔之,莊子則方箕踞鼓盆而歌. 惠子曰:「與人居,長者.老.身死,不哭,亦足矣,又鼓盆而歌,不亦甚乎!」莊子曰:「不然. 是其始死也,我獨何能无概然! 察其始而本无生,非徒无生也而本无形,非徒无形也而本无氣. 雜乎芒芴之間,變而有氣,氣變而有形,形變而有生,今又變而之死,是相與爲春秋冬夏四時行也. 人且偃然寢於巨室,而我噭噭然隨而哭之,自以爲不通乎命,故止也).(『장자』,「지락」)77)

이렇듯 삶과 죽음이 둘이 아님을 통찰하고 있었던 장자의 입장에서는 자신의 죽음조차도 자연의 흐름에 속하는 것일 뿐이었습니다. 그리고 이런 장자가 자신의 죽음에 임박해서 제자들이 장례 문제로 걱정을 하는 것을 쓸데없는 일로 본 것은 당연했습니다.

장자가 곧 죽게 되었을 때, 제자들은 그를 후하게 장사지내려 했다. 그러자 장자가 말했다. "나는 천지를 널로 삼고, 해와 달을 한 쌍의 옥으로 삼으며, 별을 구슬로 삼고, 만물을 제물로 삼는다. 이런데 내 장례 도구로 무엇이 부족하단 말이냐? 여기에 무엇을 덧붙인단 말이냐?" 제자가 "까마귀나 소리개가 선생님을 파먹을까 두렵습니다"라고 하자 장자는 대답했다. "땅 위에 있으면 까마귀나 소리개의 밥이 되고 땅 밑에 있으면 땅벌레나 개미의 밥이 된다. 그런데 구태여 한 쪽에서 빼앗아 다른 쪽에 준다면 어찌 편벽된 일이 아니겠느냐! 사람의 불공평한 척도로 사물을 공평하게 하려 하면 그 공평은 결코 참된 공평이 아니다. 자연스런 감응에 의하지 않고 인위적으로 사물에 응하는 이상 그 감응은 참된 감응이 아니다. 명지를 지닌 사람은 외물의 부림을 받지만 신지를 지닌 사람은 사물에 감응할 수가 있다. 본래 옛날부터 명지는 신지에 미치지 못하는 것이다. 그런데도 어리석은 자는 제 견해를 믿고 인간사에 빠져드니, 그 공은 다만 외물에만 있게 된다. 이 어찌 슬프지 않겠는가!"(莊子將死, 弟子欲厚葬之. 莊子曰:「吾以天地爲棺槨, 以日月爲連璧, 星辰爲珠璣, 萬物爲齎送. 吾葬具豈不備邪? 何以加此!」弟子曰:「吾恐烏鳶之食夫子也.」莊子曰:「在上爲烏鳶食, 在下爲螻蟻食, 奪彼與此, 何其偏也!」 以不平平, 其平也不平., 以不徵徵, 其徵也不徵. 明者唯爲之使, 神者徵之. 夫明之不勝神也久矣, 而愚者恃其所見入於人, 其功外也, 不亦悲乎!). (『장자』, 「열어구」)[78])

우리는 생사가 본래 둘이 아니기 때문에 악착같이 생만을 고집하는 것은 잘못이며, 자연스럽게 자연의 흐름에 따르는 것이 올바르며 그러한 경지야말로 생사의 속박에서 벗어난 자유의 경지라는 통찰을 『장자』의 수많은 글귀들 속에서 만날 수 있습니다.

그가 어쩌다가 이 세상에 온 것은 태어날 때를 만났기 때문이며, 그가 이 세상을 떠난 것도 운명에 따랐을 뿐이야. 때를 편안히 여겨 자연의 도리를 따른다면 슬픔이나 기쁨 따위의 감정이 끼여들 여지가 없는 걸세. 이런 경지를 옛날 사람은 '하늘의 묶어 매닮에서 풀려남'이라고 불렀다네(適來, 夫子時也., 適去, 夫子順也. 安時而處順, 哀樂不能入也, 古者謂是帝之懸解). (『장자』, 「양생주」)79)

옛날의 진인은 삶을 기뻐할 줄 모르고 죽음을 미워할 줄도 모른다. 태어나기를 원하지도 않았지만 죽음을 거역하지도 않는다. 그저 자연에 따라 가고 자연에 따라 올 뿐이다. 이는 제 근원을 잊지 않으며, 동시에 제 끝나는 바를 추구하지 않음이다. 삶을 받으면 그것을 기뻐하고, 죽으면 그것을 제자리로 돌려보낸다. 이런 경지를 일러 「분별심으로 도를 해치지 않고, 섣불리 인위로 자연을 돕지 않음」이라 하고, 이런 경지에 있는 사람을 진인이라 한다(古之眞人, 不知說生, 不知惡死., 其出不訢, 其入不距.**[亻+丨+夂+羽]然而往, **[亻+丨+夂+羽]然而來而已矣. 不忘其所始, 不求其所終., 受而喜之, 忘而復之, 是之謂不以心損道, 不以人助天. 是之謂眞人). (『장자』, 「대종사」)80)

자연은 우리에게 형체를 주고, 삶을 주어 수고하게 하고 늙음을 주어 편하게 하며, 죽음을 주어 쉬게 한다. 그러므로 자신의 삶을 좋다 하면 곧 자신의 죽음도 좋다고 하는 셈이 된다(夫大塊載我以形, 勞我以生, 佚我以老, 息我以死. 故善吾生者, 乃所以善吾死也). (『장자』, 「대종사」)81)

이 세상에 태어난 모든 생명체는 유일한 것으로 고귀한 존재입니다. 내가 태어난 것은 억겁의 세월 속에 쌓이고 쌓인 전 우주적 인연 관계들이 모여서 이루어진 것입니다. 그러니 내 삶은 얼마나 소중한 것이겠습니까? 이런 내 인생을 어찌 가벼이 보고 허비할 수가 있겠습니까? 우리는 있는 힘을 다해 우리의 인생을 값진 것으로 만들어 나가도록 해야만 합니다. 그러나 인연의 끈이 다해 갈 때가 되면, 또한 자연스런 그 흐름에 따라 평화롭게 죽음을 맞이하는 것도 중요한 일입니다. 열심히 살다가 갈 때가 되면 미련도 후회도 없이 가는 삶이야말로 멋진 삶이 아니겠습니까?

옛 현인들의 생사에 대한 이러한 태도는 인류의 미래와 생태계 전체의 존립을 위험에 빠뜨리는 온갖 생명조작과 생명복제 기술들을 동원해 가면서까지 어떻게 해서든 생명의 연장을 꾀하는 현대인들의 태도와는 전혀 다릅니다. 예부터 일부 인간들이 영원히 죽지 않고 살 수 있는 불사약이나 불사의 비법을 찾아온 것은 사실입니다. 불사약과 불로초를 찾기 위해 수많은 동남동녀들을 보냈다는 진시황의 얘기도 있지 않습니까? 그렇지만 현대인들의 생에 대한 집착은 가히 광적이라 할 정도입니다.

그 동안 비약적 발전을 이룩한 현대 의료기술은 인간이 진정으로 건강한 삶을 살아갈 수 있도록 하는 것보다는 죽어 가는 사람의 생을 연장시킬 수 있도록 만드는 데에 대부분 집중해 왔습니다. 물론 의술이라는 것이 인간의 생명을 살리고 되도록 생을 연장할 수 있게 하려는 것은 당연한 일이라고 할 수 있습니다. 그러나 다른 한편 의술의 목적은 고통을 제거하고 우리가 건강하게 살 수 있도록 하는 데에도 있습니다. 문제는 현대 의료 기술의 발전이 사람들을 건강하게 살 수 있도록 하는 데보다는 억지로라도 생을 연장할 수 있도록 하는 쪽으로 관심을 기울이고 투자를 해왔다는 것입니다. 막대한 자원을 대다수 인간의 건강한 삶을 도모할 수 있는 쪽보다는 수명이 다해 가는 소수인의 삶을 억지로 연장시키는 쪽에 우선적으로 분배하는 것은 문제가 있다고 할 수 있습니다.

그리고 여기에는 분명 이윤추구라는 자본주의의 동기가 작용하고 있음도 분명합니다. 환경 개선이라든지, 영양과 건강 개선 등을 통해 건강한 삶을 영위할 수 있도록 하는 일은 직접 돈이 되지 않습니다. 그에 비해 죽어 가는 사람들을 대상으로 하는 생명연장 기술은 곧바로 돈이 됩니다. 어떻게 해서든 생명을 연장하려고 하는 사람들은 아무리 많은 돈이라도 기꺼이 지불하려고 하기 때문입니다. 이 때문에 대다수의 병원이 사적으로 경영되는 자본주의 사회에서 의료 기술이 이런 방향으로 발전해 온 것은 당연한 일입니다.

오늘날 인류는 생명 복제 기술을 비롯한 수많은 생명 조작 기술을 동원해서까지 생명을 연장시키려 하고 있습니다. 물론 이런 기술이 인간의 불치병을 치료하는 데 도움을 준다거나, 장기 이식을 쉽게 해 준다거나, 불임 부부들을 도울 수 있다거나 하는 효용을 갖고 있지 않은 것은 아닙니다. 그러나 생명의 인위적 조작은 무엇으로도 대체할 수 없는 생명체의 독특성을 해칩니다. 그것은 인간 생각에 우수하다고 여기는 종만을 살아남게 만들어 생명의 다양성을 해칠 수 있습니다. 또한 그것은 인간을 포함한 생명체를 마음대로 조작하고 만들 수 있는 하나의 상품으로 만드는 결과를 초래할 수 있습니다. 오늘날 무분별하게 추구되고 있는 각종 생명 공학 기술이 초래할 가공할 위험은 누구도 정확히 예측하기 어렵습니다. 그럼에도 불구하고 별 규제 없이 그러한 기술이 급격히 발달하고 있는 이면에는 생명을 조작해서라도 자신의 생명을 무한정 연장하려는 인간의 이기적 욕망이 깔려 있음을 부인할 수 없습니다.

장례 문화도 그렇습니다. 근래에 들어와서 우리 사회 일각에서는 다행히 화장을 비롯한 검소한 장례 운동이 일어나고는 있습니다만, 아직도 수많은 사람들은 도가 지나친 허식의 장례를 고집하고 있습니다. 본래 흙에서 태어난 인간이 살다가 다시 흙으로 돌아감은 당연한 자연의 이치입니다. 장례는 마땅히 망자가 자연스럽게 자연의 품으로 돌아가도록 돕는 것이 되어야 합니다. 그러나 아직도 많은 사람들이 고집하는 장례는 오히려 망자가 자연으로 돌아가는 것을 가로막고 있습니다. 예컨대 망자를 묻을 때 흔히 쓰는 석곽은 외부와 단절시켜 망자의 몸이 자연스럽게 다시 흙으로 돌아가는 것을 방해합니다. 이런 것은 자연스런 죽음조차도 병적으로 거부하고 무조건 생에만 집착하는 잘못된 관행입니다.

오랫동안 한살림 공동체 운동을 해온 생태 농업 운동가 천규석 선생은 흙이 될 수밖에 없으니 흙이 되라고 흙 속에 묻는 시신을 흙으로부터 격리시키는 석곽 무덤을 돌감옥이라고 부릅니다.[82] 그것은 생에 집착한 나머지 본래 순환하는 생명의 흐름을 가두는 반생명적인 감옥이라는 것입니다. 이 때문에 그는 죽으면 자기가 붙이던 농장 비탈 밭 한 구석에 봉분도 없이 묻혔다가 자연스레 흙으로 돌아갈 수 있기를 바랍니다. 심지어 그는 화장조차도 많은 에너지 낭비와 오염을 일으킨다는 이유로 반대합니다. 물론 이에 대해서는 이견이 있을 수 있습니다. 우리 문화 풍토에서는 화장을 하지 않고 분묘를 만드는 것 자체가 여러 가지 허례허식을 지속케 할 염려가 있습니다. 그보다는 차라리 화장을 하는 쪽이 생태적 관점에서 더 좋은 장례 방법이라고 할 수도 있습니다. 그러나 어떻든 중요한 것은 장례를 생명이 자연스럽게 본래의 자리로 되돌아가는 것을 돕는 것으로 만드는 일입니다.

광적으로 생에 집착하는 현대인들의 태도는 생과 사가 둘이 아니라는 사실을 깨닫지 못하는 무지에서 나옵니다. 이러한 집착과 무지 때문에 현대인들은 죽음을 단지 고통으로만 인식할 뿐입니다. 그러나 우리가 모든 존재의 무상성, 모든 존재의 공(空)함을 깨닫는다면 죽음은 고통스럽지 않습니다. 한 걸음 더 나아가 더 적극적으로 말한다면 죽음이 있기 때문에 우리의 삶은 가치를 지닐 수 있다고도 말할 수 있습니다. 만약 우리의 생명이 영원하다면 과연 소중하고 중요하고 가치 있는 것이 있을 수 있을까 상당히 의심스럽습니다. 어떤 일도 서둘러 할 필요가 없다면, 어떤 일이라도 원한다면 수천 년이나 수만 년 뒤에라도 할 수가 있다면, 과연 우리가 해야 할 소중한 일이라는 것이 무엇이겠습니까? 우리 인생에서 가치 있고 의미 있는 모든 것은 어쩌면 죽음이 있어 우리의 인생이 유한한 것이기 때문에 가치와 의미를 갖는 것인지도 모릅니다. 만약 죽음이 없다면, 아마도 우리의 삶은 한없이 권태롭고 지겨운 것이 될 것입니다. 그렇다면 죽음은 삶에 대립되고 삶을 부정하는 것이 아니라 오히려 삶을 삶답게 만드는 삶의 필수적 계기라고 할 수도 있을 것입니다.

삶에 대립하는 것은 죽음이 아니라 '죽임'일 뿐입니다. 이 세상의 어느 것과도 똑같지 않은 유일성을 지니고 있기 때문에 무엇하고도 바꿀 수 없는 지극히 아름다운 생명체를 죽이는 일보다 더 큰 악은 없습니다. 그러나 이 세상의 다른 모든 존재들과의 연관성 속에서 태어난 생명체가 그 생을 다하고 다시 그 근원 속으로 돌아가는 것은 지극히 자연스런 일입니다. 시들고 있는 꽃을 죽어 가는 것으로만 보면 그 꽃이 슬퍼 보이겠지만, 그 꽃을 바뀌고 있고 얼마 안 가 열매 맺을 나무 전체의 일부로 본다면, 그때 우리는 그 꽃의 참된 아름다움을 볼 수 있습니다. 이와 마찬가지로 우리는 우리의 죽음도 장엄한 전체 우주적 생명의 광대한 전개과정의 일부로 본다면 그것을 자연스럽게 받아들일 수 있을 것입니다.

아내 헬렌 니어링과 함께 미국의 화려한 도시 생활을 버리고 농촌으로 들어가 '조화로운 삶'을 살았던 스콧 니어링은 백 살이 되던 해 음식을 서서히 끊어 세상을 떠났습니다. 헬렌 니어링의 말처럼 그에게 죽음은 단지 성장의 마지막 단계이자 자연적이고 유기적인 순환을 의미할 뿐이었습니다. 생이 다했음을 느낀 그는 억지로 그 생을 붙들려 하지 않고 오히려 자신의 선택에 의해서 가장 편안하고 평화롭게 죽음을 맞이했습니다. 사실 이렇게 죽음을 맞이하는 방식은 이전에 불가의 고승을 비롯한 많은 현자들이 택한 방식이었습니다. 이전에 수많은 현자들도 그랬듯이 이렇게 죽음을 맞는 방식을 통해서 스콧 니어링은 삶과 죽음이 둘이 아니며 우리의 삶과 죽음은 더 큰 우주적 생명 과정의 일부라는 것을 몸소 보여주었습니다.

모든 개체의 생은 영원할 수 없으며, 단지 죽음을 통한 초월적 재생산을 통해서 더 큰 우주적 생의 과정에 참여함으로써 영원한 생을 유지할 수 있을 뿐입니다. 이것을 깨닫는다면 우리는 자연스런 우리의 죽음도 장엄한 전체 우주적 생명의 광대한 전개과정의 일부로 보아 자연스럽게 받아들일 수 있을 것입니다.

4 둘이 아닌 대동세계를 위하여

우주와 나는 둘이 아니며(梵我不二), 너와 나는 둘이 아니며(自他不二), 삶과 죽음은 둘이 아님(生死不二)을 깨달은 사람은 온갖 두려움으로부터 벗어날 수 있습니다. 이것은 화엄경에서 말하는 보살의 경지와 같습니다.

보살이 환희지에 이르면 온갖 두려움에서 멀리 벗어난 것이니, 이른바 살아가기 어려운 두려움, 나쁜 이름 들을 두려움, 죽음에 대한 두려움, 악도에 떨어질 두려움, 대중의 위세에 대한 두려움 등인데, 이런 두려움에서 멀리 벗어난 것이다. 왜냐하면, 보살이 나에 대한 집착에서 떠났기 때문에 내 몸도 아끼지 않는데 하물며 재산이겠는가. 그러므로 살아가는 데 두려움이 없다. 남의 공양을 바라지 않고 모든 중생에게 베풀기만 하므로 나쁜 이름을 들을 두려움이 없다. 나에 대한 집착에서 이미 벗어났기 때문에 나의 존재도 없는데 죽음에 대한 두려움이 있겠는가. 자기가 죽더라도 부처님이나 보살을 떠나지 않을 것을 분명히 알기 때문에 악도에 떨어질까 두려워하지 않는다. 내가 좋아하는 것은 그 누구하고도 견줄 수가 없기 때문에 대중의 위력을 두려워할 것이 없다. 보살은 이와 같이 온갖 두려움에서 벗어나 있다(此菩薩。得歡喜地已。所有怖畏。悉得遠離。所謂不活畏。惡名畏。死畏。惡道畏。大衆威德畏。如是怖畏。皆得永離。何以故。此菩薩。離我想故。尙不愛自身。何況資財。是故無有不活畏。不於他所。希求供養。唯專給施一切衆生。是故無有惡名畏。遠離我見。無有我想。是故無有死畏。自知死已。決定不離諸佛菩薩。是故無

有惡道畏。我所志樂。一切世間。無與等者。何況有勝。是故無有大 衆威德畏。菩薩如是。遠離驚怖毛豎等事). (『화엄경』,「십지품」)[83]

나·내 몸·내 것에 대한 집착에서 벗어나고 삶과 온갖 욕망에 대한 집착에서 벗어난 사람에게 무슨 두려움이 있겠습니까? 두려움은 재산이든 명예든 생명이든 무언가를 잃지 않을까 하는 걱정에서 생기는 것입니다. 그러나 어떤 것도 붙들고 놓지 않으려고 하는 집착에서 벗어난 사람에게는 그런 걱정이 없으므로 두려움도 없습니다.

그런데 나에 대한 집착을 포함한 온갖 집착에서 벗어나고 그럼으로써 모든 두려움에서 벗어난 사람은 자유롭습니다. 그는 자신의 자연스런 느낌에 따라 생활하면서도 자신의 욕망이나 그 밖의 어떤 것에 의해서도 구속되지 않습니다. 사실 인간의 자연스런 생의 표현인 욕망과 감정은 그 자체로 악한 것이 아닙니다. 감각과 감정과 욕망이 없다면 우리의 삶은 애당초 불가능합니다. 그것들을 느끼고 받아들이고 만족시키는 것은 자연스런 삶의 과정일 수 있습니다. 단지 그것에 과도하게 집착하거나 그것을 부당하게 억압하는 데서 문제가 발생합니다. 인간의 자연스런 감각과 욕망 활동들은 자연스런 생명과정에 속하는 것입니다. 다만 특정한 감각과 욕망에 사로잡혀 그것에 집착하게 되면 우리의 생은 왜곡되게 됩니다.

예컨대 우리가 음식의 맛을 느끼고 그것을 즐기는 것은 매우 자연스런 일입니다. 우리가 음식을 먹을 때 아무런 맛도 느끼지 못한다면 인생은 얼마나 무미건조하겠습니까? 하지만 우리가 그러한 맛과 음식에 집착하게 되면 병이 생기고 문제가 생깁니다. 우리가 어떤 맛있는 음식만 계속해서 찾는다면 우리는 그것에 사로잡힌 것이고, 바로 거기에서 고통이 생깁니다. 우리가 아름다운 음악을 듣거나 좋은 향기를 맡을 때, 그것을 느끼지 못한다면 인생은 얼마나 재미없는 것이겠습니까? 우리는 아름다운 음악에 젖어들고 좋은 향기에 취해 행복할 수 있습니다. 그러나 역시 문제는 그것에 집착하는 것입니다.

그러므로 우리는 다음과 같은 태도를 취해야 합니다.

형상을 보아도 장님과 같이 대해야 하며, 소리를 들으면 메아리를 듣는 듯, 향내음을 맡아도 바람과 같이 맡고, 먹고도 맛을 분별하는 일이 없어야 하며, 온갖 감촉을 받아도 번뇌를 끊어버린 깨달음의 경계에서 느끼듯 해야 합니다. 또 존재하는 모든 것은 환영과 같고, 자성과 타성도 없으므로 그 자체로서는 생기지 않으므로 지금도 멸하는 일이 없음을 알아야 합니다(所見色與盲等 所聞聲與響等 所嗅香與風等 所食味不分別 受諸觸如智證 知諸法如幻相 無自性 無他性 本自不然今則無滅). (『유마경』, 「제자들」)[84]

우리의 감정과 욕망도 자연스러울 때에는 아무런 문제도 없지만 그것이 억압이나 집착에 의해 왜곡될 때에는 심각한 문제가 발생합니다. 우리가 어떤 상실과 아픔을 겪었을 때 슬픔과 서러움을 느끼는 것은 당연하고 자연스럽습니다. 에리히 프롬은 어떻게 해서든 슬픔과 아픔을 회피하고 행복만을 얻으려 하는 공리주의의 태도를 장사꾼의 태도라고 비판한 바 있습니다. 어떻게 해서든 행복만을 얻으려는 공리주의자는 갖은 수단으로 자신의 이익만을 챙기려는 장사꾼과 같다는 것입니다. 그러나 인생은 그런 것이 되어서는 안 됩니다. 기쁠 때는 기뻐하고, 슬플 때는 슬퍼할 줄 알아야 우리의 삶은 풍요로울 수 있습니다. 아무리 슬픈 일에도 슬퍼할 줄 모른다면 얼마나 감정이 메마른 야멸 찬 사람이겠습니까? 그러나 우리가 슬픔과 아픔을 곧 털어 버리지 못하고 계속해서 그것에 사로잡혀 집착하게 되면, 우리는 우울증에 걸리거나 비관에 빠지게 됩니다.

우리가 어떤 사람의 잘못을 보고 노여움을 느끼고 표현하는 것은 당연하고 자연스런 일입니다. 그것은 오히려 우리의 내면 깊숙한 곳에 자리잡고 있는 정의감의 발로일 수 있습니다. 잘못을 보고도 싸우지 않는다면 비겁한 것입니다. 우리는 마땅히 잘못된 일에 분개하고 그것을 고치기 위해 싸워야 합니다. 자유롭고 정의로운 세상은 그러한 투쟁에 의해서만 이룰 수 있습니다. 그러나 우리가 궁극적으로는 잘못을 용서하고 노여움을 누그러뜨리지 못한다면, 우리는 분노의 노예가 됩니다. 인간은 한편으로 의식과 자기의식을 지닌 존재로서 자기 행위에 대해 책임을 져야만 합니다. 그런 의미에서 우리는 잘못을 비판하고 잘못한 사람을 나무라고 처벌할 수 있습니다. 그러나 다른 한편으로 인간을 포함한 이 세상 모든 존재는 어쩔 수 없는 수많은 인연의 끈, 관계의 망에 의해서, 얽혀 있는 존재입니다. 그러한 인연과 관계에 의해 개인이 처하게 된 불행한 현실에 비추어 우리는 자비의 마음으로 그를 용서할 줄도 알아야 합니다.

우리가 우리보다 뛰어난 사람을 보면 그를 찬양하거나 부러워하는 것은 자아의 실현과 발전을 지향하는 인간성의 당연하고 자연스런 발로입니다. 우리는 위대한 인물을 귀감 삼아 발전해 갈 수 있습니다. 그러나 우리가 선망의 대상으로부터 우리 자신의 발달로 눈을 돌려 앞으로 나아가지 못하고 그 대상에 집착한다면, 우리는 걷잡을 수 없는 대상 고착이나 질투라는 왜곡된 감정에 사로잡히게 됩니다.

토니 스콧 감독의 영화 중에 「더 팬」이라는 것이 있습니다. 그 영화는 자신이 선망하는 우상에 사로잡힌 한 정신병자의 집착을 다룬 영화입니다. 평생동안 사람들로부터 무시를 당하면서 살아온 주인공은 바비라는 야구 선수를 자신의 우상으로 삼아 그에게 열광하면서 살아갑니다. 그러다 우상인 바비가 슬럼프에 빠져 자신의 바램을 충족시켜주지 못하자, 자신이 설정한 우상의 모습에 집착한 주인공이 납치와 살인극을 벌이게 됩니다. 이 영화는 선망에서 시작한 대상 고착이 초래하는 비극을 잘 그리고 있습니다. 대부분 이 정도의 비극에 이르지는 않겠지만, 오늘날 많은 청소년들이 연예인이나 스포츠맨 등 자신이 우상으로 삼는 유명인에게 도가 지나칠 정도로 집착하는 것도 이런 왜곡된 감정의 결과라 할 수 있습니다.

우리가 어떤 것을 좋아하고 사랑하는 것은 타자와 본래 둘이 아닌 우리의 본능의 자연스런 발현입니다. 우리가 인생을 살아가면서 사랑을 느끼지 못한다면 우리는 얼마나 불행하겠습니까? 그러나 우리가 사랑하는 대상에게 관심을 갖고 그를 아끼고 배려하는 것에 그치지 않고, 그것을 계속해서 내 수중에 두려고 집착하게 되면, 사랑은 왜곡된 소유욕이 됩니다. 사랑은 소유욕이 되기가 쉽습니다. 예쁜 물건을 보면 갖고 싶듯이, 우리는 우리가 좋아하는 대상을 내 것으로 만들려 할 수 있습니다.

실제로 사람들은 소유욕을 사랑으로 착각하는 경우가 많습니다. 자기 맘에 드는 대상과 사랑에 빠졌다가 쉽게 헤어져 버리고 얼마 지나지 않아 또다시 사랑에 빠졌다 헤어지곤 하는 오늘날 흔히 볼 수 있는 천박한 사랑법은 소유욕에 기초를 둔 경우가 많습니다. 그런 사랑을 하는 사람은 맘에 드는 대상을 사랑한다고 착각하지만 사실 그것은 예쁜 물건을 보면 갖고 싶어하는 것과 같은 소유욕입니다. 그러나 소유욕은 허망한 욕망입니다. 갖고 싶던 것을 갖게 되면 그 욕망이 이미 충족되었기 때문에 곧 그것에 대한 흥미를 잃어버립니다. 흔히 아이들이 어떤 물건을 갖고 싶다고 부모들을 그렇게 졸라대다가 막상 그것을 손에 넣게 되면 곧 싫증을 내고 던져버리는 까닭도 이 때문입니다. 이와 마찬가지로 소유욕에 기초해서 제 맘에 드는 이성을 차지한 사람은 곧 상대에 대한 관심과 흥미를 잃어버리기 때문에 그 관계가 오래갈 수 없습니다. 그는 머지않아 곧 새로운 대상의 소유를 위해 떠납니다.

흔히들 부모의 자식 사랑은 절대적이라고 말들 하지만, 실제로는 그렇지 못한 경우도 많습니다. 자식이 잘하는 것이 무엇인지, 자식이 좋아하는 것이 무엇인지, 자식이 진정으로 원하는 것이 무엇인지 알려고도 하지 않은 채, 자신이 바라는 것을 자식에게 억지로 강요하는 부모는 사실 자식을 사랑하는 것이 아닙니다. 그것은 자식을 제 물건처럼 자기 마음대로 처리하려는 소유욕과 지배욕에서 비롯됩니다.

이처럼 문제는 우리의 감각·감정·욕망이 아니라 그것들에 대한 집착이나 과도한 억압입니다. 그러나 생사의 온갖 집착과 두려움에서 벗어난 사람은 자연스러운 자신의 본성에 따라 살면서도 어떤 것에도 걸리지 않는 무애의 생을 살아갈 수 있습니다. 그리고 이처럼 나와 내 것, 나의 생에 대한 집착에서 벗어나고 그럼으로써 온갖 두려움에서 벗어나 무애행을 할 수 있게 된 사람은 자연히 타자(중생)를 위하는 지극한 보살행을 행하게 됩니다.

『화엄경』의 「정행품(淨行品)」에는 출가해서 법을 구하는 수행에서부터 밥 먹고, 잠자고, 배설하는 것과 같은 모든 일상생활에 이르기까지, 언제 어디서나 일거수 일투족마다 중생을 위하는 한없이 자비로운 보살의 마음을 이루 말할 수 없이 아름다운 필치로 표현하고 있습니다.[85] 예컨대 보살이 밥을 먹을 때면, 모든 중생들도 진리를 깨달아 언제나 하늘과 사람의 공양을 받을 수 있기를 바라고, 잠을 잘 때면, 모든 중생들의 몸과 마음이 고통에서 벗어나 평안하기를 바라고, 대소변을 볼 때면, 모든 중생들이 노폐물을 버리듯이 탐냄과 성냄과 어리석음 같은 것들과 온갖 죄를 버리고 편안해지기를 바랍니다.

이런 마음을 지닌 보살은 온갖 것들로 고통을 겪고 있는 중생들을 가엾게 여겨 전력을 다해 그들을 구하려 합니다.

보살은 … 모든 중생에게 열 가지 불쌍히 여기는 마음을 낸다. 중생들이 고독하여 의지할 데가 없음을 보고 불쌍한 마음을 낸다. 중생들이 가난하여 곤란을 겪는 것을 보고 불쌍한 마음을 낸다. 중생들이 삼독의 불에 타는 것을 보고 불쌍한 마음을 낸다. 중생들이 온갖 업보의 감옥에 갇힌 것을 보고 불쌍한 마음을 낸다. 중생들이 번뇌의 숲에 항상 가려 있는 것을 보고 불쌍한 마음을 낸다. 중생들이 잘 살펴보지 못함을 보고 불쌍한 마음을 낸다. 중생들이 선한 법에 의욕이 없음을 보고 불쌍한 마음을 낸다. 중생들이 생사의 물결에 휩쓸리는 것을 보고 불쌍한 마음을 낸다. 중생들이 해탈의 방편을 잃은 것을 보고 불쌍한 마음을 낸다. 보살은 이와 같이 중생계의 한량없는 고뇌를 보고 정진할 마음을 내어 이렇게 다짐한다. 이 중생들을 내가 구해야 하고, 내가 해탈케 하고, 맑혀주고, 제도하고, 선한 곳에 두고, 편안히 있게 하고, 즐겁게 하고, 알고 보게 하고, 조복하게 하고, 열반에 들게 하리라(菩薩…則於一切衆生。生十種哀愍心。何等爲十。所謂見諸衆生孤獨無依生哀愍心。見諸衆生貧窮困乏生哀愍心。見諸衆生三毒火然生哀愍心。見諸衆生諸有牢獄之所禁閉生哀愍心。見諸衆生煩惱稠林恒所覆障生哀愍心。見諸衆生不善觀察生哀愍心。見諸衆生無善法欲生哀愍心。見諸衆生失諸佛法生哀愍心。見諸衆生隨生死流生哀愍心。見諸衆生失解脫方便生哀愍心。是爲十。菩薩如是。見衆生界。無量苦惱。發大精進。作是念言。此等衆生。我應救。我應脫。我應淨。我應度。應着善處。應令安住。應令歡喜。應令知見。應令調伏。應令涅槃)。(『화엄경』, 「십지품」)[86]

보살은 나와 내 것에 대한 집착, 생에 대한 집착 등 모든 집착에서 벗어나므로 아무런 대가도 바라지 않고, 아무런 두려움이나 자만심도 없이 중생을 구하려 하며, 심지어 필요하다면 기꺼이 자신을 희생하기까지 합니다.

'내가 이미 지었거나 지금 짓고 있거나 앞으로 지을 착한 일로써 오는 세상에는 모든 세계 모든 중생들 가운데 광대한 몸을 받아, 그 살로써 굶주린 중생들의 배를 채워 주리라. 한 조그만 중생까지도 배가 차지 않는 이가 있으면 내 몸에서 베어내는 살도 다하지 말지어다'라고 원할 것이다. 이러한 선근으로 위없는 보리를 얻고 대열반을 증득하고, 내 살을 먹은 중생들도 또한 위없는 보리를 얻고 평등한 지혜를 가지며, 불법을 갖추어 불사를 널리 짓다가 무여열반에 들어지이다고 원한다. 만약 한 중생이라도 만족하지 않는다면 나는 끝내 위없는 보리를 증득하지 않겠다고 원한다. 보살은 이와 같이 중생을 이롭게 하지만, 나라는 생각, 중생이란 생각, 있다는 생각, 목숨이라는 생각, 짓는 이란 생각, 받는 이란 생각이 전혀 없다. 다만 법계와 중생계의 끝이 없는 법과 공한 법, 무소유법, 무상법, 무체법, 무처법, 무의법과 무작법을 관찰한다. 이런 관찰을 할 때에는 자기 몸도 보지 않고, 보시하는 물건도 보지 않고, 받는 이도 보지 않고, 복밭도 보지 않고, 업도 보지 않고, 과보도 보지 않는다. 이것이 보살 마하살의 즐거운 행이다. (『화엄경』, 「십행품」)[87]

이렇게 해서 우리는 결국 '우주와 나는 둘이 아님(梵我不二)' '너와 나는 둘이 아님(自他不二)' '삶과 죽음은 둘이 아님(生死不二)'이라는 관점에 설 때, 비로소 나·나의 것·나의 생에 대한 집착에서 벗어나고 두려움을 떨쳐낼 수 있다는 것, 그리고 그래야 그 무엇에도 구속받지 않는 자유로운 무애의 경지에서 노닐면서도 자신만의 세계 속에 빠지지 않고 중생들을 위해 헌신하는 아름다운 보살행을 할 수 있다는 것을 보았습니다. 우리 모두가 이런 깨달음을 얻고 이를 실천에 옮긴다면 이 세계는 그야말로 모든 존재가 각자의 특성을 간직하면서도 서로서로 조화와 협동을 이루는 대동세계, 아름답고 장엄한 화엄세계가 될 것입니다.

우리가 겪는 모든 문제들은 우리의 생각과 논리에서, 우리의 세계관과 가치관에서, 우리의 문화에서 생깁니다. 우리가 어떤 생각을 하고 어떤 것을 가치 있다고 여기면, 우리는 그것을 행동으로 옮기게 되고, 그럼으로써 그것들을 제도와 문화로 실현하게 됩니다. 그러므로 오늘날 우리가 처한 상황은 우리들 전체의 생각·논리·가치관을 반영합니다. 앞에서 보았듯이 오늘날 우리가 생태계와 공동체의 파괴, 인간다운 삶의 상실이라는 파국적인 상황을 맞이한 것은 대다수 사람들이 그런 결과를 초래할 생각·논리·가치관을 따르고 있기 때문입니다. 그리고 우리는 그러한 생각·논리·가치관은 다름 아닌 경쟁과 승리, 정복과 지배를 통해 자신의 이익과 쾌락만을 꾀하는 것이라는 사실을 이미 보았습니다.

앞에서도 말했듯이 우리에게 필요한 변화는 우리의 모든 생각·말·행동·제도를 분리·경쟁·정복·지배의 논리가 아니라 불이의 논리에 기초한 것으로 바꾸는 것입니다. 어떻게 해야 하는가? 대답은 간단합니다. 지금 당장 우리 자신의 생각과 행동, 삶의 방식을 바꿔야 합니다. 지금껏 우리 문명이 추구해 온, 그리고 우리가 암암리에 동의해 온 논리와 가치가 모두 틀렸으며 그 정반대의 것이 옳은 것이라는 사실을 겸허하고 진지하게 받아들여야 합니다. 지금부터 불이적 관점과 조화를 이루지 못하는 모든 생각과 말과 행동을 떠나야 합니다. 우리 각자가 곧 우주이며 우리는 우주를 우주는 우리를 포섭하고 있음을 기억해야 합니다. 우리의 변화는 곧 우주의 변화입니다. 우리가 변하면 우리를 둘러싸고 있는 세계가 변합니다. 우리가 변한 만큼 우주는 이미 변한 것입니다. 우주적 그물망 전체와 연결되어 있는 우리의 실천은 우주적 힘을 발휘할 수 있습니다.

어떤 사람들은 개인의 생각·말·행동의 변화를 대단치 않은 것으로 여깁니다. 이들은 그런 것으로는 우리 문명을 조금도 변화시킬 수 없다고 여깁니다. 이들은 흔히 사회구조적 인식의 중요성을 강조합니다. 이들은 사회 구조에 의해 규정되는 개인의 삶은 그 사회 구조의 변혁을 통해서만 바뀔 수 있다고 주장합니다. 그렇습니다. 우리는 우리를 둘러싼 현실의 모습과 변화를 반영합니다. 잘못된 사회 현실을 그대로 놔둔 채 나만 변할 수는 없습니다. 우리 바깥의 현실을 바꾸어야 우리도 바뀔 수 있습니다. 그렇기 때문에 잘못된 사회 구조의 변혁은 포기할 수 없는 우리의 목표입니다.

그러나 지금까지 우리가 얘기해 왔듯이 인간은 사회적 구조와 관계만으로 환원해 버릴 수는 없는 존재입니다. 인간의 주체성과 삶은 사회에 의해 전적으로 규정되는 것도 아니고, 사회 구조를 바꾼다고 해서 자동적으로 바뀌는 것도 아닙니다. 사회와 인간도 어디까지나 다르지 않으면서 같지도 않은 불이적 존재입니다. 이것을 간과하면, 개개인의 주체성과 삶의 변혁을 도외시한 채, 사회 구조의 변혁을 통해서 한 번에 문제를 해결하려는 잘못을 되풀이할 수 있습니다. 개인과 사회는 불이입니다. 그렇기 때문에 우리의 개인적 변혁과 사회적 변혁도 분리될 수 없는 불이적 관계입니다. 그러나 시작은 역시 지금 여기서 내가 할 수밖에 없습니다. 나부터 나의 주체성과 삶의 양식을 변혁하고 아울러 사회를 변혁하는 운동에 나서야만 합니다.

앞서 우리는 생태계의 파괴가 현대 문명의 심각한 위기 중의 하나임을 보았습니다. 또한 우리는 그것이 이윤추구를 위해서 반드시 필요하지도 않은 수많은 상품들을 생산·판매하는 자본주의 체제와 관련이 있다는 것, 그렇지만 더 궁극적으로 그것은 자연과 인간이 둘이 아님을 잊고 인간의 욕망을 충족하기 위해 무한정한 생산력의 발달을 추구하는 인간중심주의와 생산력지상주의에서 비롯된다는 것도 보았습니다. 생태계의 파괴 문제를 해결하려면 돈만 된다면 생태계의 파괴에도 아랑곳하지 않고 무엇이든 만들어 내는 자본주의적 생산 방식을 변혁할 수 있어야 합니다. 소중한 자연 자원을 낭비하고 생태계의 파괴를 불러일으키는 모든 상품 생산을 엄격히 규제할 수 있도록 사회 체제를 바꾸어야 합니다.

그러나 앞에서 지적한 것처럼 자본주의 생산 양식만을 바꾼다고 해서 문제가 해결될 수 없음은 사회주의의 실험 과정에서 우리가 이미 보았습니다. 무엇보다도 엄청난 물질의 소비를 통해 인간의 욕망 충족만을 지향하는 우리의 소비적 삶의 양식 자체, 소비적 성향 자체를 바꾸지 않으면 안 됩니다. 물질적 풍요의 추구라는 우리의 삶의 방향 자체를 바꾸어야 합니다. 우리 개개인의 삶의 방식 자체를 검소하고 소박하게 바꾸어야 합니다. 우주와 나, 자연과 내가 둘이 아니라는 자각 위에서 우리의 삶의 방식을 새로이 정립해야 합니다. 이런 의미에서 오늘날 많은 사람들이 폭식·폭음·폭주의 생활 방식을 거부하고 채식 생활 등을 비롯한 소박한 생활 운동을 펼치는 것은 상당히 의미 있는 일이라고 할 수 있습니다. 이런 개개인의 자각과 생활 양식의 근원적인 변혁과 더불어 낭비적 소비를 부추기는 사회 체제의 변혁을 위한 노력이 있어야만 생태계의 위기 문제는 해결될 수 있습니다.

빈곤·기아·실업 문제, 아직도 여전한 인간의 소외 문제, 공동체의 총체적인 붕괴 문제, 인간의 욕망·감성·주체성·삶의 양식의 왜곡 문제 같은 것들도 마찬가지입니다. 우리는 사회와 인간 삶의 이 모든 문제하고도 자본주의 사회 체제가 밀접한 관련이 있음을 보았습니다. 그렇지만 또한 우리는 이 문제들도 단순히 자본주의 탓으로만 돌릴 수는 없다는 사실도 이미 보았습니다. 그것은 온갖 수단 방법을 동원해서라도 무조건 이른 시일 내에 최대의 성과를 이루려고 하는 효율 중심의 사고, 도구적 합리성의 결과입니다. 그것은 또한 우리의 욕망과 감성에 대한 비판적 성찰 없이 수많은 욕망의 무조건적인 충족을 통해 행복을 얻으려는 감각주의와 향락주의의 결과입니다. 그리고 그것은 무엇보다도 너와 내가 둘이 아님을 잊고 타인과의 경쟁에서 승리하는 것을 무엇보다도 중시하는 우리의 왜곡된 이상과 가치관의 결과입니다.

이러한 문제의 해결을 위해서도 결국 우리는 사회 체제의 변혁과 아울러 우리 자신의 삶의 방향과 양식 자체의 변혁을 아울러서 지향해야만 합니다. 앞에서도 얘기한 것처럼 오늘날의 상황 아래서 자본주의 사회 체제와 우리 삶의 급격한 총체적 변화를 기대하기는 어렵습니다. 이런 의미에서 우리는 오늘날 세계 각지에서 일어나고 있는 새로운 생활 양식 공동체 운동이나 지역 공동체 운동과 같은 운동들이 중요한 의미를 갖는다고 할 수 있습니다. 아마도 우리 사회와 문명 그리고 우리 삶의 총체적 변혁이라는 원대한 꿈은 앞으로 혁명을 통해 사회 체제 전체를 한 번에 뒤엎는 방식이 아니라 이러한 다양한 운동들의 연대와 교류를 통해서 이루어질 수 있을 것입니다.

우리는 지금까지 우리 문명을 지배해 온 분리와 경쟁, 정복과 지배의 논리를 벗어나야 합니다. 우리는 우주와 나, 자연과 나, 너와 나, 삶과 죽음이 둘이 아니라는 불이의 논리, 불이의 가치로 나아가야 합니다. 이런 불이적 논리와 가치에 기초해 우리 자신을 변혁하고 다른 사람들을 그 변혁의 방향으로 끌어들이면서 모두의 힘을 모아 사회 전체의 변혁으로 나아갈 때 우리는 총체적 파국의 위기에 다다른 현대 문명으로부터 새로운 불이적 미래문명·불이적 대동세계로의 거대한 전환을 이룩할 수 있을 것입니다.

주

1) 니체, 『즐거운 지식』(권영숙 옮김, 청하 1989), 125항, 184~185쪽에서 인용.
2) 니체, 『즐거운 지식』, 343항. 인용은 최혁순 편역, 『고독을 운명처럼』(하서출판, 1969), 76~77쪽.
3) 니체, 『즐거운 지식』, 머리말. 최혁순 편역, 앞의 책, 49쪽에서 인용.
4) 니체, 『우상의 황혼/반그리스도』(송무 옮김, 청하, 1984), 62항. 194~195쪽에서 인용. (필요한 부분에 대해서는 필자가 수정).
5) 이에 대해서는 니체, 『도덕의 계보』 등을 참조
6) 이에 대해서는 니체, 『비극의 탄생』을 참조.
7) 니체, 『즐거운 지식』, 283항. 최혁순, 앞의 책, 70쪽에서 인용.
8) 니체, 『즐거운 지식』, 341항. 최혁순, 앞의 책, 74쪽에서 인용.
9) K. Marx, Manifest der Kommunistischen Partei, MEW, Bd. 4, S. 465.
10) K. Marx, Zur Kritik der Politischen Ökonomie, MEW 13, SS. 8~9.
11) E. O. Wright, A. Levine, E. Sober, *Reconstructing Marxism* (Verso, 1992), p. 19.
12) A. Callinicos, *Making History : Agency Structure and Change in Social Theory* (1987), 『역사와 행위』(김용학 옮김, 교보문고, 1991), 165~168쪽 참조.
13) K.Marx, Ökonomish-philosophische Manuskripte, MEW. 40, 1844, S. 516.
14) 톰 하트만, 『우리 문명의 마지막 시간들』(김옥수 옮김, 아름드리 미디어, 1999), 51, 54쪽 참조.
15) 테오 콜본 외, 『도둑 맞은 미래』(권복규 옮김, 사이언스북스, 1997) 참조.
16) 이하 소비문화의 발달, 소비문화와 현대인의 주체성에 대한 자세한 설명은 졸고, 「현대 대중문화와 주체성」(대동철학, 제11집, 137~162쪽)의 내용을 참조.
17) 크리스토퍼 라쉬, 「광고, 프로파간다, 스펙타클」(강준만 외 편역, 『광고의 사회학』, 한울, 1994, 152쪽 참조)
18) 데이비드 하비, 『포스트모더니티의 조건』(구동회 옮김, 한울, 1994), 194쪽 참조
19) 매크래켄, 『문화와 소비』(이상률 옮김, 문예출판사, 1996), 201~202쪽 참조.
20) 피에르 부르디외, 『구별짓기』(최종철 옮김, 새물결, 1995) 참조.
21) A. Fuat Firat and Nikhilesh Pholakia, Consuming People, Routledge, 1998, pp. 8~11 및 pp. 56~61 참조.
22) Don Slater, Consumer Culture & Modernity, Polity Press, 1997, p. 153 참조.
23) Celia Lury, Consumer Culture, Polity Press, 1996, p. 50 참조.

24) 이러한 현대인의 자아에 대해 다루고 있는 저작은 래쉬의 『나르시시즘 문화』(Christopher Lasch, *The Culture of Narcissism : American Life in an Age of Diminishing Expectations*, A Warner Co., 1979)와 『최소자아』(Christopher Lasch, *The Minimal Self : Psychic Survival in Troubled Times*, W.W.Norton & Company, 1984)이다. 이들 저작에 나타난 '자기 도취적 자아'와 '최소자아'에 대한 분석에 관해서는 졸고 「현대 사회 구조와 주체성」(대동철학, 제5집, 대동철학회, 1999)을 참조.
25) 동국대학교 출판부 발행, 『한국불교전서』(1979) 제2책, 1쪽에 실려 있는 의상의 「화엄일승법계도」참조.
26) 거울의 방을 이용한 법장의 이런 설명에 대해서는 까르마 C.C 츠앙 지음, 『화엄철학』(경서원, 1998), 67~68쪽 참조.
27) 닐 도날드 월쉬, 『신과 나눈 이야기』(조경숙 옮김, 아름드리, 2000) 3권, 105~106쪽.
28) 이에 대해서는 닐 도날드 월쉬, 같은 책 173~174쪽 참조.
29) 법계삼관은 흔히 중국 화엄의 초조로 일컫는 두순의 『법계관문』에 나오는 말이다. 진공관은 색과 공 어느 쪽에 집착하는 잘못을 타파하고 공과 색이 둘이 아님을 밝힌다. 이사무애관은 바다와 파도의 관계처럼 근원적인 원리와 구체적인 개개의 사태가 둘이 아님을 나타낸다. 주편함용관은 존재하는 모든 것들이 서로 걸림없이 상즉상입하면서 서로를 포용하는 사사무애의 관계를 나타낸다.
30) 십현문은 본래 중국 화엄종의 2대조인 지엄의 『일승십현문』에 나오는 것인데 이것을 법장이 『탐현기』에서 약간 수정된 형태로 설하기도 했다. 십현문은 모든 사물들이 서로 원융무애의 관계에 있음을 열 가지 관점에서 설한 것이다. 이 중 동시구족상응문은 이 세상의 모든 존재가 과거 현재 미래의 모든 다른 것들을 그 속에 포함하고 있음을 표현한 것이다. 일다상용부동문은 하나와 여럿이 서로 용납하면서도 똑같지는 않은 불이의 관계에 있음을 나타내고 있다. 십세격법이성문은 과거, 현재, 미래의 모든 순간들이 다른 모든 시간의 계기들을 포함하고 비추어 내면서도 단순히 하나로 통합돼 버리지는 않는 불이적 관계에 있음을 나타낸다. 주반원명구덕문은 어떤 주체가 존재할 수 있는 것은 그와 연관된 다른 인자들 덕분이며 다른 모든 것도 그러함을 말하는 것으로 결국 모든 존재의 불이적 관계를 나타내고 있다.
31) 삼상과 삼무성은 『해심밀경』에 나오는 말이다. 삼상은 이 세상 모든 존재의 모습을 세 가지로 얘기한 것인데, 그 세 가지 상은 변계소집상, 의타기상, 원성실상이다. 변계소집상은 허망분별상이라고도 하는데, 이것은 실제로는 어디에나 있지 않은 것을 있다고 망상하면서 집착하는 것이다. 의타기상은 이 세상 모든 것은 다른 것에 의지해서, 다른 것과의 연관관계에 의해서 존재한다는 것이다. 원성실상은 모든 존재의 본래의 진실한 상은 공이라는 것을 말한다. 이렇게 볼 때 삼상은 언뜻 보면 각자 독립적으로 존재하는 듯이 보이는 이 세상의 모든 존재는 다른 것들과의 인연 속에서 존재하는 것으로 서로 불이적인 존재요, 또한 결국은 공한 것으로 유무불이적인 것임을 표현하고 있다. 삼무

성은 상무성, 생무성, 승의무성으로서 삼상을 다른 말로 표현한 것이다. 상무성은 여러 개별적 존재들이 본래는 없다는 것이고, 생무성은 어떤 것이 진실로 생겨남이 없다는 것이며, 승의무성은 진리의 입장에서 보았을 때 모든 존재는 공하다는 것이다.
32) 육상은 법장의 『화엄오교장』에 나오는 말이다. 육상은 전체(총상)와 부분(별상)이 둘이 아닌 관계에 있으며, 모든 구성요소들이 서로 다르지도 않고(동상) 같지도 않은(이상) 불이적 관계이며, 각 구성요소가 서로 연기적 관계로 결합하면서도(성상) 여전히 따로 존재하는(괴상) 불이적 관계임을 나타낸다.
33) 틱낫한, 『지혜로움』 중에서. (틱낫한, 『평화로움』, 장경각, 1992, 199~200쪽)
34) 왕필 지음, 임채우 옮김, 『왕필의 노자』, 예문서원, 1997, 52쪽에서 인용. 노자에 대한 인용은 이 책에서 따왔다. 그러나 필요한 부분은 필자가 약간의 수정을 가한 곳도 있다.
35) 왕필 지음, 임채우 옮김, 『왕필의 노자』, 예문서원, 1997, 212쪽에서 인용.
36) 장자, 안동림 역주, 『장자』, 현암사, 1992, 59쪽에서 인용. 장자에 대한 인용은 대체로 이 책에서 따왔다. 그러나 필요한 경우에는 필자가 수정을 가하기도 했다.
37) 안동림 역주, 『장자』, 87쪽에서 인용.
38) 안동림 역주, 『장자』, 303~304쪽
39) 안동림 역주, 『장자』, 215~216쪽.
40) 톰 하트만, 『우리 문명의 마지막 시간들』, 260쪽.
41) 톰 하트만, 같은 책, 239쪽.
42) F. 카프라, 『새로운 과학과 문명의 전환』(이성범 외 옮김, 범양사출판부, 1985), 42쪽.
43) 닐 도날드 월쉬, 『신과 나눈 이야기』 2권, 283쪽.
44) 닐 도날드 월쉬, 『신과 나눈 이야기』 3권, 330쪽.
45) 같은 책, 같은 곳.
46) 원효, 『금강삼매경론』(『한국불교전서』 제1책, 659쪽 상).
47) 『大正藏』, 제8권, 848쪽 하.
48) 용수보살 지음, 김성철 역주, 『중론』, 경서원, 1993, 253쪽.
49) 김성철 역주, 『중론』, 254쪽.
50) 같은 책, 같은 곳.
51) 같은 책, 257쪽.
52) 『大正藏』 제12권, 819쪽 중.
53) 『大正藏』, 제45권, 512쪽 하.
54) 같은 책, 같은 곳.
55) 같은 책, 같은 곳.
56) 원효, 『금강삼매경론』(『한국불교전서』 제1책, 613쪽 상).
57) 같은 책, 614쪽 상.
58) 같은 책, 같은 곳.

59) 『大正藏』, 제48권, 360쪽 하.
60) 『왕필의 노자』, 79쪽.
61) 『왕필의 노자』, 63쪽
62) 같은 책, 같은 곳.
63) 『왕필의 노자』, 271쪽.
64) 안동림 역주, 『장자』, 69쪽.
65) 안동림 역주, 『장자』, 321~322쪽.
66) 『한국불교전서』, 1권, 604쪽 중.
67) 이상 지의의 三觀에 대한 해석에 관해서는 다무라 시로 외, 『천태법화의 사상』, 민족사, 1989. 63~65쪽을 참조
68) 三止에 대한 해석에 관해서는 같은 책, 66쪽 참조.
69) 카프라, 216쪽 참조.
70) 『도덕경』 51장에 나오는 말. 여기서는 김용옥, 『노자와 21세기』(통나무, 2000), 상권, 134~135쪽에서 인용.
71) 鷦鷯巢於深林,不過一枝.,偃鼠飲河,不過滿腹. 안동림 역주, 『장자』, 35~36쪽.
72) 『고려대장경』 제9권, 980쪽, 중-하. 번역은 김달진 역, 『유마경 외』(한글대장경)(동국역경원, 1990), 41~42쪽에서 인용.
73) 안동림 역주, 『장자』(「제물론」), 81~82쪽.
74) 안동림 역주, 『장자』(「지북유」), 545쪽.
75) 정휴 지음, 『적멸의 즐거움』, 우리출판사, 2000, 49쪽에서 인용.
76) 같은 책, 186쪽.
77) 안동림 역주, 『장자』(「지락」), 450~451쪽.
78) 안동림 역주, 『장자』(「열어구」), 772~773쪽.
79) 안동림 역주, 『장자』(「양생주」), 98쪽.
80) 안동림 역주, 『장자』(「대종사」), 178쪽
81) 같은 곳, 188쪽.
82) 천규석, 『돌아갈 때가 되면 돌아가는 것이 진보다』(실천문학사, 1999), 263~264쪽 참조.
83) 『大正藏』 제10권, 181쪽 중. 번역은 법정 옮김, 『신역 화엄경』(동국대학교 역경원, 1988), 100쪽에서 인용.
84) 『고려대장경』 제9권, 981쪽 하. 번역은 김달진 역, 『유마경 외』(한글대장경)(동국역경원, 1990), 52쪽에서 인용.
85) 이같은 보살의 마음에 대해서는 『화엄경』 「정행품」(『大正藏』 제10권, 69~72쪽)을 참고로 할 것.
86) 『大正藏』 제 10권, 187쪽 중, 하. 번역은 법정, 앞의 책, 115쪽.
87) 『大正藏』 제10, 102쪽 하~103쪽 중. 번역은 법정, 앞의 책, 32~33쪽.

참고문헌

강준만 외 편·역, 『광고의 사회학』, 한울, 1994
김달진 옮김, 『유마경 외』, (한글대장경), 동국역경원, 1990.
김용옥, 『노자와 21세기』, 통나무, 2000,
까르마 C.C 츠앙, 『화엄철학』, 경서원, 1998.
까뮈, 『시지프스의 신화』, 임찬규 옮김, 왕문사, 1973.
니체, 『즐거운 지식』, 권영숙 옮김, 청하, 1989.
니체, 『우상의 황혼 / 반그리스도』, 송무 옮김, 청하, 1984.
니체, 『도덕의 계보, 이 사람을 보라』, 김태현 옮김, 청하, 1982.
니체, 『비극의 탄생』, 김대경 옮김, 청하, 1982.
니체, 『짜라투스트라는 이렇게 말했다』, 집문당, 1976.
닐 도날드 월쉬, 『신과 나눈 이야기 1, 2, 3』, 조경숙 옮김, 아름드리, 2000.
다무라 시로 외, 『천태법화의 사상』, 민족사, 1989.
『대반열반경』, 『大正藏』 제12권.
데이비드 하비, 『포스트모더니티의 조건』, 구동회 옮김, 한울, 1994.
동국대학교 출판부 발행, 『한국불교전서』 제2책, 1979.
두순, 『화엄오교지관』, 『大正藏』, 제45권.
래스터 서로우, 『자본주의의 미래』, 고려원, 1997.
매크래켄, 『문화와 소비』, 이상률 옮김, 문예출판사, 1996.
문창옥, 『화이트헤드과정철학의 이해』, 통나무, 1999.
미셸 초스도프스키, 『빈곤의 세계화』, 이대훈 옮김, 당대, 1998.
『반야바라밀다심경』, 『大正藏』, 제8권.
법장, 『화엄경탐현기』, 『大正藏』, 제35권.
법장, 『화엄오교장』(『화엄일승교의분제장』), 『大正藏』, 제45권.
법정 옮김, 『신역 화엄경』, 동국대학교 역경원, 1988.
사르트르, 『구토』, 방곤 옮김, 하서, 1993.
사르트르, 『실존주의는 휴머니즘이다』, 방곤 옮김, 문예출판사, 1997.
사르트르, 『존재와 무』, 손우성 옮김, 삼성출판사, 1977.
스티브 오딘, 『과정형이상학과 화엄불교』, 안형관 옮김, 이문출판사, 1999.

에리히 프롬,『건전한 사회』, 김병익 옮김, 범우사, 1975.
에리히 프롬,『소유냐 삶이냐』, 김진홍 옮김, 홍성사, 1979.
왕필,『왕필의 노자』, 임채우 옮김, 예문서원, 1997.
용수보살 지음, 김성철 역주,『중론』, 경서원, 1993, 253쪽.
원효,『금강삼매경론』, 동국대학교 출판부 발행,『한국불교전서』, 제1책.
이찬훈,「현대 대중문화와 주체성」,『대동철학』, 제11집, 2000.
이찬훈,「현대 사회구조와 주체성」,『대동철학』, 제5집, 1999.
장자, 안동림 역주,『장자』, 현암사, 1992.
정문길,『소외론 연구』, 문학과 지성사, 1978.
정휴,『적멸의 즐거움』, 우리출판사, 2000.
제레미 리프킨,『노동의 종말』, 이영호 옮김, 민음사, 1996.
종보편,『육조대사법보단경』,『大正藏』, 제48권.
지엄,『일승십현문』
천규석,『돌아갈 때가 되면 돌아가는 것이 진보다』, 실천문학사, 1999.
최혁순 편역,『고독을 운명처럼』, 하서출판, 1969.
F. 카프라,『새로운 과학과 문명의 전환』, 이성범 외 옮김, 범양사출판부, 1985.
칼 맑스,『경제학 철학 수고』, 김태경 옮김, 이론과 실천, 1987.
칼 맑스,『마르크스 엥겔스 저작선』, 김재기 편역, 거름, 1991.
칼 맑스,『자본론』, 김수행 옮김, 비봉출판사, 1989.
칼 맑스,『정치경제학 비판 요강』, 김호균 옮김, 백의, 2000.
캘리니코스,『역사와 행위』, 김용학 옮김, 교보문고, 1991.
테오 콜본,『도둑 맞은 미래』, 권복규 옮김, 사이언스북스, 1997.
톰 하트만,『우리 문명의 마지막 시간들』, 김옥수 옮김, 아름드리 미디어, 1999
틱낫한,『평화로움』, 장경각, 1992.
파펜하임,『현대인의 소외』, 황문수 옮김, 문예출판사, 1978.
포이어바흐,『기독교의 본질』, 박순경 옮김, 종로서적, 1992.
피에르 부르디외,『구별짓기』, 최종철 옮김, 새물결, 1995.
하이데거,『존재와 시간』, 전양범 옮김, 시간과 공간사, 1989.
한스 피터 마르틴 외,『세계화의 덫』, 강수돌 옮김, 영림카디널, 1997.
『해심밀경』,『大正藏』제16권.
헤겔,『논리학』, 전원배 옮김, 서문당, 1978.
헤겔,『역사철학강의』, 김종호 옮김, 삼성출판사, 1991.
헤겔,『대논리학』, 임석진 옮김, 지학사, 1982.

헤겔, 『정신현상학』, 임석진 옮김, 분도출판사, 1980.
『화엄경』, 『大正藏』 제10권.
화이트헤드, 『과정과 실재』, 오영환 옮김, 민음사, 1991.
화이트헤드, 『과학과 근대세계』, 오영환 옮김, 서광사, 1989.
화이트헤드, 『관념의 모험』, 오영환 옮김, 한길사, 1996.

A. Fuat Firat and Nikhilesh Pholakia, Consuming People, Routledge, 1998.

Christopher Lasch, *The Culture of Narcissism : American Life in an Age of Diminishing Expectations*, A Warner Co., 1979.

Christopher Lasch, *The Minimal Self : Psychic Survival in Troubled Times*, W.W.Norton & Company, 1984)

Don Slater, Consumer Culture & Modernity, Polity Press, 1997.

E. O. Wright, A. Levine, E. Sober, *Reconstructing Marxism*, Verso, 1992.

K. Marx, Manifest der Kommunistischen Partei, MEW, 4.

K. Marx, Zur Kritik der Politischen Ökonomie, MEW, 13.

K.Marx, Ökonomish-philosophische Manuskripte, MEW. 40.

후기

 살다보면 누구에게나 어떤 매듭이 필요한 때가 있는 법입니다. 기왕에 벌여 놓은 일들을 일단 매듭짓지 않고서는 다음 일로 넘어가기가 곤란하다고 느끼는 경우처럼 말입니다. 제가 이번에 독자 여러분께 내놓은 보잘것없는 이 글이 바로 저에게는 그런 매듭에 해당한다고 할 수 있겠습니다.
 돌이켜보면 저는 불혹을 넘긴 이 나이가 되도록 끝없는 미혹의 안개 속을 헤매 왔습니다. 그러나 이제는 그렇게 헤매는 가운데서 얻은 수많은 생각들이 뒤엉킨 실타래처럼 머릿속을 마구 어지럽히고 있는 한, 한 걸음도 더 앞으로 내딛기가 어려웠습니다. 그 엉킨 생각의 갈래들을 풀어내어 어떤 식으로든 일단 매듭을 짓지 않고서는 아무 일도 할 수가 없을 것 같았습니다. 저는 이 글을 통해 제 머리 속에서 엉켜 있던 생각들을 매듭짓고 새로운 발걸음을 시작하고 싶었습니다.
 그런 의미에서 어쩌면 이 글은 독자 여러분들에게 보이는 글이라기보다는 제가 저 자신에게 하는 독백이라고 하는 편이 오히려 더 옳을지도 모릅니다. 이 글이 실존철학과 사회철학, 그리고 불이사상이라고 하는 어떻게 보면 성격이 판이한 글들로 이루어져 있고, 서양철학과 동양철학, 사회철학과 종교철학 사이를 종횡으로 달리고 있기 때문에, 독자 여러분들을 당혹스럽게 하는 것도 아마 이 때문일 것이라 짐작합니다. 사실 애초에 일반적으로 독자들을 염두에 두고 쓰는 글이라면 1, 2부와 3부를 따로 떼어 독립적인 책으로 내는 편이 훨씬 더 낫지 않을까 하고 생각합니다. 그 편이 서로 다른 취향을 갖고 있는 독자층의 관심에 부응하기 쉬울 것입니다. 그리고 솔직히 주위에서 그런 권유도 있었고 저 자신에게도 그런 생각이 전혀 없었던 바도 아닙니다. 저는 오랫동안 사회철학을 전공하면서 현대 사회와 현대인의 삶에 대해 갖게 된 생각들을 모아서 한 편의 책으로 내보아야겠다는 생각을 하기도 했습니다. 또한 근래에 들어서는 주로 불교와 도가 철학 등의 동양철학을 중심으로 불이사상에 천착하면서 이것을 한 편의 책으로 내야겠다는 생각도 했습니다. 그럼에도 불구하고 제가 이런 생각들을 한 데 모아 우선 이 한 편의 글을 내게 된 것은 무엇보다도 저 자신의 생각을 하나로 정리해 매듭을 짓고 나서 새롭게 시작하고자 함이었습니다.

이 글은 비슷한 관심을 지닌 일정한 독자층을 염두에 두고 쓴 것이 아니라 저 자신의 생각을 정리하기 위해 쓴 글이라는 점에서 저의 '자전적 철학 에세이'라고도 할 수 있을 것입니다. 그런데 저는 남들이 존경하거나 많은 관심을 보일 만큼 뛰어난 학자이거나 다른 사람들에게 귀감이 될 만큼 훌륭한 사람이 아닙니다. 그 때문에 저는 이름난 학자도 아니요, 사회의 사표가 될 만한 사람도 아닌, 이름 없는 한 명의 학인에 불과한 내가 쓴 이런 글을 누가 봐 주겠는가 하는 생각도 합니다. 그럼에도 불구하고 제가 이 글을 감히 독자 여러분들에게 내 놓은 데에는 까닭이 없지 않습니다. 그것은 저처럼 지극히 평범한 민중의 한 사람이 고민하고 모색했던 문제와 그에 대한 나름대로의 대답이 이 시대와 사회 속에서 같은 문제를 안고 살아가고 있는 많은 사람들에게 오히려 여러 가지로 생각해 볼 수 있는 계기를 줄 수 있지 않을까 하는 바램에서였습니다.

그리고 저의 이런 소박한 바램이 이 한 권의 책으로 표현될 수 있었던 것은 출판사 가족들 덕분입니다. 언제나 진지하게 시대의 아픔과 문제의식을 함께 하면서 보다 나은 삶을 위해 분투하는 '이후' 가족들의 동지적 애정이 없었다면, 별로 인기도 없을 것 같은 부족한 이 원고가 빛을 보기는 어려웠을 것입니다.

이 책에서 얘기했듯이 저는 '나는 누구인가' '나는 어디로부터 와서 어디로 가고 있는가' '나는 어떻게 살아야 하는가' 하는 실존적 물음에서 철학을 시작했습니다. 그리고 그런 물음에 대한 답을 찾아가는 도정에서 그 해답은 우리의 삶이 이루어지는 구체적인 사회 현실 속에서 찾아야 한다는 생각에 도달했습니다. 그 뒤부터 저는 수많은 문제점과 모순이 존재하는 우리의 사회 현실 속에서 어떻게 하면 보다 올바르고 행복한 삶을 살아갈 수 있을 것인가 하는 문제로 고민을 해왔습니다.

그런 삶이 가능한 사회로 나아가기 위한 방안을 모색하는 과정에서 맑스의 사상과 사회주의 이론 및 운동은 많은 시사점과 아울러 적지 않은 문제점도 던져 주었습니다. 특히 현실 사회주의의 붕괴는 사회변혁의 방향과 방법에 대해서, 그리고 진정으로 올바르고 행복한 삶에 대해서 근본적으로 새롭게 생각할 수 있는 계기를 제공해 주었습니다.

그리고 이러한 문제에 대해 깊이 반성하고 새로운 전망을 모색하는 과정에서 저는 '둘이 아님'이라는 '불이사상'을 얻었고, 이것을 세계와 인생에 대한 근본적인 물음들에 답하는 틀로 삼게 되었습니다.

그 구체적인 과정이나 도달한 답은 각자 다를 수 있겠지만, 저는 저의 이런 고민과 그 고민을 해결하기 위해 애써 온 이런 여정을 지금 여기서 살아가고 있는 모든 동시대인들도 함께 하고 있으리라 생각합니다. 그리고 그렇다면 저의 이런 철학적 사유의 여정은 어쩌면 이 시대를 살아가는 사람들의 고뇌를 전형적으로 나타낸다고 할 수도 있지 않을까 하는 생각도 합니다. 이런 점에서 저는 현대 사회와 문명 속에서 어떻게 하면 보다 올바르고 행복하게 살 수 있을 것인가를 고민해 온 저의 철학적 여정이 동시대를 살아가고 있는 여러 사람들에게 한번쯤 자신의 삶을 돌이켜 볼 수 있는 계기가 될 수 있기를 바랄 뿐입니다.

주변에서 어떤 사람들은 저를 보고 '사회철학에서 종교철학으로 전향한 것이 아니냐' '신비주의에 빠진 것이 아니냐' '불이문의 교주가 된 것이 아니냐'는 농담을 하기도 합니다. 모두 다 저를 아끼는 우정에서 하는 소린 줄 압니다. 자칫하면 빠지기 쉬운 함정인 극히 개인적이고 환상적인 세계에 대한 경고요, 보다 치열하게 사회적 실천을 하라는 진심 어린 충고인 줄을 압니다. 물론 저는 불이사상을 이 세상 모든 문제를 해결해 줄 도깨비 방망이로 삼을 생각은 전혀 없습니다. 그렇지만 저는 이제 적어도 불이사상이 지금까지 우리를 지배해 온 경쟁과 승리, 정복과 지배의 논리에서 벗어나, 너와 내가 공생하고 상생하는 둘이 아닌 세계로 나아가기 위한 새로운 패러다임을 분명히 제공해 준다고 믿고 있습니다. 저는 앞으로 우리 인류의 문명이 이런 불이적 세계관에 합치하는 방향으로 나아가지 않으면 안 된다고 믿습니다. 그리고 이것은 저만의 생각이 아니라 수많은 사람들도 이미 공유하고 있는 생각이라고 생각합니다.

저는 이런 생각이 상당히 형이상학적이고 종교적이며 개인적인 측면들을 포함하고 있는 것이 아니냐고 한다면, 그러면 왜 안 되느냐고 답합니다. 저는 이런 형이상학적이고 종교적이며 개인적인 차원도 보다 나은 삶을 위해서는 우리가 당연히 고려해야 하는 것이라고 생각합니다. 개인적 실천과 사회적 실천, 개인의 변혁과 사회의 변혁, 사회철학적 차원과 종교철학적 차원, 이 모든 것 역시 서로 분리될 수 없는 불이입니다. 문제는 이런 여러 측면과 차원이 둘이 아님을 잊어버리고 곧잘 어느 한 쪽으로 치우치는 것이라 할 수 있습니다. 중요한 것은 불이적 논리와 가치에 기초하면서 우리 자신과 세계 전체의 변혁을 향해 끊임없이 나아가는 것입니다.

물론 앞으로 불이적 논리와 가치를 더 구체적으로 가다듬어 내고 이론과 실천을 통해서 그것이 갖는 중요성을 입증해야 할 몫은 일차적으로 저에게 주어져 있음에 틀림없습니다. 그렇지만 저는 둘이 아닌 새로운 대동 세계로 나아가는 이 길은 결코 저 혼자서 걸어가는 길이 아니라고 믿습니다. 이 길은 우리 모두가 어깨 걸고 함께 나아가는 공생과 상생의 길일 것입니다. 저는 아무쪼록 보잘것없는 이 글이 모두가 평화롭고 행복한 둘이 아닌 세계로 나아가는 길을 여는 조그만 계기가 될 수 있기를 바랍니다.